孤独な人が認知行動療法で素敵なパートナーを見つける方法

バーンズ先生から学ぶ、孤独感・内気さ・性的不安の克服法

著
デイビッド・D・バーンズ
訳
林　建郎

星　和　書　店

Seiwa Shoten Publishers

2-5 Kamitakaido 1-Chome
Suginamiku Tokyo 168-0074, Japan

Intimate Connections

The Clinically Proven Program for Making Close Friends and Finding a Loving Partner

by

David D. Burns, M.D.

Translated from English

by

Takeo Hayashi

はじめに

一九八〇年、私はFeeling Good: The New Mood Therapy（邦題：『いやな気分よ、さようなら――自分で学ぶ「抑うつ」克服法』星和書店刊）と題した本を出版しました。この本は、人間の行動と感情を理解するための新たな方法である「認知行動療法」について書かれたものです。この療法は、私たちの思考、すなわち「認知」が、感情と行動のあり方にとても大きな影響を及ぼすという概念に基づいています。落ち込んでしまったとき、人生が寒々としたものに見え、陰気で悲観的な考え方をし始めることに気づいている読者の方もいるのではないでしょうか。しかし、そのような場合でも、憂うつな気分の原因となり、悲観的な感情をつくりだしているのが、実際には自らのネガティブ（否定的、悲観的、後ろ向き）な思考であることには気づいていないかもしれません。さらに注目すべきは、自分についてよりポジティブ（肯定的、楽観的、前向き）で現実に合った考え方を認知療法の技法を通して学ぶことにより、しばしば短期間のうちに苦痛を伴う感情を克服し、より高い自尊心と親密さを経験できることが発見されたということです。そしてこの発見は、世界各国の個々の研究者たちによって確認されています。

認知的アプローチが、研究者、臨床医、そして一般の人々の大きな関心の的となっている理由としては、以下のことが挙げられます。

- 確かな根拠が欧米の著名な学術機関で認められている。一九七〇年代後半にペンシルベニア大学で実施された注目すべき試験で、認知療法は、最もよく知られた抗うつ薬と同等の効果を重症うつ病の治療において示した。この結果は、セントルイスのワシントン大学医学部、ダラスのサウスウェスタン医学校、スコットランドのエディンバラ大学、そしてセントポールのミネソタ大学などの精神医学者および心理学者によって確認されている。
- 介入方法が、実際的で理解しやすい方法と常識に基づいて行われる。
- この手法の効果はしばしば迅速に現れるため、精神分析医の椅子に座り、高額な分析を何年も続ける必要がない。
- 比較的軽症の気分障害に悩む人が、薬物療法や専門のセラピストに頼らずに、認知技法を自ら用いることができる。
- その基礎となる理論は簡潔で哲学的に見ても興味深く、一般の人々の価値観や宗教的信念と矛盾しない。

認知行動療法が現在の精神療法の実践に及ぼした注目すべき影響は、アメリカン・サイコロジスト誌の一九八二年七月号に掲載されたダレル・スミス博士による研究に最もよく示されています。この研究でスミス博士は、無作為化された八百人の臨床およびカウンセリング専門の心理士を対象に、さまざまな学派による精神療法の現状評価を調査しました。スミス博士は、「認知行動療法は、今日、最も強力とは言わないまでも、とても強力な理論的重要性を有する選択肢のひとつである」と結論づけています。

本書では、孤独感、内気さ、性的不安への認知行動療法の適用について説明します。私の臨床経験では、親密な人間関係を発展させることが難しい人は、しばしば、うつ病に悩む人と共通する特徴を多くもつことが観察されてきました。共通する特徴とは、低い自尊心に悩み、不同意、拒絶、孤独におびえることなどです。また、自己防衛的になり、批判を恐れます。そして、自分および他人に対して非現実的なまでに高い期待を抱くことから、過度に自己批判的、独断的になります。こうした問題は、うつ病の治療にかなり有望な結果を示した認知行動療法の技法を用いて、うつ病同様に好転させることがしばしば可能なのです。

これらの技法を読者の皆さんがご自分の生活に適用する際には、個人差があることを常に念頭に置いてください。読んだときには明らかで当然と思えるような考えも、自分に試したときに期待する効果を生むとはかぎりません。セルフ・ヘルプ（自助）本は、専門的治療の代わりとして書かれたものでは決してありません。自分の感情あるいは他人との関係で生じた問題を自身で正そうと試みて、一カ月以上変化がないときには、優れた精神科医、心理療法士、あるいはカウンセラーに相談することが賢明かもしれません。

認知行動療法により、それまで孤独、拒絶された感じ、劣等感などに長年悩んできた人たちが突然快活になり始め、喜びと自信の高まりを経験するのを目の当たりにすると、私はとても大きなやりがいを感じます。もし読者の皆さんの気分が長いこと沈んでいて、人と親しくつきあうことに難しさを感じているのであれば、本書を読むことでより高い自尊心と他人への愛情を経験できるようになるでしょう。

個人的な序文

生まれてからの二十六年間、私はひとりぼっちのさびしさを個人的な悩みとしてもち続けていました。子どもの頃から、自分は不細工でぎこちない男と思っていたからです。あだなは、「アインシュタイン」、さもなければ「やせっぽっち」でした。小学生の頃は、パーティに招かれることなどほとんどありませんでした。まれに呼ばれても、ビン回しなどの楽しいゲームに参加することはありませんでした。なぜなら、私はとても保守的で宗教心の篤い家に育ち、女の子にキスをするのは良くないことと母が考えていたからです。キスゲームが始まると、私はできるだけ丁寧に断って席をはずし、疎外されているのを感じつつ、かたわらでゲームの進行を眺めていました。

高校生になっても、好きな子から興味を示されることはめったにありませんでした。私に憧れていた「優しくていい子」とデートをしたことはありましたが、彼女は私の胸がときめくような女の子ではありませんでした。問題のひとつは、私の体つきが貧弱だったことにもありました。なで肩で、しかも胸に筋肉があまりついていませんでした。ためしに高校一年生のとき、フットボール部とバスケットボール部に入部したことはありましたが、運動神経に恵まれず、いずれの部でも冷遇され、スポーツは諦めることにしました。さらに悪いことに、大学三年生になるまで声変わりもしなければ、髭も生えてきませんでした。私は、生涯「すてきな大人」に成長することなどないと思っていました。

公平を期するために告白しますが、私は完全な落ちこぼれではありませんでした。私のことを遠くから憧れの眼差しで見ていたと思われる人が数人はいました。また、優秀な成績で表彰されたことや、学生代表に選ばれたこともたびたびありました。おそらく、教師にも友人にも常に親切であろうとしたこと、それに真面目さと知力を周囲が認めてくれたからでしょう。でも私は孤独でした。そして、親しみを感じる人は多くありませんでした。魅力的な女の子を「手に入れる」ことなど、ほとんど縁のない話だったのです。

アムハースト・カレッジへ入ってからも、私の社交生活は相変わらず貧弱なものでした。一九六〇年代のアムハースト・カレッジには、依然として男子学生優勢な校風があり、私は比較的社交性の強い男子学生の社交クラブにはまったく受け入れられず、女性とつきあう機会も限られていました。社交生活の最後の望みは医学校でした。スタンフォード大学医学部の学生は人気が高く、カリフォルニアには恋人のいない女の子が群れをなしている、と私は思っていました。しかし、目覚しい変化は訪れませんでした。努力不足のせいではありません。私は頻繁にキャンパスを歩き回ったり、近くのパロ・アルトの町まで出かけたりして、女の子との出会いのチャンスを探りました。ときには学生会館に何時間も座り、女性との会話のきっかけをつかもうと努力しました。魅力的な女性を見つければ、いつもぎこちない決まり文句から会話を始めました。例えば、「ねえ、君の名前なんていうの？ここの学生？僕は医学部なんだけど」といった具合です。一、二分もすると、その女性は決まって、「ボーイフレンドがもうじき来るの」と言ってそっぽを向いてしまうのでした。がっかりしながらも、私はくじけず、何度も何度もトライしました。おそらく、北カリフォルニアでは最も頻繁に振られた男のひとりだったでしょう。週に五十〜六十回は振られていたからです。成功率ゼロにもかかわらず、どういうわけか、じきにコツを覚えるだろうと思いながら、私は挑戦し続けました。周囲の人間は皆、異性とのつきあいを楽しんでいたので、「どうすれば同じようにできるんだろう？僕にはなぜできないんだろう？」と考えていました。

結局、自分の行動の間違いを指摘してくれる個人教師が必要、と私は結論づけました。パロ・アルトには、ドンファンと呼ばれるウィリアムという青年がいることを噂に聞いていました。彼は、パロ・アルトの町で母親と同居しながら定時制の短期大学に通い、日常の足には古いスクーターを使っていました。いろいろなアルバイトで生計を立てている男で、おしゃれな男性用ブティックの店員もしていました。特別な資格や経歴はもっていなかったものの、ウィリアムには、誰にも否定できない信じがたい天賦の才能がありました。それは、女性を惹きつける力でした。女性たちは、彼に抵抗しがたい魅力を感じていたのです。私が信じられないほど頻繁に拒絶されている間、町じゅうの女性が彼を追いかけていました。女遊びは彼の生き方のひとつと弁護するつもりはありませんが、デートでなんらかの実績を上げるには、大家の秘密を学ぶ必要があることは明らかだと思われました。

ウィリアムと知り合いになり、私は自分の抱えている問題を彼に打ち明け、助けてくれないかと頼みました。そして、彼の教えてくれた成功の秘訣が私にも通用する態度と技法であることが、じきに明らかになったのです。これがきっかけとなって、私は人生で最も幸せな日々を過ごすことができました。私の社交生活は、一晩で極貧状態から大金持ちになったかのようでした。

私は、自分を悩ませていた不安の原因は、子どもの頃から抱えていた、自分と世界に対する誤った仮定――根拠もなく事実と思い込んでいたこと――にあることを学びました。わずかな決意と助言、若さから生まれるちょっとした創造力、ウィリアムの友情などのおかげで、私はこうしたパターンが変えられることを知りました。女性に対してもっと官能的に、より直接的になってもかまわないことを学び、私を引っ込み思案にしていた恐れと劣等感を克服する勇気を得ました。そして、野放図な生活にもかげりが見え始めたある日、私はひとりのすてきな女性と出会い、彼女と共に暮らし、家庭を築く決心をしたのです。

こうして学んだことは、研究と臨床により補足されてきましたが、孤独感を克服した個人的経験こそが孤独に悩む多くの人々を治療するうえでとても役に立つという洞察と着想を得ることができました。そのうちのひとりである二十六歳の女性は、自分は子どもの頃から身体が大きく不器用で、ぎこちなかったと言いました。よく遊び友だちにからかわれたり、仲間はずれにされたりして、親しい友人をつくることは困難だったそうです。思春期の頃には、男の子とデートしたり、有意義な関係を育んだりすることにはまったく希望をもてないでいました。彼女が自分に対して抱いていたみじめなイメージは自己達成的な予言として機能してしまい、カレッジに入る頃の体重は約一三五キロまで増えてしまいました。驚くほどの決意で、体重を七〇キロ以上減らしたものの、依然として自分は完全ではないという思いや抑うつ感が残り、人と親しくつきあうことに難しさを感じていました。そしてセラピーを受けるなかで彼女は、実際の容姿よりも、ネガティブな自己イメージのほうが孤独感と強く関連することを理解したのです。自分を魅力ある好ましい女性と考える方法、そしてより高い自尊心を育む方法を学ぶにつれ、彼女の慢性的絶望感と抑うつはゆるやかに消えていき、男性との恋愛関係も開花し始めたのでした。

私が最近治療にたずさわったもうひとりの患者さんに、三十五歳の独身男性がいます。人生で初めて自分に自信が生まれ、女性との関係がうまくいった彼は、私にこう言いました。「バーンズ先生、先生はついに私が知りたかったことを教えてくれました。過去十年、孤独感に悩み、自分は完全ではないと感じてきたため、何人もの精神科医に相談しました。彼らは、『積極的に自分からデートしてみましょう』と言うばかり。どうしたらよいのか、先生のように教えてくれる医師はいませんでした。時間の無駄でした。なぜ先生と同じ技法を使って私に教えてくれなかったのでしょうね」。その理由は、孤独感の原因を精神科医や心理学者が理解し始めたのは最近のことであって、治療に必要な体系的で効果的なアプローチも、最近になって開発されだしたからなのです。もしあなたが、異性とつきあうための新しい方法をより発展させ、自分を悩ませてきた内気さや自信のなさを克服したいと思っているのであれば、この本が最適な教科書となることを願っています。私はあなたに、人から好かれない、のけものにされているなどと感じてほしくはありません。他人に手を差し伸べることができ、人生がどんなにすてきな冒険に満ちたものであるかを知るために、あなた自身の中にある美しさを発見してほしいのです。

もくじ

付録

第Ⅰ部
孤独感についての良い知らせ

第1章 さびしいですか？

これまでにあなたは、孤独感を抱いたり、他の人たちともっと良い関係をつくりたいと願ったりしたことがありますか？　もしそうであれば、自分が考えるほどあなたはひとりぼっちではありません。表1‐1にあるように、サイコロジー・トゥデイ誌に発表された全国調査では、対象となった四万人の半数以上が、「ときどき」または「頻繁に」孤独感を抱くと答えているからです。これは、一億人を超す米国人が孤独感に悩まされていることを暗に示しています。こうした数字は、私たちをがっかりさせるかもしれません。しかし良い知らせがあります。科学者たちは孤独感の原因をつきとめ、自尊心を高めたり、人間関係を強化したりできる方法を開発しつつあるのです。

表1-1　「ときどき」または「頻繁に」孤独感を抱くと答えた人の年齢層別割合*

18歳未満	18〜24歳	25〜34歳	35〜44歳	45〜54歳	54歳超
79%	71%	69%	60%	53%	37%

*M. B. Parlee, "The Friendship Bond: PT's Survey Report on Friendship in America," Psychology Today (October, 1979). から引用改変。

あなたがどれだけ孤独感を抱いているかを知るには、表1-2の自己評価テストが役に立つでしょう。この尺度は、自分や他人に対してときどきもつことのあるポジティブあるいはネガティブな感情を測定するものです。各項目の記述を読み、「まったくない」から「ほとんどいつもある」までのあいだで、あなたの感じ方に当てはまるものの数字に○をつけてください。各項目は注意深く読むことが必要です。ポジティブで幸せな感情が「ほとんどいつもある」と評価する項目と、ネガティブで不幸せな感情が「ほとんどいつもある」と評価する項目が混在しているからです。このテストに「正しい」または「正しくない」回答はありません。最近の感情をもとにして、全項目に回答してください。

孤独感の評価尺度の採点：合計得点は、各項目の答えに該当する数字を足すだけで得られます。各項目の数字は0から4までですから、合計得点は0点（全項目が0の場合）から32点（全項目4の場合）の間になります。全項目の数字を合計して、あなたの得点をここに記入してください：

合計得点の解釈：点数が高いほど、あなたの孤独感は強くなります。表1-

表1-2　孤独感の評価尺度

1. さびしさを感じる。

0	1	2	3	4
まったくない	多少ある	どちらかといえばある	大いにある	ほとんどいつもある

2. 私のことを本当に大切にしてくれる人たちがいる。

4	3	2	1	0
まったくない	多少ある	どちらかといえばある	大いにある	ほとんどいつもある

3. 私は相手にされていない、のけもののように感じる。

0	1	2	3	4
まったくない	多少ある	どちらかといえばある	大いにある	ほとんどいつもある

4. 新しく友人をつくるのは苦手だ。

0	1	2	3	4
まったくない	多少ある	どちらかといえばある	大いにある	ほとんどいつもある

5. 親しい友人は複数いる。

4	3	2	1	0
まったくない	多少ある	どちらかといえばある	大いにある	ほとんどいつもある

6. いっしょの時間を喜んで過ごしてくれる人がもっといたらなあと思う。

0	1	2	3	4
まったくない	多少ある	どちらかといえばある	大いにある	ほとんどいつもある

7. 本音で話せて感情を共有できる人が複数いる。

4	3	2	1	0
まったくない	多少ある	どちらかといえばある	大いにある	ほとんどいつもある

8. むなしさと不満を感じる。

0	1	2	3	4
まったくない	多少ある	どちらかといえばある	大いにある	ほとんどいつもある

表1-3

合計得点	孤独感の度合い	一般集団の得点割合
0～4	孤独感は極小、またはない	20%
5～9	軽度の孤独感	30%
10～14	中等度の孤独感	30%
15以上	強い孤独感	20%
合　計		100%

3はその度合いを示しています。

孤独感の評価尺度を用いた私の研究では、意外なほど多くの人々が孤独感を抱いていることが示されました。最近私は、オハイオ州デイトン市のあらゆる年齢層の既婚および独身の男女二七二人を対象に、この評価尺度を用いた研究を行いました。その結果、平均得点は10で、ほとんどの人が軽度から中等度の孤独感を抱いていることがわかりました。被験者となったすべての年齢層、すべての所得層の男女が、自分は孤独だと感じていることが示されたのです。孤独感をもつのは、若い人、そして男性にいくぶん多く、一方で教育レベルの高い人ほど少ない傾向が見られました。この研究で得られた意外な結果は、結婚が私たちを孤独感から守ってくれる保証はまったくないということでした。それが意外であったのは、私たちはしばしば孤独感を独身者、別居している人、離婚している人などがもつ悩みと考えるからです。しかし実際は、既婚者といえども同等あるいはそれ以上に孤独感を経験しています。

これは何を意味するのでしょうか。ひとりでいることが孤独感の原

表1-4 配偶者の有無による孤独感の平均得点*

配偶者の有無	孤独感の評価尺度の得点(平均 ± 標準偏差)	被験者数
独身	10.3±4.8	39
既婚	9.7±5.5	147
別居または離婚	9.2±5.8	56
やもめ	13.2±5.7	19

*研究者のための注記：独身、既婚、別居または離婚それぞれの群の孤独感平均得点に有意差は示されなかった。やもめのみ有意に孤独感が強かった(既婚 vs. やもめの t 統計量= 2.59、$p<0.005$)。孤独感と配偶者の有無との間に関連性がないことは、年齢、性別、配偶者の有無、教育レベル、収入を同時に方程式に組み入れた重回帰手法を用いて確認された。

因をつくるのではないとすれば、あるいは、愛する人をもつことで孤独感が癒されるわけではないとすれば、孤独感をもつ人とそうではない人との違いはどこにあるのでしょう。決定的な違いは自尊心です。本書で伝えたいメッセージをひとつに絞るとすれば、それは「愛する人を見つけても孤独感は解決しない」に尽きます。解決策は、自分自身を愛する方法を学ぶことにあります。自分を愛し、自分を尊重すれば、他の人たちからも愛されることをあなたは発見するでしょうし、孤独感も過去の思い出となるでしょう。

このメッセージは新しいものではありません。新しいのは、このメッセージが提示する洞察を感情的な現実に変換するのに役立つ、体系的プログラムが開発されたことです。本書では、あらゆる年齢層の数多くの男女がもつ、孤独感、内気さ、劣等感、性的不安などの感情の克服に有効な、患者さんへのテストで実証済みのプログラムを紹介します。

このプログラムは、ペンシルベニア大学で先駆的に開発された認知行動療法の技法に基づくもので、現在、世界中の病院、診療所、大学などで用いられています。これらの技法は、これまでに気分障害や人間関係上の問題を抱えた多様な人々に用いられ、その有用性が確認されています。こうした技法に積極的に取り組む意欲があれば、それがあなたにも効果を発揮することでしょう。

第2章 孤独感を理解する

ひとりでいることが多くても、めったに孤独を感じない人はたくさんいます。それは彼らが、気分が良く人生に満足しているからです。その一方で、パートナー、家族、友人など、自分を愛し気遣ってくれる人たちに囲まれて生きる人の多くが、ひどいさびしさや不幸せを感じています。こうした人たちが不幸せと感じる理由のひとつは、自分自身や他人に対してのネガティブな考え方にあります。

例えば、自分はひとりぼっちと感じたり、他人よりも劣っていると感じたりするとき、おそらくあなたは、「私は二流の人間」と自分に言い聞かせているのでしょう。「私には人から愛される資格などない。なぜなら、人を惹きつける魅力、知性、出世などの点で基準に達していないから」と考えているかもしれません。孤独感に悩む三十二歳のある男性は、最近私にこう訴えました。「バーンズ先生、女性が私のどこに魅力を感じるんですか？　真実とはしっかり向き合わなきゃいけません。女性が求めるのは、ハンサムで、金持ちで、才能ある男なんですよ。私なんか、セクシーでもなければ魅力的でもない、ただの月並みな男です。仕事だって刺激的なものではないし、見栄えのするものでもありません。私には特別なところなど何もないんですよ」

孤独感に悩む人の中には、おびえて自暴自棄になる人があります。ひとりでいるのは恐ろしいことと思い込み、家族や愛する人がいないまま年老いていくことを心配しているためです。また、さびしさは苦痛と同じと言う人もいます。こうした人たちは、人生を恨み、問題の原因を他の人々に求めます。あるいは絶望感をもつ人もいます。自分には幸せを見つけることなどできない、親しくなる人とめぐり合う機会などあり得ない、と自分に言い聞かせているのです。こうした人たちは、人生におけるすべての喜びは、意味のある人間関係があってはじめて実現すると考えているため、空虚で満たされない気持ちになります。

孤独感を経験し落ち込んだことのある人なら、人生がどれほどネガティブなものに見えるかを知っているでしょう。ただ、そうした人もおそらくまだ知らないのが、実際にいやな気分をもたらすのは、そのようなネガティブな思考であるということなのです。これはとても重要です。というのも、自分自身のことや、直面する問題をよりポジティブに考えようとする意欲があれば、孤独感を克服し、他人との良い関係を育むことが可能になるからです。

また、いやな気分の原因となるこれらのネガティブな思考は、たとえ表面的にはまったく妥当に思えたとしても、多くの場合、非論理的で現実に合わないということにあなたは気づいていないかもしれません。孤独感と抑うつは、歪んだネガティブ思考から生じるという概念には、議論の余地があるかもしれません。しかしこの概念には、それを支える数多くのエビデンスがあります。過去数年、カナダ・トロント市のクラーク研究所のディレクター、ブライアン・ショー博士と私は、身の上に起こる出来事への感じ方に思考がどう影響するかについて、私が開発した調査表を用いた共同研究を行ってきました。その調査表は、好きな人とデートに行く約束をしたこと、つきあっていた人から「終わりにしよう」と言われたこと、会社で昇進したこと、失業したことなどの、ポジティブあるいはネガティブな事例で構成されたもので、重症の気分障害が一切ない女性たちと、うつ病で入院中の女性患者さんたちを対象に調査が行われました。対象となった女性被験者は、調査表に示されたそれぞれの状況に直面したら、自分ならどのように感じ、考えるかという設問に回答するよう指示されました。

調査の結果、うつ病の女性被験者は、ポジティブ、ネガティブ両方の出来事を非論理的かつ悲観的に解釈する確率が高いこと、そして各設問状況で生じる感情は、そうした状況についての考え方に左右されることなどが示されました。「恋愛関係の終わり」という設問状況に対しては、うつ状態にない被験者では以下のような回答がありました。「私は悲しみの感情をもつだろう。私の思考：『この関係がずっと続いてほしかったけれど、新しい人との出会いが楽しみだ』」。この反応は、妥当で現実に合ったものです。落胆を感じつつも、自分を非難せず、自尊心を失ってもいません。この態度は、より良い人間関係を築くための最適な位置に彼女を置くことでしょう。対照的に、うつ状態のある女性は以下のような回答を記しました。「私は、悲しみ、不幸せ、傷ついた気持ち、などの感情をもつだろう。私の思考：『私のどこが悪くてこんな結果になるのだろう。こんな自分なのだから、もう二度と親しい関係をもつことはないだろう』」。彼女の反応は、孤独感をもつ人に共通した思考パターンを示しています。つまり、根拠なく自分を責め、自分には価値がないと自らに言い聞かせているのです。そして、自分が抱える問題を解決することは不可能で、人生はお先真っ暗と想定しています。このような態度が原因で、彼女は自らを軽蔑します。恋愛関係の問題点を的確につかみ、問題に対処し、成長しようとすることなく、人生を諦め、孤独感と低い自尊心にとらわれているのです。

なぜこのように自虐的にとらえてしまうのか、その原因はまだ科学的には解明されていません。しかし、私たちはこうした思考パターンを逆転させ、よりポジティブな感情や愛情をもって、高い自尊心と大きな喜びを経験するうえで効果的な技法の開発を進めています。以下の自己評価テストは、親密な関係を妨げる可能性のある思考や感情を的確に特定することを目的としています。

◆親密度記録表

この親密度記録表（表2‐1）には、私たちがときに自分自身や他人との関係について抱く感情がたくさん挙げられています。各項目で今の気持ちに最も当てはまる回答欄に✓をつけてください。完全には当てはまらないときは、最も近い回答を選んでください。正しい答え、間違った答えはありません。ですから、いつもの考え方や感じ方にしたがって答えてください。

親密度記録表の採点と説明

この親密度記録表は、自尊心を損なったり、友情や親密な関係の発展を妨げたりする十五の態度を評価測定するものです。それぞれの態度は、記録表の四つの項目で表現されていて、表2‐2の中央の列に該当する項目の番号が載っています。これら四つの項目は、それぞれ0（そのように感じることは「まったくない」）から3（そのように感じることが「大いにある」）の点数で評価します。十五の態度の各項目の合計点は0（四項目すべてでそのように感じることは「まったくない」場合）から12（四項目すべてでそのように感じることが「大いにある」場合）のあいだになります。

十五の態度の各項目の合計点を出し、表2 - 2の右側の欄に記入してください。各項目の得点合計が0から2までであれば、その項目の表す態度があなたにとって問題となる可能性は低いことを示しています。3から5までであれば、その態度が軽度の問題となる可能性を、6から8までであれば中等度の問題となる可能性を、そして得点合計が9から12までの場合、その態度はあなたにとって重大な問題となる可能性を示しています。

1. 低い自尊心

内気で孤独感をもつ人の多くは、自分よりも知的で魅力的に見える人と自分を常に比較し、劣等感に苛まれています。こうした人たちは、「私はまったくの敗者。彼（または彼女）ほど頭も外見も良くない。人を強く惹きつけたり、興奮させたりする魅力もない。いったい誰がこんな私を好きになるだろう」といったネガティブなメッセージを自分に発しているかもしれません。このメッセージはその人たちに「自分は無力だ」と感じさせるため、彼らは「自分はあまり価値のない人間、愛されることのない人間だ」と結論づけてしまいます。

2. ロマンチックな（恋愛小説的な、空想的で現実離れした）完璧主義

自分自身やつきあう相手への非現実的な期待が、孤独感につながる場合があります。

表2-1

	0 - まったくない	1 - 多少ある	2 - どちらかといえばある	3 - 大いにある
1. ときどき自分は、あまり魅力的でもなく、人から好まれる人間でもないように感じる。				✓
2. 何をするにもひとりなので、みじめに感じる。				✓
3. 社交の場では、頻繁にぎこちなさや自信のなさを感じる。				✓
4. さびしい、動揺している、などと友人に打ち明けるのは難しいと感じる。	✓			
5. 誰かに拒絶されると、たいてい自分には根本的な欠点があると感じる。				✓
6. ひとりでいることがつらい。			✓	
7. 親密な関係は個人にとって十分な自由を与えないと感じるときがある。			✓	
8. 友人や恋人を批判したり、彼らに怒りの感情を伝えることは、自分にとってはとても難しく思われる。		✓		
9. 外見や性格が良く、知的で、成功を収め、地位が高くないと、他人からは受け入れられない、愛されない、と感じる。			✓	
10. 緊張しているときや不安なときは、人に会うのを避けることが多い。			✓	
11. ときどき自分には根本的な欠陥があるように思う。				✓
12. 理想とするほど魅力的でなく、刺激的でも知的でもない人を、パートナーとして愛することはできないだろう。			✓	
13. ひとりでいると、見捨てられた気分になることがある。			✓	
14. 好意を寄せる人と良い関係をもつことなど絶対無理、と自分に言い聞かせるときがある。			✓	

	0・まったくない	1・多少ある	2・どちらかといえばある	3・大いにある
15. 反対したほうがよいだろうと思うときでも、たいていの場合は賛成しなければ、と感じる。			✓	
16. 人生にあまり興味がもてない。			✓	
17. 親しい人が自分にいないのは不公平だと思う。			✓	
18. 参加したら楽しいだろうと思うグループはない。			✓	
19. 人から批判されると、よく自己防衛的になる。			✓	
20. 内気で緊張していることが人に知られたら、たいていは見くびられてしまうと思う。				✓
21. 拒絶されると、自分はあまり愛されていない、好まれていない、と感じてしまう。				✓
22. 自分が惹かれる人から興味をもたれることは絶対ないように思う。	✓			
23. ひとりでいるなんて普通じゃないと感じる。		✓		
24. 自分の弱点、足りないところ、欠点などを他人に告げるのは好きではない。		✓		
25. 自分が批判されたり、意見に反対されたりすることには、過度に敏感な傾向がある。				✓
26. ひとりでいるときは、無力で傷つきやすいと感じる。				✓
27. 自分の感情を他人と共有するのは難しい。				✓
28. 他の人との共通点は多くないと感じる。			✓	
29. 友人や恋人とのあいだに生じる怒りの感情は、その原因のほとんどが愛情や敬意のなさにあると思う。	✓			
30. 相手から批判されたとき、こちらの意見の正しさを認めようとしないその相手によくイライラする。				✓
31. 私が誰かに愛されることなど考えられない。	✓			

	0・まったくない	1・多少ある	2・どちらかといえばある	3・大いにある
32. 誰かに拒絶されると、遅かれ早かれ誰もが私を拒絶するのではないかと思う。		✓		
33. ときどき、人間関係を改善しようとする努力はすべてが無駄に終わるような気がする。		✓		
34. 通常、自分はみじめになっても他人が幸せになるよう努力すべきと感じる。		✓		
35. 他の人たちの私に対する態度に、よく憤りを感じる。			✓	
36. 誰かとつきあいたくても、どこへ行けばよいのか思いつかない。				✓
37. ひとりでいると、恐ろしくなったりパニックになったりする。	✓			
38. 何かしようという意欲がずいぶんとなくなった。			✓	
39. 人から拒絶されると、いつも悪いのは自分だと感じる。		✓		
40. 長期的に関与する人間関係のことを考えると、ときどき恐怖を感じる。			✓	
41. 私にとって、友だちをつくることは簡単ではない。				✓
42. 不幸な人間関係でもまったくないよりまし、と感じるときがある。	✓			
43. 容姿や知性が自分の基準に合わないデート相手と一緒のところを他人に見られたくない。		✓		
44. 通常、他人から批判されるととても動揺する。				✓
45. 人々から当然受けるべき愛情や友情が得られないと、私は傷つく。			✓	
46. 友人あるいは恋人から期待はずれと思われたら、私はとても動揺する。				✓
47. 他の人たちよりも自分は劣ると感じている。			✓	

	0 - まったくない	1 - 多少ある	2 - どちらかといえばある	3 - 大いにある
48. 大切に思っている人との対立や口論は、いつも避けようと努力する。		✓		
49. デート相手として、あるいは恋人として強い恋愛感情をもてない相手には、これ以上かかわることにあまり意味はない、と自分に言い聞かせている。	✓			
50. 私は今、悲しくて落胆している。		✓		
51. ときどき緊張しすぎて、相手に何と言えばよいのかわからなくなることがある。				✓
52. 人間関係の改善に希望がもてないと感じるときがある。			✓	
53. 友人や恋人とのあいだで口論や意見の不一致があると、私はとても動揺する。				✓
54. 恋愛関係にとらわれて身動きできないと感じるときがある。				✓
55. ときどき自分は出来損ないだと感じる。			✓	
56. 私のことをよく知るようになれば、ほとんどの人は私を受け入れないと思う。			✓	
57. ひとりのとき、むなしくて満たされない気持ちになることがよくある。				✓
58. 友人や恋人の本性がわかって、裏切られたと感じたり、がっかりしたことがよくある。			✓	
59. 人間関係に生じた問題のほとんどは相手の責任、と考えることがよくある。		✓		
60. 誰かと対立したときには、たいてい私が譲歩する。			✓	

表2-2 あなたの親密度プロフィール

態　度	この態度に関する親密度記録表の項目	あなたの評価点*合　計
1. 低い自尊心	1、11、31、47	8
2. ロマンチックな完璧主義	9、12、43、58	7
3. 感情の完璧主義	29、48、49、53	4
4. 内気さと社交不安	3、10、20、51	11
5. 希望をもてないこと	14、22、33、52	5
6. 疎外感と孤立感	18、28、36、41	10
7. 拒絶に対する感受性	5、21、32、39	8
8. ひとりでいることへの恐れ	2、6、23、57	9
9. 失望感	13、26、37、42	5
10. 曝露恐怖症	4、24、27、56	6
11. 自己主張の欠如	8、15、34、60	6
12. 恨みと敵意	17、35、45、59	7
13. 自己防衛と批判への恐れ	19、25、30、44	11
14. 抑うつ	16、38、50、55	7
15. 身動きがとれない感じ	7、40、46、54	10

*それぞれの態度の評価点合計は、中央の欄にある4項目の得点を足し算して求めます。

● **パートナーに対する完璧主義**：つきあう相手は、自分がいつも夢見ていたような理想の人物でなければならないと感じています。あなたに興味をもち始めた相手がいても、理想とはかけ離れているため、がっかりします。イライラしやすくなり、相手の性格や外見で興ざめな部分を繰り返し考えるようになります。彼あるいは彼女の身体的魅力や知性が、こうあるべきと考えるパートナーの理想像とは違うからです。こうしたことを考えれば考えるほど、あなたは不幸になります。そして、その人はつきあう相手としては不足と結論づけてしまいます。

◉**自分に対する完璧主義**：私たちの文化は、美貌、知性、魅力、人気、成功などを重視します。そのため、孤独感に悩む人の多くは、こうした資質が友人関係や恋愛関係の構築に必須と思い込んでいます。そうした人たちは、自尊心の基盤としては性格や容姿を第一に考えがちで、身長が低すぎることや高すぎること、身体に受けた傷や太りすぎていることなどを、絶え間なく心配する可能性があります。美しさや魅力の社会的基準に自分は到達していないと感じたとき（そもそも到達できる人などいるのでしょうか？）、「私は誰からも望まれていない。ひとりぼっちの人生が運命づけられているんだ」と決め込んでしまいます。

パートナーに対する完璧主義は、相手と親密になることへの不安を避けるための一方法ともなり得ます。そもそも完璧な恋愛関係や恋人などは存在しませんから、高すぎる基準を設けることは、いかなる相手でも拒絶できる便利な方法となります。先日私は、アリスンという名の若い女性と面接しました。彼女は、さびしさと内気さに悩んだ二年間のあと、最近になって若い男性とデートを始めたところでした。彼女は私に、その男性はキスが下手なので、とてもがっかりしていると言いました。どうやら彼も経験が浅いため、口をうまく動かすことができず、キスのたびに歯が当たるようなのです。アリスンは、この不満を彼と話し合い、彼女の望むキスの仕方を教えようとはせず（そうすることは大きな不安をかきたてるでしょう)、彼と別れて「もっと良い」相手が現れるまで待ちたいと考えていました。彼女のもつ恐れやわだかまりについて私と話し合ったあと、彼女は勇気を出してこの問題を彼と穏やかに話し合うことにしました。その結果は、より率直な態度と実験作業へとつながり、彼女はより強く彼に親密さを感じ、興奮を覚えるようになりました。

3. 感情の完璧主義

多くの人が、興奮と盲目的な情熱を伴うロマンチックで強い感情がなければ、恋愛関係に意味はないと感じています。このロマンチックな感情が薄れ始め、恋愛関係の興奮が当初の強さを失い始めたとき、そうした人たちは互いの愛情も弱まったと結論づけます。また、愛し合ったカップルは、言い争い、口論、喧嘩などを決してすべきではない、としばしば感じています。二人の関係にとって、あらゆる意見の違いや不一致は危険なものと考え、対立を恐れているのかもしれません。互いを気遣うのであれば、いつもポジティブな愛情をもち、退屈したり、怒ったり、無関心であったりしてはならないと考えている可能性もあります。

4. 内気さと社交不安

孤独感をもつ人の多くが、集団の中ではぎこちなさを感じます。また、好きな人の前ではとても緊張することがあります。そして、神経が張り詰めた感じや自信のなさは恥ずべきものとの思い込みから、しばしばこうした感情を隠そうとします。落ち着いて自信に満ちた外見の人に比べ、自分が弱く劣った人間と思われることを恐れているためです。そうした人たちが緊張をコントロールしようとすると、裏目に出ることがあります。自らのぎこちなさと気まずさに注意が向き、さらに気まずさが募り、自己批判的になって自意識過剰となり、他人への興味を心から表現したり、その発言に集中したりすることが困難になるかもしれません。そのため、内気で緊張したりすることは、親密な関係構築の障害になると結論づけてしまいます。しかし、そうした人たちが理解していないのは、ほとんどの問題を引き起こす原因は内気さではなく、自己を受け入れない点にあるということです。

5．希望をもてないこと

孤独感をもつ人の多くは、友だちの輪をつくることや、愛するパートナーを見つけることに希望はもてないと感じています。なぜなら、自分には他人と親しくなるための魅力や才能がない、あるいは歳をとりすぎていて自分にふさわしい人はもう見つけられない、などと思い込んでいるためです。人と親しくなることができないという信念は、自己達成的な予言となって作用する傾向があります。なぜなら、ひとたび諦めてしまうと、たいてい大きな改善は望めないからです。こうしたことが、「この問題が解決する望みはない」と思わせてしまいます。

6．疎外感と孤立感

孤独感をもつ人にとって、友人をつくったり、心地良く参加できるグループや組織を見つけたりすることは簡単ではありません。人と知り合うにはどこへ行けばよいのか、そして出会った人とはどうすれば親しくなれるのか、わからないのです。そうした人たちは、自分は基本的に人とは「違う」、あるいは人との共通点が少ないと思い込んでいます。自分に興味をもつはずがない、あるいは相手が自分のことをよく知ったら、受け入れてくれるはずはないと考えています。

7．拒絶に対する感受性

孤独感をもつ人は、しばしば拒絶を恐れるあまり、デートしたり、人と親しくなったりするために必要なリスクを避けます。拒絶への恐れは、以下のようないくつかの歪んだ思考によってもたらされます。

● **一般化のしすぎ**：自分のどこかに本質的な欠陥があるため、ひとつの拒絶から終わりのない拒絶の連鎖が始まる、と自分に言い聞かせます。最近私の面接室で、リサという名の二十二歳の女性が、夏に知り合った若い男性との三週間の熱愛が終わったことにひどく落ち込み、希望がもてないでいる、と話しました。彼が去ってしまったのは、自分に男性の愛を惹きつける「本質的な要素」が足りないためと彼女は固く信じていて、間違いなく自分は一生ひとりぼっちのままと感じていました。私がその「本質的な要素」とは何かと尋ねても、彼女には具体的な答えが見つかりません。自分のことを熟知した彼から魅力がないと結論づけられ、永遠の不良品というレッテルを貼られた、と感じていただけなのです。この評価がいかに的外れかを彼女が納得するまでには、数多くのセラピー・セッションと新たな恋愛関係の始まりが必要でした。

- **自己非難**：孤独感をもつ人は、人間関係に起こる問題の原因は自分にあると考えやすく、恋愛関係における対立や拒絶はすべて自分の責任と思い込む傾向にあります。どんな関係でも、始まりと終わりには二人がともに関与していると友人から説得されても、心の奥底ではそれが本当ではないこと、別れの原因はすべて自分の至らなさ、自分の「悪さ」にあることを、そうした人たちは「知って」いるのです。

- **全か無か思考**：恋愛関係が終わったとき、終わった関係の相対的な長所や短所を具体的につきとめ、その経験から学び成長しようとはせず、「この関係は完全な失敗だった」または「自分は完全な失敗作だ」と結論づけます。また、拒絶した相手を理想化し、彼または彼女があなたにとって「完璧」だった、と自分に言い聞かせます。その人の長所だけにこだわり、欠点を無視し、その人のいない人生は不毛で無意味なものと結論づけます。

● **心の読みすぎ**：自尊心が低い人は、他人が自分に対してネガティブな思考や感情をもっていると決めてかかる傾向にあります。そのため、実際に起こっていることをしばしば誤って解釈します。ときには、まったく中立的な態度を示されても、それを拒絶ととることがあります。私の患者さんに、同じ事務所で働く男性に「ティッシュペーパーはどこ?」と尋ねたところ、「ティッシュペーパーなら机の上にあるよ」と彼が答えたことで落ち込んでしまった女性がいました。彼女が打ちひしがれたのは、ひそかに恋愛感情をもっていた彼の答え方から、彼は自分に興味がないのだと結論づけたためです。その後のセラピーで、自分をより強く主張する態度を身につけた彼女は、彼をもっとよく知るように努力してみました。すると、意外なことに彼もまた彼女に対してひそかに恋愛感情をもっていたことがわかったのです。最終的に彼らは親密な関係を育むようになりました。

8. ひとりでいることへの恐れ

孤独感をもつ人は、ほとんどいつもひとりでは幸福感や満足感をもてずにいます。親しい人がそばにいないかぎり、完全に安心することも、満足感ももてないと思い込んでいると、ひとりでは挑戦的で生産的な活動にたずさわろうとはしないものです。そして、自分に対して思いやりのない無神経な態度をとって、ふさぎこんでしまうかもしれません。そうなると、退屈し、ひとりでいるのは面白くないと結論づけてしまいます。あなたに自分を尊重する気持ちのないことが、相手を遠ざけている理由かもしれません。相手は、あなたが必死になって愛を求めていることを察知するからです。結果としてあなたは避けられてしまい、さらに孤独感と無力感に苛まれる悪循環に陥ってしまいます。

9. 失望感

ひとりでいると、退屈で満足感が得られないと思うだけでなく、パニックや恐れを感じる人がいます。そうした人たちが恋愛関係を構築する主な動機のひとつは、ひとりになる時間の長さにかかわりなく、ひとりになったときに感じる無力感、失望感、見捨てられ感を避けることにあります。

ひとりになることを恐れさえしなければ、愛する人が今そこにいないことをさびしく思う気持ちは、その人への愛情を反映するポジティブな経験となり得ます。もし独身で恋人がいないのなら、恋愛関係で人生を豊かなものにしたいと望むのは健全なことです。そしてその願望は、意味のある関係を発展させる動機となるでしょう。その願望は、孤独感をもつ人の多くが感じる、むなしさ、失望感、自己憐憫とは異なります。孤独感をもつ人たちの多くは、まず孤独感を恐れるがために愛する人を求めています。そのため、その愛を求める姿は、本当に大切な人と人生を共有したいという願望よりも、身勝手な行動に近いものになっていきます。

10. 曝露恐怖症

他人から軽視されるのを恐れるがゆえに、自分の思考や感情を他人と共有することは難しいと感じます。憂うつ、さびしさ、無力感などを弱さのしるしと考え、自分がそう感じていることを他人に知られまいとします。また、自分の考えや興味の対象はバカげていると感じているため、自分の意見に他人が興味をもつはずはないと考えます。

11. 自己主張の欠如

孤独感をもつ人の多くは、引っ込み思案で、怒りを表現したり誰かを批判したりすることに困難を感じます。自分の希望を他人に聞かせることは、ひどく身勝手で愚かだと相手に思われると考えているのです。また、自分にとって必ずしも得にならないことを他人から頼まれても、断るのは難しいと感じます。なぜなら、相手が誰であれ、失望させるのは罪悪と感じているからです。しばしばその原因は、自分には常に他人を喜ばせる責任があるという考えや、皆の期待にそえないと何か悪いことが起こるという信念にあります。

12. 恨みと敵意

孤独感をもつ人は、親しくなれる人を探したい、それ以上は望まないと言いつつ、他人に対してかなり辛辣で批判的なことがよくあります。そうした人たちは、あまり人好きではないという印象を周囲に与えます。自分のネガティブな態度と人間関係上の問題との関連性を理解できずにいることが多いのです。他人が親切にしてくれない、あまり興味をもってくれないと非難し、いかに自分が人に対して冷ややかで、恨みと敵意がいかに人を遠ざけているかには積極的に目を向けようとしません。

13. 自己防衛と批判への恐れ

孤独感をもつ人の多くは、過剰に自己非難し、あらゆる不同意や批判に敏感です。自分の欠点を突きつけられると、落ち度を認めたり批判を客観的に評価したりせず、動揺のあまり守勢に立ち、激しく食ってかかります。そうした人たちは、理屈っぽくなったり、自分は正しく相手が間違っていると主張したりすることがあります。この態度に相手はいらだち、遠ざかるか、より批判的で断定的な態度を募らせたりします。すべてがとても不愉快になり、批判はひどい結果を招くとの考えを補強して、ここでも悪循環が始まります。

14. 抑うつ

研究者たちは、孤独感をもつ人は抑うつと低い自尊心に悩まされる傾向が高いとの研究結果を発表しています。抑うつの症状には、悲しみ、落胆などの感情、意欲の喪失、過度の自己批判や自己非難、人生への関心喪失などがあります。こうした抑うつ感情を克服し、より高い自尊心を経験した人のほとんどは、満足のいく人間関係の構築が容易になったと感じます。

15. 身動きがとれない感じ

多くの人が、他人と親しくなることに恐れを感じています。親密な関係は自分を縛るものと考えたり、特定の相手と長期的あるいは排他的な関係を結べば身動きがとれなくなると感じたりするためです。そうした人たちは、恋愛をわくわくするような冒険としてではなく、個人の自由を奪ってしまう重荷または義務として経験します。

以上、十五の態度を説明しましたが、自分や知り合いの誰かが、これらの態度のいずれかに当てはまるでしょうか。こうした態度は、自分自身や他人に対するあなたの気持ちをみじめにさせる可能性があります。以上を念頭に置きつつ、ここからの各章を読み進んでください。多くの人に、よりポジティブな価値観をもつことを可能にし、より大きな自信を与え、より満足できる人間関係を築くことを可能にした、ステップ・バイ・ステップのプログラムをこれから説明していきます。

本書で紹介する技法を用いるときには、変化が生じるまでに一定期間の辛抱強い努力が必要だということを覚えておいてください。また、本書で紹介する事例の多くは、患者さんが感じ方や対人関係における突破口を見出したときのセラピー・セッションに基づいています。こうした瞬間は、とても刺激的で有益な情報を与えてくれますが、そこに至るまでには一定期間の多大な努力が必要であったという事実を認識することが重要です。また、こうした技法が魔法のような効果をもち、一晩であなたの抱える問題が消失すると伝えるつもりもありません。あなたの感情と態度に変化を与え得るとても強力なツールではありますが、そのためには一定期間の体系的な努力が必要です。ときには試行錯誤が、辛抱強い粘り強さが必要となるでしょう。この態度で臨むことができれば、結果は非常に満足のいくものとなるでしょう。

私が説明する概念や技法の中には、あなたのふだんの思考や行動様式と異なるものがあるかもしれないということにも注意を促しておきます。そうした提案に懐疑的になり、ときには抵抗を感じるかもしれません。しかし、もしあなたがある特定の技法をバカバカしく感じ、間違っていると感じても、その懐疑をもち続け、実験で確認する勇気は維持してください。その技法を試し、実際に効果のないことは、あなた自身で証明してください。その技法があなたにとって特に役立つものではないことが明らかになるかもしれません。その結果得られた情報が、重要な突破口を開くかもしれない他の技法を試すきっかけとなるかもしれません。あるいは、最初はバカバカしく思えたり、直感に反すると思えたりした技法でも、意外にもそれがより高い自尊心への最初の一歩になる可能性もあるのです。

第 II 部
自分への愛情が第一

第3章 最初のステップ：自分を好きになり愛する方法を学ぶ

「親しさを感じられる人は、ひとりもいない」

「ひとりぼっちなのは、私が周囲に適応できていないからだ」

「カップルでなければ世の中、通用しない」

「私は他人より劣っていると感じる」

「これまでずっと拒絶されてきた。これからもまったく同じだろう」

「私はもう年をとりすぎたみたい。人生は目の前を通り過ぎていってしまった。同世代の男性は、みんな若い女性がいいと言う。さびしいオールドミスになってしまったらどうしよう」

あなたはこうした思考に共感を覚えるでしょうか。自分はそれほど特別でも愛される人間でもないと考えたことはありますか？　大切に思う人と満足のいく関係をもつことなど決してあり得ないと思っていませんか？　もしそうなら、この章との出合いは人生の重要なターニングポイントとなるかもしれません。

内気で孤独感を抱えている人は、しばしば自分は能力のない、ダメな人間と思い込みがちです。孤独感をもつ、ある三十歳の女性は、私にこう言いました。「バーンズ先生、私は何年ものあいだ、毎晩泣きながら眠りについてきました。とてもさびしいんです。毎朝、通勤途中で『ビューティフル・ピープル（優雅な富豪や上流社交界の人々）』を見かけます。男の人はピンストライプの背広を着ていて、女の人はまるでモデルのような格好をしています。とても落ち着きはらって、魅力ある人たちに見えます。私なんて、華々しいキャリアはないし、見てくれは悪いし、頭も特に良くない。私のことを気にかける人なんていないわけがありません」

彼女の言葉にはいくらかの真実が含まれています。外見が素晴らしく外向的な人にとって、他人を惹きつけることは簡単かもしれないからです。しかしそれは決して、愛情ある永続的な関係構築の可能性を保証するものではありません。私はこれまでに数多くの「ビューティフル・ピープル」を治療してきました。とても魅力的で、愛想もよく、成功した男性や女性たちです。しかし、そうした人たちもまた孤独感を抱え、他人と親密な関係をもつことに困難を感じていました。私は、目をみはるような金髪美人から、もう二年以上もデート相手がいない、と涙ながらに告白されたことがあります。また、ニューヨーク市のハンサムな政治家は、なぜかデートから先に進むことができない、長く切望している親密で深い関係を築くことができない、と打ち明けました。「私は四十四歳になります。妻と家族をもち、郊外の家に住むことが夢です。それだけが望みなのに、実現できそうにありません。残り時間が少なくなりつつあるようで、さびしいし不安に感じます。私のどこがいけないのでしょう」と彼は言いました。

外見の良さ、性格、すてきなキャリアなどが親密な関係構築の鍵ではないとしたら、いったい何が必要条件となるのでしょうか。孤独感をもつ内気な人たちは、ほとんどいつもふたつの問題に悩まされています。最初の、そしておそらく最も重要な問題は、自分を好きになれないこと、愛せないことです。しかし、一般に問題は、孤独感をもつ人たちが本当に他の人よりも愛されにくいとか好ましくないといったことにではなく、彼らが「そう考える」ことにあります。自分を愛し、自分を正しく評価する方法を学ぶことは、他人と親しくなるための必要条件です。

孤独感をもつ人たちを悩ます第二の問題は、他人を好きになり、その人の真価を認められないことにあります。孤独感をもつ人は、しばしば他人の欠点や短所に敏感です。そして、異性に対し敵意があるように見えることがよくあります。そのような敵意の原因は、過去の拒絶経験にあるのかもしれません。しかし、敵意はさらに拒絶を呼び、悪循環を招きます。

孤独感をもつ人は、自らに自尊心が欠けていることに気づかず、他人へ向けられた敵意も否定することがあります。こうした人は、情け容赦なく自分をけなし続けていることに気づかずに、気分の悪さの原因は他人が自分に好意をもたないから、と考えています。不幸の原因は自分にあり、自分へのポジティブな感情が欠けていることが本当の敵であるということを認識していません。自分を愛する方法がわからないために、孤独感や孤立感をもち、結局他の人たちを遠ざけてしまうのです。

自尊心が大切であることには、あなたも同意するでしょう。しかし、「こんなに孤独感や孤立感に悩まされているのに、どうやってポジティブな感情を育てられるというのだろう。劣っている、拒絶されていると感じているときに、どうしたら喜びや自信を表すことができるようになるのだろう」と疑問に思うかもしれません。

以下は、その疑問を解くための四つの重要なステップです。

- 自分につらく当たったり、自らをかえりみなかったりする態度を改め、より愛情のこもった責任ある態度で自分に接するよう心がけます。人生に創造的に、生産的にかかわるよう努めます。
- 自分をけなす癖を改め、より現実に合った、思いやりのある態度で自分のことを考える方法を学びます。
- 特定の自虐的態度を捨て、より健全でポジティブな、個人的価値体系を育みます。

◉ひとりでいることへの恐れと対決し、それを克服します。

本書に紹介するすべての技法が効果を生むかどうかは、右に挙げた目標が達成できるかどうかにかかっています。自分との愛情ある関係を育む方法を学べば、他人との関係を築く努力が失敗に終わることはほとんどありません。しかし、幸せになるためには他の誰かが必要と思い込んでいるかぎり、あなたが成功する見込みはほとんどありません。

私は過去十年間、抑うつ、孤独感、内気さなどに悩む患者さんたちと、一万五千回を超す個別のセラピー・セッションを行ってきました。そして、ほとんどの患者さんが同じ過ちを犯していました。彼らは、退屈して落ち込んだ気分から救われて人生を完成させるには、刺激的な男性やゴージャスな女性が必要、と思い込んでいるのです。これほど、現実とかけ離れているものはありません。幸福と安心を確保するには愛するパートナーが必要との信念は、孤独感の主な原因のひとつです。この態度が、あなたに力が足りないと感じさせ、実際に人々を遠ざけてしまうのです。あなたの探す「特別な人」が求める相手は、わくわくするほど刺激的で、彼または彼女の人生をより良いものにしてくれる人です。ひとりでは何もできない、物欲しげな人物ではありません。自分を好きになる方法、そして愛する方法を学ぶことが、親密さに到達するための秘訣なのです。

あなたが自分を好きになってはじめて、周囲の人々にポジティブな感情が投射され始めます。周囲の人たちは、突然あなたに愛情と積極性を感じ、惹かれるようになるでしょう。私はこれまで何度もそれを目の当たりにしてきました。物欲しげで、死に物狂いになればなるほど、拒絶される確率は高くなります。反対に、他人への欲求を捨て、自分の真価を認め始めると、突然あなたは人気者になります！　これは矛盾しているようですが、真実です。あなたは死に物狂いになっている、と人々が感じているかぎり、人々はあなたを遠ざけます。しかし、満足感をもち、他人は必要としなくなったあなたを、今度は人々が追いかけ、必要とするようになるのです。おかしな話だと思うでしょう。しかし本当なのです。

真実をはっきりさせると、以下のようになります。不愉快な様子で自分自身を見下すような人は嫌われ、自分のことを好きで人生に満足している人は、人を惹きつけずにはおかないエネルギーを放出するのです。自尊心をひとたび経験すれば、あなたは自分がいかにセクシーで好ましい存在であるかを理解し始めるでしょう。もはや死に物狂いになって相手を求めたあげく、空振りするあなたではなく、人々に追いかけられるあなた自身に気づくのです。私の患者さんの多くがそうであるように、あまりの人気に追いすがる人たちを払いのけなければならなくなるかもしれません！　そうなってから、じっくりと有意義な関係を築きたいと思う特別な人を選べばよいのです。

◆ひとりでいることの大切さ

孤独感を克服し、自尊心を育てる最も良い方法のひとつは、デートをしばらく控えることです。もし勇気があれば、もっと良い方法は、誰とも親密な関係をもたないようにすることかもしれません！社交上の成功を収める方法として、これは尋常ではないアプローチに見えるかもしれません。というのも、心の奥底であなたは、ひとりの親しい友人か恋人がいれば問題は解決することを「知って」いるからです。自分を心から気遣ってくれる信頼に足る人の存在がなければ、人生には意味がないと思い込んでいるかもしれません。

事実、その考えは間違いなく正しいのです。あなたに必要なのは、いつもあなたを慰め支えてくれる人、いつも優しくあなたを気遣ってくれる人です。そしてその人とは、あなた自身なのです。あなたは、他人との関係を成功させる前に、自分との愛情ある関係を育てなければなりません。ひとりでいても最高に幸せと感じ、自分を好きになり、愛情をもてるようになる方法を学んではじめて、以下の章に述べる「社交的貧乏から大金持ちへ」大作戦の恩恵を受けることができるのです。

自分を正しく評価し感謝することができない人は、ひとりでは幸福感をもてません。そして、他人とも親密で満足のいく関係を築くことができないようです。ひとりでも、また誰かと一緒でもうまくいきません。一方、自尊心をもつ人は、ひとりでも幸福感をもちます。そして、他人との関係があれば、その幸福感はより深まります。ひとりでも、また他人と一緒でもうまくいくのです。

もしあなたが、第Ⅲ部まで飛ばし読みをして、相手を見つける秘訣を学ぼうと考えているのなら、それはやめましょう！　おそらくは挫折するだけです。他人との関係を築く前に、あなたは自分ひとりで幸せになる方法を学ばなければなりません。

人生に創造的にかかわりましょう

孤独感をもつ人が犯す最も大きな過ちは、創造性をもって生産的に人生に関与する前に、友人や恋人の出現を待ち望むことです。一緒に住む人もいないのに自分だけのために楽しい住環境をつくることなど意味がないとあなたは考え、飾り気のない散らかったアパートに住んでいるかもしれません。ひとりで外食するなんて普通じゃないと考え、あわただしくファーストフードを食べているかもしれません。週末と夜を家で過ごし、「今夜もひとりぼっち。こんなにさびしいなら何をやっても無駄。努力する意味なんかない」とテレビを見ながら考え、人恋しさから酒を飲み、食べすぎているかもしれません。このような態度はあなたをみじめにしますし、自尊心を奪うだけです。結果として、他人との愛情ある関係を築くことはより難しくなります。

孤独感に対する集団認知療法研究で先駆的な研究を行っているローラ・プリマコフ博士は、孤独感をもつ人に以下の質問をしています。

例えば、いつもツナ缶をそのまま食べたりといった貧しい食生活で、家の中は散らかりっぱなし、暇があればテレビを見るかラジオを聴くかして外出はめったにせず、家庭でできる趣味は何もない人とあなたが暮らすとします。あなたは、こんな人と何年一緒に暮らせると思いますか？（グループのひとりは、「十年、と言ったら信じますか？」と冗談まじりに答えました*）

もちろん、自分をこんなふうに粗末に扱う人と一緒にいて楽しい人はいないでしょう。自尊心とは、あるかないかふたつにひとつのとらえどころのない魔法のような感情、と多くの人は考えています。しかし、自尊心はそのようなものではありません。自尊心とは、あなたがひとりのとき、やさしく愛情をもって自分に接するという約束です。それは努力とエネルギーを要する、積極的なプロセスです。

自尊心とは、以下のようなものと考えてください。仮に、ずっと恋焦がれていた特別な人が、突然あなたを訪問することになったとしましょう。あなたは、その彼または彼女にどのように接します

* L. Primakoff, "One's Company; Two's a Crowd. Skills in Living Alone Groups," in *Cognitive Therapy with Couples and Groups*, A. Freeman, ed. (New York: Plenum Press, 1983), pp.261-301.

か？　アパートあるいは自宅に、その人のために何を飾りますか？　おそらく、一番良い服を着て自慢の料理を作ったり、自分が一番気に入った方法で、その人がどれほど特別な存在か、どれほどあなたがその人のことを好きだったかを表現するのではないでしょうか。自尊心を育む方法は、これとまったく同じです。あなた自身に、この特別な人であるかのごとく接します。自分を大切にし始めて一定期間が経つと、自分のことをもっと好きになり、あなたの気分は良くなるでしょう。しかし、さびしい落ち込んでいるからといって何もしなければ、あなたの気分は優れないままでしょう。

いつもの荒れ果てた生活を、創造的で価値ある活動で置き換えるよう私が提案しても、独身者の多くはポカンとします。そうした人たちは、考えてもそんな活動は思いつかない、どうせひとりなのに何かしても意味がない、などと主張します。そのような場合、以下のリストが役に立つかもしれません。ここに挙げた提案のほとんどは当たり前のように見えるかもしれませんが、こうした普通の活動こそが、あなたの生活と感じ方に大きな違いを生む可能性があるのです。

●過去に楽しんだことのある活動を再び行います。今は孤独感の中にいるので楽しいはずなど絶対にないと思っていても、とにかくやってみます。例えば、高校時代に楽器を弾いていたことはありませんか？　納戸にはまだ昔のギターがあるかもしれません。それを引っ張り出すか、あるいは誰かからギターを借りて弾いてみましょう。レッスンを受けたり、グループに参加したりするのもよいかもしれません。いまだにとてもやりがいがあるとわかって、驚くかもしれません。

・過去に誰かと一緒に楽しんだ活動、例えば観劇、買い物、ハイキングなどを思い出してください。そうした活動は、誰かと一緒のほうがずっと楽しいと思うかもしれません。しかし、今度は自分だけで試してみましょう。

・ずっと長いこと後回しにしてきた活動、例えば小切手帳の残高照会、手紙を書くこと、ファイルの整理などを今から始めます。後回しにしてきたことに手をつけることで、活力が一気に増すことがあります。重要な秘訣を教えましょう。それは、やる気が出るまで待たない、ということです。やる気のあるなしにかかわらず、やると決めます。ひとたび始めれば、やる気は湧いてくるでしょう。意欲の前に行動ありきです。その逆ではありません。

・ダイエット、ジョギング、運動などで自己改善を始めます。喫煙、過度の飲酒、安定剤や他の薬物の乱用など、悪い習慣を正すことに挑戦してもよいでしょう。

・才能や技術を磨きます。空手、踊り、美術、パソコンなどの教室に通ったり、夜間学校へ通ったりしましょう。

・写真、コインや切手の収集、ガーデニング、料理、スカイダイビングなどの趣味を始めましょう。

・個人的成長そして精神的成長を求めます。教会や寺院の活動に参加したり、ヨガを習ったり、自己主張訓練の教室に通ったりしてみましょう。

● スポーツを始めます。ボーリング、スキー、テニス、サイクリング、スケートなどはどうでしょう。そして、スポーツの催しに参加しましょう。

● 娯楽を見つけましょう。図書館や書店へ行き、面白そうな本を読み、映画や演劇を鑑賞し、買い物に行き、美術館を訪れましょう。

● 人のために何かをしましょう。慈善活動やボランティア活動に参加し、月に一度は児童養護施設を訪れるなどして、孤独感を抱えていると思われる人々、健康を損ねて障害を抱えている人々のために活動しましょう。そうした活動によって、あなたは自分へのとらわれを捨て、他人のことを考えられるようになります。そして、他人に何かを求めるのではなく、他人に何を提供し与えられるかという視点へ、あなたの考えは移っていきます。愛情をもって積極的に人に手を差し伸べることは、自らの失望感、疎外感、無力感などの感情と縁を切るのに役立つでしょう。

右に挙げた活動を行うときは、前もって時間配分を考えます。一時間ごとの活動スケジュールを立て、その計画を厳守します。こうすることで目的が生まれ、みじめな思いを抱えながら何時間も家に引きこもる傾向を打ち破ることが可能となるでしょう。

また、「恋愛の相手さえいれば、どれだけ人生がすばらしくなるだろう」と繰り返し考えることのないよう、ひとり暮らしの利点をリストアップすることも役に立ちます。ひとりでいる時間を、何かが欠けている状態とは考えず、人生を積極的に探求し十分に経験するための得がたい機会ととらえることは、とても重要です。あなた自身とのこのかかわり方は、後にパートナーとなる人とのかかわり方の準備でもあります。ひとりで生活することの利点には、以下のような例が含まれます。

- 自分のための時間や感情的エネルギーをより多くもてる。
- どのような感情も自由にもつことができ、それを自由に表すことができる。
- 自分にとって有意義なこと、興味のあること、娯楽などに没頭することができる。
- 多くの人たちといろいろな形でかかわることができる。
- 自分だけの価値観、信念、興味を発見することができる。
- 自分の望むもの——すなわち愛情——がいつも得られるわけではないことへのいらだちに対する耐性を強化することができる。
- 部屋を思い通りに飾りつけ、自分が最も好きな住環境をつくることができる。
- 批判や非難を恐れずに、創造的にそして個性的に振る舞い、活動できる。食べたいときに食べたいものが食べられる。他人と暮らすことへの気兼ねや制約のない、完全なプライバシーの中で好きなことができる。奇妙でとっぴな自分になれる——好きな音楽を聴き、歌って踊り、着たいものを着て、その気になれば家じゅうを裸で走り回ることもできる！＊

孤独感をもつ人の多くは、こうした提案に抵抗します。ひとりになったら気分が落ち込むに違いないとの憶測から、生産的で創造的な態度を受け入れようとしないのです。唯一「本当の」幸せは誰かと一緒でなければ得られないとの思い込みから、人生に見切りをつける傾向があります。親しい人や家族と過ごしたすばらしい日々、そして孤独感や不幸せな感情に悩んだ数え切れないほどの日々を思い出し、「どうせそうなるに違いない」と結論づけるのでしょう。

「ひとりではみじめな気分になるに違いない」という考えに同意しているかぎり、おそらくそれは自己達成的な予言となります。ひとりのとき、あなたはあなた自身を不当に扱うからです。ひとりの自分のためにおいしい夕食を用意したり、楽しい場所へ夕食に出かけたりせず、家で壁を見ながら「なんてダメな人間なんだ」と自分に言い聞かせつつ、ピーナッツバター・サンドイッチを食べるのです。夜寝る前になると、「ひとりぼっちは本当につまらない」と結論づけます。そんなあなたは、自分をバカにしていると思いませんか？　仮に、とても大事な人を自宅での夕食に招待したとしましょう。そして同じようにピーナッツバターのサンドイッチを二人で食べ、自分たちはどれだけつまらない人間かを議題に話し合うとしましょう。それがどれほど楽しいことだと思いますか？

ひとりでいることがあなたを不幸にすることは、決してありません。しかし、愛情のないやり方で自分に接することは、確実にあなたを不幸にします。それは自分への虐待です。ひとりでいることが孤独感をもたらすのではありません。それを証明するためのひとつの方法は、ひとりでいるときにはいつもみじめに感じる、という信念を検証する実験です。次頁の満足度予想表を参照してください。そして満足度予想表の上段部分に、例えば、「仮説：ひとりでいるときには幸せを感じられないし満たされない」あるいは、「仮説：ひとりで何かをするより、愛する人と一緒にいたほうが満足が得られる」と書きます。この仮説を検証するために、表3 - 1の説明を読んで、喜び、人間的成長、学習などが得られる可能性のある活動を、「活動の内容」欄に記入してください。その際、とても大事に思う人と一緒にいるのと同じ気持ちで、自分ひとりのために創造的で満足のいく活動を計画することが大切です。例えば、自分のために夕食を調理しようと決めたら、まず店に行き、あなたの好きな食品を選ぶことから始めます。そして家にもち帰り、念入りに調理します。ちょうど誰かを招待したときのように、あなたのために食卓をきれいに整え、音楽をかけましょう。

満足度予想表の二番目の欄は「一緒に行う人」です。ここには、それぞれの活動を一緒に行う人を記入します。ひとりで行う場合は、「ひとりで」とは書かず「自分と」と記入してください。このことが、あなたは決してひとりではないことを思い出させてくれるでしょう。活動は、自分だけで行うもの、同性の友人と行うもの、異性と行うものをそれぞれ計画してみてください。それら三種類の活動が、どれだけ満足が得られ楽しいものかを比較するためです。

＊前掲 Dr. Laura Primakoff の"One's Company; Two's a Crowd."から引用改変。

表3-1　仮説：パットの愛なしに自分は幸せにはなれない
満足度予想表*

活動の内容	一緒に行う人	満足度	
喜び、学習、人間的成長の可能性がある活動予定を記入してください	ひとりで行うときは「自分と」と記入してください	（予想）それぞれの活動の前に0～100%で記入してください	（実際）それぞれの活動の後に0～100%で記入してください
ジョギング	自分と	50%	80%
机の整理	自分と	50%	75%
おいしい料理を作って食べる	自分と	50%	80%
妻に電話	パット	90%	5%
デート	リン	25%	95%

*Copyright © 1984, David D. Burns, M. D. from Intimate Connections (New York: William Morrow & Company).

三番目の欄には、予想される満足度を書き込みます。それぞれの活動がどれくらいの満足を与えてくれるかを、0%（まったく満足しない）から99%（最大限の満足）*で予想します。予想の記入は活動の前に行います。最後にそれぞれの活動の終了後、実際の満足度がどの程度であったかを、右端の欄に0%から99%で評価し記入します。

表3-1で満足度の予想例を示したフレッドは、一九八三年のクリスマスを迎える少し前、うつ状態になりました。理由は、妻のパットが突然家を出て、別の男性と暮らし始めたからです。フレッドは、幸せと満足を得るには彼女の愛が不可欠、と確信していました。「バーンズ先生、私は社交的で外向的な男です。私にはパットの愛が必要です。彼女がいなければ二度と気分が良くなることはないでしょう」と彼は言いました。私は、この信念を満足度予想表で検証するよう

提案しました。ご覧のように、彼はさまざまな活動を計画しました。ジョギング、机の整理、自分のための手の込んだ料理、パットに電話すること、知り合った女性とデートすることなどです。フレッドは、パットのいない人生は無意味と思い込んでいたので、こうした活動のほとんどに非常に低い期待しかもっていませんでした。表3 - 1に示した満足度予想表の三番目の欄には、妻がかかわらない活動のすべてに低い満足度が予想されています。

その次の面接に、フレッドは輝くような笑顔で現れました。そのわけは、多くの活動が想像以上に楽しかったからでした。最近出会ったリンとのデートにはとても満足し、デート後の評価を95％（予想は25％）としました。これは、気分が良くなるには妻の愛が必要という信念と矛盾します。妻との電話は、実際最もつまらないものでした。「妻は自分にとって幸福の源泉」との信念に疑いが生じ、彼は結婚生活をより現実的な角度から見るようになりました。妻との関係にはポジティブな側面が数多くあった一方で、重大な欠点も数多くあったことを認め始めたのです。そして最も重要だったのは、ひとりで行った活動の多くが、他人と一緒の活動と同じか、ときにはそれ以上に満足のいくものだと発見できたことでした。これがきっかけとなり、フレッドは、最終的にこの世で彼を幸せにできるのは、フレッドただひとりであることを発見したのです。かくして彼は解放されました！

＊満足度の評価は100％としないほうがいいでしょう。なぜなら、いつでももう少し満足できる余地を残しておくことができるからです！

これは誰にとっても、最も偉大な発見のひとつです。一月の最初の週に行ったセッションで、フレッドはこう言いました。「バーンズ先生、私はクリスマスをひとりで過ごしました。大晦日の晩もひとりでした。どんな気分だったと思います？　実は人生で最も幸せな休日だったんですよ。ひとりでいることをとても楽しめたんです。十二月初めにあった最初のセッションでは、私はみじめな気分でしたから、こんなことも可能だと教えられたとしても、先生は頭がおかしいとしか思わなかったでしょうね」

あなたはどう思いますか？　まだ、気分が良くなるためには誰かの存在と愛情が必要と考えていますか？　ひとりきりでは空虚感と孤独感に襲われると信じていますか？　もしそうであれば、満足度予想表を使った実験をしてみてください。ひとりで、または他人と行う創造的活動をいくつか計画します。それぞれの活動がどれくらい楽しいかを予想してください。それからそれぞれの活動を行って、その後に実際の満足度を評価します。その結果にあなたは驚くかもしれません！

何年ものあいだ孤独感と低い自尊心に悩まされ続けたある女性が、満足度予想表を使ったあと、それがどのような影響を与えたかについて、以下のような感想を語ってくれました。

外界のいろいろなことに注目するようになり、この宇宙にも興味をもち始めました。森羅万象の美、官能的経験や知的経験、そして人生が与えてくれるすべてのものを心から楽しむことができるようになりました。『これは私のたったひとつの人生。一分一秒でも無駄にせず楽しもう。過ぎ去るその瞬間を楽しもう』と自分に言い聞かせるようになりました。窓から川の流れを眺めているだけでも、楽しい気分になれることを発見しました。ほとんど一秒ごとに、私は何か楽しめる対象を見つけようとしています。特に人間を楽しもうと努力しています。私は魅了されました。これは自然に起こったことなのです。当初私は、学術的興味から、この練習を始めました。ただ、憂うつで空虚な感情から逃れるためです。そのうちに、この練習が私を変え始めていることに気づきました。周囲の人たちの温かい雰囲気を感じるようになったのです。そしてこれが、ひとりでいる時間を心から楽しめることで育ち始めた、私自身への良い気分を補強しました。

昔の私は、結局自分は根本的に魅力のない人間なのだと思い込んでいました。魅力のなさは自分の芯からにじみ出るもので、変えようがないと思っていました。100％そう信じていたのです。しかしもう違います。人生でこれほど多くのことに満足しながら、自分自身に喜びを与えるプロセスは、とても達成感のある経験です。自分に良い感情をもてるようになりました。自分の価値が以前より増えた気がします。

子どもの頃から、身体は大きくて醜いし、魅力的じゃないから、成績の良さだけが私を許る価値と考えてきました。でもそんな考えを捨てることができたのです。自分がひとりの善良な人間であることを発見しました。見えない基準に縛られる必要はなくなりました。今はありのままの自分に満足しています。そう思うようになってからは、他の人たちからポジティブな手応えをたくさん得られるようになりました。ひとりでも幸せでいられる方法を学んで築いたポジティブな自己イメージを、これらのすべてが補強してくれました。

この練習を始めた最初の日のことを覚えています。その日のセラピー・セッションで満足度予想表について学んだ私は、さまざまな経験がどれほどの満足を与えてくれるだろうかと予想し始めていました。そして、喫茶店に入り、昼食用のカウンターでスープを飲んでいた私に、見ず知らずの男性が話しかけてきました。彼は、自分は作家で講演旅行の途中、と言いました。国務省に属し、ホワイトハウスで大統領のスピーチを書いているとのことでした。それは心奪われる経験でした。

私は、特別な経験をもつ人だけでなく、すべての人々に注意を払うようになりました。最初のうち、それは自分の殻を破ることができるかどうかを試す実験にすぎませんでした。やがて、いろいろなことから、いかにたくさんの喜びが得られるかを知って驚きました。今日よりも良い未来がくるのを待つのではなく、その瞬間を生きることに集中できるようになりました。

また、親しさがそれぞれ異なるいろいろな男性との出会いを楽しく経験することもできました。これは私にとって心理的、感情的にとても開放される経験となりました。でも、私の人生に男性が必要とは感じません。こんな気分は久しぶりです。男性が欲しいことはときどきあります。でも、自分が生産的になるために、あるいは幸せになるために男性が必要とは思いません。これは、人生における他の多くのことについても言えます。いろいろな活動を行いながら、充足感が得られるのを経験しています。でも、いざとなれば、そうした経験がなくても生きていけるだろうと考えています。自分が魅力的で、好ましい人間であることを確認するための男性は必要ありません。その安心感は、自分の中に育ちつつあるように思います。

満足度予想表を使い始めると、興味のあることに集中していれば、短い期間は幸せな気分でいられることを理解すると思います。しかし、長い時間ひとりでいれば、やはり最終的にはうつ状態になり孤独感をもつようになる、とあなたはまだ信じているかもしれません。あなたは、「親しい友人がそばにいてくれなければ、遅かれ早かれ頭がおかしくなる」と反論するかもしれません。私たちは社会的存在であり、親しい友人から多くを得ることができるという主張は正しいものです。しかし、それでもなお、長いあいだひとりでいるとみじめな気分になる、ということにはなりません。それを証明する方法はふたつあります。

長いあいだひとりでいても幸福感が得られることを証明するひとつ目の方法は、ある実験を行うことです。その実験は、ひとりでいる時間を毎回少しずつ長くすることから始めます。最初は一時間、それから一日、そして週末、さらに一週間から一カ月、あるいはそれ以上の期間と試していきます。

一カ月をまるまるひとりで過ごすことは無理かもしれません。仕事があるでしょうし、生活費を稼がなくてはならないでしょう。しかし、おそらく夜あるいは週末はひとりでいることを選択できるでしょう。そして、長期休暇には数週間を完全にひとりでいられるかもしれません。何よりも満足度予想表を使い続けること、そして創造的で楽しさが得られそうな活動を計画することが決定的に重要です。自分に愛情と思いやりをもって接し続けてください。そして、あなたの満足度のキャパシティ（能力や容量）が、長くひとりで過ごすあいだ、どのように変化するかを観察します。

多くの患者さん同様、私自身もこの実験を折にふれて何度も行ってきました。意外なことに、ひとりでいる期間が長くなればなるほど、私自身の満足度のキャパシティは増加しました。完全にひとりでいるときに幸福を感じるためには、自分との良い関係を築く方法を学習することが必須となります。しかし、それには時間がかかります。ただ、ひとたびそれを習得すれば、自分との友情を発展させる能力がどんどん強化されることを自覚するでしょう。必要ならば、自分自身を限りなく受け入れ楽しめることを知って、あなたに大きな安心感が生まれるかもしれません。そうなれば、もう二度とさびしさを感じる必要はなくなります。

ふたつ目の方法は、「絶海の孤島幻想」[*]技法です。この技法では、あなたの乗る船が難破し、たったひとりの生存者として絶海の孤島に取り残された状況を想像します。この島は、温暖な気候に恵まれ、十分な量の果実や魚などの食料があり、岸に打ち上げられた箱の中には調理器具などの便利な品が入っていると仮定します。そんな状況で、あなたは何を感じ、どのように行動するでしょうか？おそらく最初の衝動は、浜辺に座りこんで自分を哀れみたい、というものでしょう。この状況はあなたに大きな動揺を与える出来事だからです。意気消沈することに疲れたら、夜に備えて避難場所を設置するでしょう。そんな自分の姿を想像できるでしょうか。ヤシの葉や小枝で小屋を造る自分の姿が見えますか？　この小屋を造ることが、0％から99％の範囲でどれくらいの満足度になるでしょう。浜辺でみじめに泣いているよりも、そのほうがやりがいがあると思えるでしょうか？

次に何をしますか？　いつもなら夕食の時間です。お腹も空いています。木の実を摘むことが考えられるかもしれません。探検しているうちに、あなたの前にきれいな水をたたえた池と滝が現れました。池には魚が泳いでいるのが見えます。あなたにも池と魚が見えますか？　枝を探し、モリの代用にしましょう。適当な枝が見つかりました。さあ、その様子をできるだけありありと想像します。さて、その枝で魚を突くことができるでしょうか。やってみましょう。おっと、外れました。もう一回。また失敗です！　少し練習と集中が必要ですね。おや？　動きの遅い太った魚が泳いでいます。見えますか？　そこです。そう、やった！　水から引き出した魚は、串刺しにされて暴れています。さて、

＊絶海の孤島幻想を投影的心理療法の技法として最初に開発したのは、アーノルド・A・ラザルス博士です。絶海の孤島幻想技法についてより詳しく知りたい方は、彼の著書、*The Practice of Multi-Modal Therapy* (New York: McGraw-Hill Book Company, 1984). を参照してください。

食べる前にこの魚をまず洗いましょう。この経験は、0%から99%のあいだでどれほどの満足度になるでしょうか？

さて、この魚と木の実をキャンプまで持ち帰り、夕食の用意です。最初に火をおこさなければなりません。小枝を集め、並べます。小枝が見えますか？　焚き火の準備はできましたか？　では、火をおこしましょう。……うまく燃えています。フライパンに魚をのせましょう。焼けているのが見えますか？　魚が焼けたら木の実と一緒に食べましょう。そのおいしさが想像できるでしょうか。満足度は0%から99%でどのくらいか、自分に尋ねてください。おそらくこれらの活動は、あなたの能力が試されるとても楽しい経験ではないでしょうか。

しかし、ここでやっかいな問題があります。キャンプ地の設営や、食事や調理を楽しむことはできるけれども、しまいには飽きてさびしさが募ることになると、多くの人が主張します。こうなるのは一日後、あるいは十日後かもしれません。そうなったとき、あなたはまた別の問題を解決するという、新たな課題に直面しているのです。どのようにすれば絶海の孤島で退屈せず、孤独感に悩まされずにすむでしょうか。まず、退屈したあなたは、何か面白いことを探すでしょう。ウォーキングあるいはジョギングに出かけるかもしれません。最初は一日一、二キロから始めて、マラソンの距離を走れるようになるまで何日かかるか試すのも面白いでしょう。あるいは島の探検に出かけます。地図を作ったり、動植物の生態を研究したり、滝のある池で泳いだりするのも楽しそうです。島には休火山があるかもしれません。探検をかねて山登りに挑戦します。ヨガや瞑想を始めるのもよいでしょう。石を拾い集め、浜辺に「ＨＥＬＰ」と並べてもよいかもしれません。

この技法の要点はどこにあるでしょうか。それは、退屈や孤独感は、ひとりでいることとほとんどあるいはまったく関係がない、という点にあります。意気消沈し不幸せになりたければ、そうすることもできます。それは、友だちや家族に囲まれていても、ひとりでいても、同じように簡単にできることです。しかし、もし満足したければ、その潜在能力もまたあなた自身の中にあります。他人と共有できる喜びや経験なら、どんなものでもあなたはあなた自身と共有することができます。本当の問題は、ひとりでいることにあるのではなく、ひとりはみじめ、むなしい、恐ろしい経験だといった信念にあるのです。私は、ひとりでいるときも、親しい人といるときと同様楽しいことを、あなたが発見するだろうと思います。

満足度予想表、

趣味を持つ、過去に楽しかったこと。

第4章

自尊心への道すじを考える

土曜日の晩をひとりで過ごすとき、あなたは、「なんてみじめな意気地なしだろう。今夜もひとりぼっちだ」との自虐的思考を自分に向けて一斉射撃のように浴びせかけているかもしれません。レストランや劇場にいても自己非難のオンパレードは続きます。「場違いだ。まわりの人たちは楽しんでいるのに、私はひとりぼっち。周囲の人たちは私をおかしな人間と思うだろう。私のどこがいけないのだろう」。あなたは、おそらくこうした思考が、どれほど自分に対して辛辣であるかに気づいていないかもしれません。なぜなら、そう考えることに慣れすぎて、それが現実のように思われるからです。孤独感を克服するためには、もっとポジティブで、励ますような言葉で自分に語りかける方法を

表4-1

邪悪な思考	善良な思考
私は、いわばみじめになるためにひとりだけ選ばれ、世界から切り離された。	しかしまた、他の船員たちからひとりだけ選ばれ、死をまぬがれた。私を奇跡的に救ってくれた神は、この状態からも解放してくれることだろう。
私は、人々から引き離された隠遁者で、人間の社会から消えてしまった。	しかし私は飢えているわけではないし、何も生み出さないまま不毛の地に消滅する存在でもない。
私には話し相手も、救助してくれる人もいない。	しかし神が船を驚くほど浜辺の近くまで運んでくれたおかげで、必要な物資を持ち出すことができた。生きているかぎり自給自足の生活ができるだろう。

学ばなければなりません。

どうすればよいのでしょうか。「絶海の孤島幻想」技法を覚えていますか？　ロビンソン・クルーソー*は最もよく知られた漂流者のひとりですが、船が難破したあと、彼は自分のことを「人間の社会から消えた、絶海の孤島に住む希望を失ったひとりの隠遁者」と考えました。まったくみじめで、見捨てられた、完全に落ち込んだ人間と考えたのです。しかし、ネガティブで邪悪な思考と、ポジティブで善良な思考を書き出すことによって、気分がずっと良くなることを彼は発見しました。彼のダブル・コラム技法を、『ロビンソン・クルーソー』の本文から引用し、表4-1にまとめてみます。

この技法は奇妙に思われるかもしれませんが、過去十年間、表4-2に示すような類似の技法が各国の精神科医や臨床心理士によって用いられ、抑うつ、孤独感、低い自尊心などの治療に注目すべき効果を現しています。

この日常気分記録表の上段にある「動揺した出来事」の欄には、あなたが動揺した状況を書いてください。例えばそれは、友人から批判されて気分を害した、でもいいし、土曜の夜にデートする相手もなく、ひとりで家にいて落ち込んだ、でもかまいません。日常気分記録表の例に挙げた二十九歳の男性ベンは、半年以上つきあったキャシーにプロポーズを断られ、落胆していました。キャシーは、彼のことを愛してはいるけれど、まだ家庭に入る心の準備ができていないと言いました。「感情」の欄に彼は、「押しつぶされた感じ」、「傷ついた」、そして「希望をもてない」と書きました。彼にとって、プロポーズはとても大きな勇気を必要としたのです。というのも、彼女との関係に満足できず身動きがとれなくなることを恐れていたので、彼自身、結婚の約束には消極的だったからです。ベンはそれまで、いつも女性から追いかけられる側にいました。しかし今や形勢は逆転し、彼はどうしてよいかわからないという予期しなかった事態に直面しました。

「動揺した出来事」を書き、「感情」の欄に記入したら、左側の「自動思考」と名づけられた欄にネガティブな思考を書き出します。「自動思考」とは、意識的に決めることも努力することもなく、心の中に自動的に浮かんでは流れていく思考を意味します。例に示したように、ベンはとても厳しく自己批判をしていました。彼は、「彼女のいない人生には耐えられない。恋愛関係が不調に終わるのは、

---

* Daniel Defoe, *Robinson Crusoe* (New York: Signet, 1960).

表4-2 日常気分記録表*

動揺した出来事：キャシーが私のプロポーズを「今のところ無理」と言って断ったので、つきあうのをやめた。					
ネガティブな感情：あなたの感情を、0（ほとんどない）から100（大いにある）までの評価点とともに記録します。「感情」には、悲しい、不安、怒り、罪悪感、孤独感、絶望感、いらだち、などがあります。					
感情の評価 (0～100)					
1. 傷ついた	95%	3. 力不足	95%	5. 押しつぶされた感じ	99%
2. いらだち	95%	4. 希望をもてない	99%	6.	

自動思考 ネガティブな思考を書き、順に番号をふります。	**歪　み** 自動思考のそれぞれにある歪みを特定します。	**合理的反応** より現実に合ったポジティブな思考に置き換えます。
1. 彼女のいない人生には耐えられない。	1. 拡大視	1. 拒絶されるのは残念なことで、傷つくのは自然なことだ。しかし彼女のいない人生が耐えられないというのは、バカげてる。
2. 恋愛関係が不調に終わるのは、きっとかなりまずい点が私にあるからに違いない。	2. 自己関連づけ、全か無か思考	2. キャシーは義務を負うのを恐れているのかもしれない。あるいは彼女を選んだのは間違いだったのかもしれない。いずれにせよ、自分に欠点があるとはかぎらない。恋愛関係がいつもダメになってしまうというのは真実ではない。勇気を出してプロポーズしたことは褒めていい。

自動思考	歪　み	合理的反応
3. いずれ彼女もどこかの不愉快な男に奪われてしまうだろう。	3. 先読みの誤り	3. 将来彼女を「奪われてしまう」という決定的な証拠はない。今、彼女は結婚を考える準備ができていないのだ。万一彼女を失うことになったら、その相手は彼女にふさわしい男であってほしい。
4. 苦痛には耐えられない。私はまともに機能できなくなるだろう。	4. 拡大視、全か無か思考	4. あまり快適とは言えないが、苦痛に耐えることはできる。その気になれば、私はまともに機能できる。
5. 彼女は私のことを本当は愛していなかった。身勝手に利用していただけだ。	5. 心の読みすぎ、全か無か思考	5. 結婚を考えるほど愛してくれなかったにせよ、彼女は私にほれていた。私たちの関係の可能性を探ろうとしていたのであって、利用していたのではない。私がそうさせないかぎり、「利用」されることなどあり得ない。誰もこの関係を続けるよう強制などしていない。
6. 私は全くの人生の敗者だ。	6. 全か無か思考	6. それはナンセンス！　私は多くことに成功してきた。
7. 私はバカで間抜けだ。ベストをつくしてだまされた。	7. レッテル貼り	7. 私は「バカ」ではない。ひとりの人間だ。ときに拒絶されるのは人生というゲームの一部にすぎない。
8. あの女はずっと私を捨てるつもりでいた。なのにずっと私につきまとっていた。	8. 心の読みすぎ、レッテル貼り	8. もし彼女がずっと「つきまとって」いたのなら、おそらく何かへの恐れや不安があったためだろう。私にほれていて、感情がより深まるのを確かめたかったのかもしれない。

自動思考	歪　み	合理的反応
9. 両親の目の前で私は侮辱された。彼女は私の両親が大好きだったけど、私が彼女にとっては不十分なことを両親に知られてしまった。	9. 心の読みすぎ	9. 両親はおそらく前よりもいっそう強く私を支えてくれるだろう。屈辱を感じる理由はまったくない。恥ずかしいことは何もしていないし、結婚の申し出を断られたからといって、私が「不十分」なことにはならない。
10. 愛情をそそぎ信頼を寄せる価値なんて女性にはない。どのみち女性を信用することなどできない。	10. 一般化のしすぎ	10. この関係が不調だったからといって、すべての関係がうまくいかないというのか？　それはバカげている。
11. 本物の男なら、茶番劇を終わらせるために今ごろ自殺しているはずだ。私には根性がない。ただの金持ちのドラ息子で、女の尻にしかれる意気地なしだ。本当の私の姿をキャシーが知ったかと思うとぞっとする。	11. レッテル貼り	11.「本物の男」や「女の尻にしかれる意気地なし」は存在しない。大きな失望を経験した私に必要なのは、非難ではなく支援だ。

再検討の結果：「合理的反応」を再び読んだ後の今の気持ちを選んでチェックしてください。
□ まったく良くならない。□ 少し良くなった。☑ かなり良くなった。
□ とても良くなった。

きっとかなりまずい点が私にあるからに違いない。いずれ彼女も、どこかの不愉快な男に奪われてしまうだろう」などと自分に言い聞かせていました。

重要な点は、これらのネガティブ思考が自らの感情に与えるとても大きな影響を理解することにあります。そしてさらに重要なのは、いやな気分のときはまったく妥当で説得力のあるように見える、こうした暗く憂うつな思考は、実はとても歪んでいて論理的ではない性質をもつということです。憂うつ、怒り、不安などのネガティブな感情につながる十種類の歪んだ考え方が、表4‐3に列挙されています。こうした歪みについて知っておいて損はありません。なぜなら、こうした歪みの理解は、孤独感と低い自尊心の理解につながる重要な鍵となるからです。さらに重要なことがあります。それは、自分自身や人生についてより現実に合った考え方を習得することで、こうしたネガティブな感情を克服できるということです。

ベンの五つ目のネガティブな思考は、「彼女は私のことを本当は愛していなかった。身勝手に利用していただけだ」ですが、これは表4‐3に挙げた歪みの五番目、「結論への飛躍」の好例です。なぜなら、自分にはキャシーの動機がわかると仮定しているからです。彼女がプロポーズを断った背景には、ほかにも多くの理由が考えられます。自信のなさを感じていて、結婚という大きな契約を結ぶほど彼のことを愛しているのかどうか、わからなかったのかもしれません。またこれは、キャシーが彼を完全に愛しているか、さもなければまったく愛していないかのふたつにひとつと仮定する「全か無か思考」の代表例でもあります。これではとても現実に合った考え方とは言えません。なぜなら、人々は互いに対してネガティブそしてポジティブ両面で、相対的に強くなったり弱くなったりする幅広い感情をもち得るからです。恋愛感情は、オンかオフかの電灯スイッチのようなものではないのです。

自分の思考の中にある歪みを特定したら、それをよりポジティブで現実に合ったものと置き換え、右端の欄に記入してください。ご覧のように、ベンはこの方法を用いて、客観的で思いやりのある適切な視点から自分の経験を考えるようになりました。これが自尊心の本質です。誰でも自分の思い通りにことが運んでいるあいだは気分が良いものです。しかし、状況が切羽詰まったとき、自分を愛し支える大きな機会が到来します。

◆ネガティブな考え方をほぐす10の方法

今まで悩まされてきたネガティブな思考を書き出したあと、そうした思考がどれほどネガティブだったかを理解して、あなたの気分はすぐに良くなることがあります。しかし、いつもそう簡単にことが運ぶとはかぎりません。なぜなら、ネガティブな思考は、しばしば現実そのものに思えるからです。私の患者さんの多くは、身動きがとれなくなったときにネガティブな思考を書き出して二、三日

表4-3　10種類の歪んだ考え方

1. **全か無か思考**：物事を黒か白かの絶対的な二分法で見ている。
2. **一般化のしすぎ**：あるひとつのネガティブな出来事を、永遠に終わらない失敗の繰り返しとみなしている。
3. **心のフィルター**：あるネガティブな出来事をくよくよ考えているため、ちょうどビーカーの水にインクをたらしたように、全体の状況の見通しが暗く濁ったものになる。
4. **マイナス化思考**：自分のポジティブな資質や業績は「たいしたことではない」と主張する。
5. **結論への飛躍**：(A) 心の読みすぎ：証拠もないのに、人々が自分に対してネガティブに反応すると決めてかかっている。(B) 先読みの誤り：物事は変えようがない、あるいは悪い方へ向かうと根拠なく予測している。
6. **拡大解釈または過小評価**：度を超えて物事を誇張したり、重要性を不適切なほどに過小評価したりする。「カタストロファイジング（小さな問題をあたかも破局が近いかのように大騒ぎする）」とも呼ばれる。
7. **感情的決めつけ**：自分の感じ方から物事を説明する。例えば、「自分は敗者のように感じるから、きっと敗者に違いない」など。
8. **「すべき」思考**：「すべき」、「すべきではない」などの言葉で、自分や他の人々を批判する。「すべきだった」または「すべきではなかった」と自分に言い聞かせる。「しなければならない」、「こうあるべき」などの言葉も同様。
9. **レッテル貼り**：自分の欠点と自分を同一視する。問題の原因を正確に特定して修正したり、そこから学ぼうとしたりせず、「バカ」、「敗者」あるいは「間抜け」などのレッテルを自分に貼ってすませてしまう。
10. **自己関連づけと非難**：例えば、病気や離婚などの、自分にすべての責任があるわけではない出来事で自分を責める。反対に、他人、外的事象、運命などを責め、問題にかかわった可能性のある自分の態度や行動をかえりみない。

この表は、D. D. Burns, Feeling Good; The New Mood Therapy (New York: William Morrow, 1980; Signet 1981)（邦題：『いやな気分よ、さようなら』）から引用改変したものです。詳細は第3章「自分の感情を理解する：考え方で気分は変わる」を参照してください。

後に読み返すと、そこに書かれている思考がとても合理性を欠いていたことがわかる、そして気分が良くなり始める、と言います。

プレスビテリアン・ペンシルベニア大学医学センターの認知行動療法研究所に勤務する同僚は、先日、うつ病治療中のバージニアという二十七歳になる女性患者さんの問題について私に相談してきました。バージニアは、ニックという名のボーイフレンドとの仲がうまくいかずに悩んでいました。ある日のお昼頃、彼女は衝動的にニックの事務所へ電話をかけました。電話をとったニックの秘書は、彼が一時間ほど席を外していると答えました。バージニアは傷つきました。なぜなら、こう考えたからです。「彼は多分私を避けている。私には一生男をつかまえることができない」。これは、毎日バージニアを動揺させる数多くの思考の代表的な例でした。不安とさびしさを感じているときは、永久にひとりぼっちの運命、と誰もが考えがちでしょう。私の同僚のセラピストとバージニアは、説得力のある有効な「合理的反応」を考えつくことができず、私に相談してきたのです。

ネガティブな思考にとらわれ身動きできなくなったときには、図4-1に示したようにその思考を書き出し、丸で囲むことがとても役に立つ場合があります。ひとつひとつの矢印は、ネガティブな思考に反論する個別の戦略です。利用できる方法が多ければ多いほど、状況を打開し気分が再び良くなる確率は高くなります。

最初に用いる技法は、表4-3をもとに、思考の中に潜む歪みを特定することです。自分の思考がいかに非論理的であるかを知ると、その思考との戦いがずっと楽になることがあります。バージニアの思考には、「心の読みすぎ」が含まれています。なぜなら、確かな証拠もなしにボーイフレンドが彼女を避けているという結論に飛躍したからです。ふたつ目の歪みは、自分は一生ひとりぼっちと予測することに潜む「先読みの誤り」です。この関係が壊れてしまう、と予知することは彼女にはできません。未来を透視できるクリスタルボールは、彼女の手元にはないのです。三つ目の歪みは、「レッテル貼り」です。自分には果たして「男をつかまえる」ことができるだろうかとの思いが、彼女を動揺させています。男をつかまえる、という標語あるいはレッテルは、恋愛が競技やポーカーであるかのような印象を与え、イチかバチかといった感情や、強い独占欲をつくりだします。ほとんどの男性は、「つかまる」ことよりも「愛される」ことに興味をもちます。四つ目の歪みは、感情に基づき判断を下す「感情的決めつけ」です。心配と自信のなさから不安になった彼女は、自分の恋愛関係には実際に問題があると考えました。拒絶され、嫉妬し、傷ついたと感じ、結果として自分は裏切られたと憶測したのです。このような考え方は、ひどく人を惑わすことがあります。なぜなら、外的事実ではなく自分の思考が感情を形成するからです。思考が歪み、現実と一致しない場合、感情は実際に起こっていることを反映しません。「自分の感情との触れ合い」が精神の健康と感情の成熟には重要な鍵となる、との概念に基づく精神療法がありますが、いつもこの概念が当てはまるとはかぎりません。自分がどのような感情をもつかに気づくことは確かに重要ですが、必ずしも感情が実際に起こっていることの信頼できる目印ではないということを認識しておくこともまた重要です。

ネガティブな思考の中にある歪みを特定したら、次は現実により近い、思いやりのある視点から状況をとらえてみます。そのために有用なものとして、「二重基準の技法」があります。親友があなたと同じような状況にあったとして、その親友にあなたはどんな言葉をかけるか考えてみてください。「そのボーイフレンド、多分あなたのことを避けてるんじゃない？　あなたには男をつかまえることなんてできないわね」と言いますか？　おそらく友だちにそんな残酷で非論理的な言葉はかけないでしょう。そうであるなら、なぜあなたは自分にそんな言葉をかけるのでしょうか。残酷な、非合理的な態度で自分に向き合うことが何かの役に立つのでしょうか。自尊心の本質は、友人に対するのと同じ客観性と思いやりで自分自身に接することにあります。

図４‐１に挙げた三つ目の技法は、「この特定の思考を裏づける証拠は何か？」と自分に問うものです。もちろん本当に問題がある場合は、それと誠実に直接向き合うことが必要です。しかし、自信のなさからくる不安を感じているときは、突然確かな根拠もなく恐怖が現れることがあります。ネガティブな思考は妥当に見えるだけで、しかもその理由は、あなたが動揺しているからです。バージニアは、ニックが自分を避けていると考える根拠を見つけなければなりません。彼女は彼を怒らせたり悲しませたりしたのでしょうか？　彼がいらだったり、批判的になっていた様子はあったでしょうか？　彼の性的欲求は減ってきたでしょうか？　電話を返してこなかったことは？　デートに遅れた

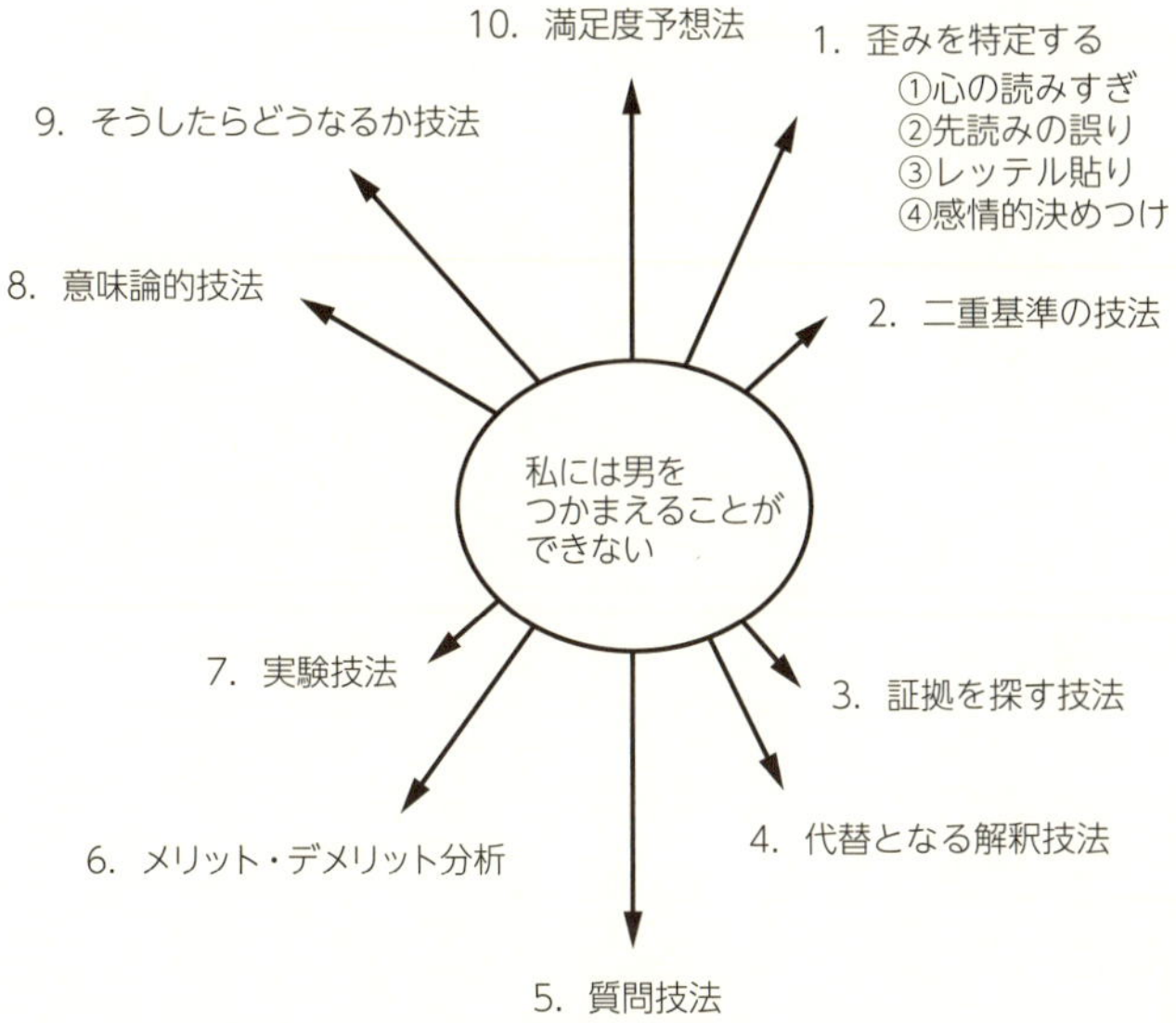

図 4 - 1　ネガティブな思考と戦う 10 の方法

あなたがネガティブな思考に動揺しているときには、さまざまな戦略を使ってその思考の嘘を証明することが役に立つ場合があります。さまざまな戦略を試す理由は、どの戦略が最も役に立つのか、事前には決してわからないからです。ネガティブな思考がいかに自虐的で現実に合っていないかを理解すると、全体的により良い感情を自分に対してもつようになります。

り、土壇場でキャンセルしたりしたことは？　もしこうした事実があったのなら、ニックとバージニアのあいだには対処すべき何らかの問題や対立があるのかもしれません。しかしそうでなければ、彼が実際に彼女を避けている確率は低いでしょう。

バージニアは、「男をつかまえることなんて決してできない」という考えの、説得力のある根拠を探すこともできます。では、彼女は過去に男性とデートしたことはないのでしょうか？　確実にあるはずです。そうであれば、これが彼女の恋愛関係を育む唯一最後のチャンスということはまずないでしょう。

図4－1に示した四つ目の技法である「代替となる解釈技法」が有用な場合もあります。混乱を招く結論へ飛躍する代わりに、起こったことの原因として考えられるさまざまな理由をリストアップするのです。ニックがバージニアを本当に避けている確率はかなり低いのに対して、昼食に出かけたり、会議に出席していたり、用事があって席を外していたりする確率はずっと高いのではないでしょうか。

五つ目の技法は、「質問技法」と呼ばれるものです。バージニアが自分たちの関係についてニックがどのように考えているか心配なら、直接彼にどう考えているのかを尋ねるのです。これは当たり前で取るに足らないアドバイスのように思われるかもしれません。しかし、どれだけ多くの人が相手の心を読みとろうと努力しているかを知ったら、きっとあなたはびっくりするでしょう。そうした人たちは、直接質問する代わりに、証拠もないまま相手の気持ちを推測しているのです。バージニアはニックに、自分のどこが好きなのか、自分たちの関係をどう考えているのかを質問すればよいのです。また、どんなことに失望したり、うんざりしているのかを尋ねることもできます。相手のネガティブあるいはポジティブな反応について、具体的な質問をすることで、相手から率直な答えが得やすくなります。ニックは、バージニアとの関係にとても満足している、と答えるかもしれません。もし問題があるとわかれば、状況がどれだけひどいかを心配し続ける代わりに、問題に建設的に取り組めばよいのです。私の経験では、通常、想像上の問題への対処に比べ、実際の問題への対処はストレスがより少なくてすみます。

図4-1に挙げた六番目の技法は、「メリット・デメリット分析（損得分析）」です。その思考が、どれだけ自分に有益か、あるいは不利益となるのかを検討します。ときどき私たちは、恐れることが自分を守る御守りのようなものと信じて、心配したりくよくよ考えたりすることがあります。「成績が良くない」と、いつも文句を言っていた成績優秀な学生がおそらくあなたの周りにもいたことでしょう。そうした人たちは、まったく証拠もないのに次の試験では惨敗し、成績はガタ落ちになると予測します。結局、試験結果はたいてい良いのですが、またその次の試験はみじめな結果になるという予想に彼らはこだわるのです。なぜそうこだわるのかわかりますか？　いつも心配していないと実際に結果がひどいものになる、と確信しているからです。常にストレスのかかった不安な状態を、成功と引き換えに支払う対価と考えていて、もし前向きで楽観的な予想を立てたりしたら世界は崩壊する、

と彼らは感じているのです。

恋をしている人たちもこれと同じ罠にはまることがあります。ニックは別れるつもりと決めてかかることで、バージニアは自分を守り、彼の愛情を確保できると考えているのかもしれません。しかし、実際に起こりがちなのはその逆のことなのです。愛されていることが信じられない人の、自信のなさ、嫉妬深さ、うたぐり深さなどは、しばしば相手を遠ざけてしまう原因になります。相手が遠ざかると、自信のなさはさらに募ります。反対に、自分は愛されている、尊敬されていると決めてかかれば、それが自己達成的な予言となる可能性は高くなります。なぜなら、あなたのポジティブな感情が相手の気分も良くし、さらにあなたをより魅力的に見せ、好ましく思わせるからです。

七番目の技法は、「実験技法」です。ネガティブな態度の嘘を証明するためには、科学的なテストの実施がときにはとても強力な方法となります。「私には男をつかまえることが決してできないだろう」というバージニアの信念をテストする方法のひとつは、二週間、彼女が興味をもった男性二十人にフラーティング（flirting：詳細は第6章ステップ3参照）をすることです。かなり多くの男性が彼女のフラーティングにポジティブな反応を示すはずです。結果として、バージニアは自信を強め、ニックが生涯唯一の恋愛相手なのではないかという恐れの嘘が証明されるでしょう。将来への彼女の悲観が、どれほど現実と合わないものかが示されるはずです。

八番目の技法は、「意味論的技法」です。一度使った言葉を他の言葉と取り替えるだけで、ときに

表4-4　メリット・デメリット分析

私を動揺させる思考：彼はおそらく私を避けている。私には男をつかまえることができないだろう。	
これを信じることのメリット	これを信じることのデメリット
1. 有頂天になったあげく傷つくといったようなことはもうなくなる。	1. 気分が落ち込んだり、やけになったりする。 2. 自信がもてず、嫉妬深くなる。 3. 私を避けていることの確かな証拠はないので、ただの思い過ごしから動揺しているだけかもしれない。

㉟　　　　　　　　　　　　　　　　　　　　　　　　　　　　　65

物事の見方が変わることがあります。「男をつかまえる」ための努力は、恋愛関係の成就を求めるバージニアをいらだたせ、失望させかねません。彼女はニックを「つかまえる」ことよりも、「愛する」ことを考える必要があります。彼は何を感じ、何を必要としているのでしょう。どうすれば彼に「特別な存在」と感じさせることができるでしょうか。相手に関心をもち気遣うことは、その人を失うのではないかと心配することよりずっと生産的です。とても深い孤独感をもつ人は、自信のなさや自己本位さをとても強く投射する場合があるため、人々を遠ざけたり、自分の置かれた状況をさらに悪くしたりすることがあります。

九番目の技法は、「そうしたらどうなるか技法」です。ネガティブな思考に反論する代わりに、逆の戦略をとります。「もしこのネガティブな思考が真実であったとしたら、自分にとってそれは何を意味するのだろう。なぜそれが私を動揺させるのか?」と自問します。心に浮かぶネガティブな思考や幻想を書き出してください。そうすることで、親しい関係の構築を妨げている、より深くにある恐れや不合理な態度についての重要なヒントが得られます。バージニアは、「彼が本当に私を避けているのなら、いずれ彼は私と別れるつもりでいるということだ。そして、私は永久に誰からも愛されない、孤独な人間であるということ。そうなったら私はみじめになり、人生は生きる価値がなくなる」と考えました。

こうした思考は、彼女にとって問題となりかねない、恋愛と結婚に対する以下のような自虐的な信念を明らかにしています。

1. 好きな人とのあいだに起きる衝突や意見の不一致は危険。恋愛関係に問題が生じることは、将来私が拒絶される可能性を意味する。
2. もしニックが私を拒絶するのなら、それは必ず私のせいであり、私が基本的に愛されない人間であることを示している。
3. 一人の男性から拒絶されることは、生涯ひとりぼっちを意味する。
4. ひとりぼっちの人生は、生きるに値しない。

有意義な関係の発展を妨げる原因となり、あなたから自尊心をも奪ってしまう深い恐怖心を克服するには、こうした態度の修正が役に立つでしょう。こうした態度のメリットとデメリットをリストアップすることも有用な場合があります。バージニアは、彼女の全存在、未来、幸せの可能性などがすべてニックにかかっていると確信することのメリットとデメリットは何かを自問することもできます。バージニアは、彼女の自尊心を支配するほどの大きな力をニックに与えることを望んでいるのでしょうか。相手の重要性を過大評価することが、ときには関係をダメにしてしまうことがあります。対照的に、その相手がいなくても「大丈夫、生きていける」と心に決め、彼または彼女の重要性をほんの少し低く評価することでよりリラックスし、結果として二人の関係が改善されることもあるのです。

十番目の技法は、満足度予想法と呼ばれ、前述の「満足度予想表」を使うものです。ニックのいない人生がどんなにみじめか、と繰り返し考えたりせず、バージニアは生活を主体的に管理し、ひとりで行う生産的活動に取り組まなければなりません。それがきっかけとなって、実際にはニックだけが幸せと満足の源泉ではない、と気づくでしょう。もし、バージニアがひとりではむなしさを感じ、みじめな気持ちになるようであれば、将来にわたりニックとの関係から大きな安心感と幸福感を得る見込みは少ないでしょう。ひとりでも満足感をもって意義深い生活を送ることができると気づいたとき、彼女は自信を深め、ニックにとってより多くのものを与え得る存在となります。

独身者の多くは、ひとりでいることが苦手です。ひとりで外出すると、いつも自分を意識したり、ぎこちなさを感じたりするからです。あなたも、上等なレストランでの食事、映画やオペラの鑑賞といった、自分のための楽しく創造的な活動の計画には乗り気ではないかもしれません。なぜなら、周囲の人はひとりでいるあなたを見てバカにするだろうと思うからです。この態度は、あなたを他人の意のままにし、あなたの自由を制限します。ひとりでレストランに行って居心地の悪さを感じるときには、「ここは私には場違いだ。私は周りの客を不愉快にしている」と自分に言い聞かせているかもしれません。そんなときは、すぐにその場で日常気分記録表を使ってください。ウェイターからペンを借り、紙ナプキンにネガティブな思考を書き出します。次にそれを、よりポジティブで合理的な思考、例えば、「ここにいることは、他の人たちと同じように私の権利だ。私がここで食事をしているかいないか、他人が気にすることはまずないだろう」に置き換えましょう。レストランで日常気分記録表を使うことには抵抗があるかもしれません。『何を書いているんだろう。おかしな客だ』と思われるかもしれない」とあなたは考えるからです。もしそうなら、そのネガティブな思考も書き出し、歪みを特定し、それを合理的な反応に置き換えてください。そのネガティブな思考には、「心の読みすぎ」が含まれています。自分は他人の考えを読める、と仮定しているからです。また「先読みの誤り」も含まれています。なぜなら、他人が自分に対してネガティブな思考をもてば、不吉なことが起きると先読みしているからです。ひとりでレストランで食事している姿を他人に見られ、その噂が山火事のように広がり、じきに誰もがあなたをのけ者にする、とあなたは想像しているかもしれません。では、こうしたネガティブな思考には、どのように反論すればよいのでしょうか。

◆ひとりでいることへの恐れを克服する方法

「恐れている幻想の技法」は、ひとりで何かをするときの恐れを克服するための、もうひとつの強力な手法です。見知らぬ人があなたに近づき、考えられるありとあらゆる不快な意見をあなたに浴びせかけている場面を想像し、その対話を書き出します。現実には、そうした軽蔑的な言葉を誰かが言うことはありません。しかし、そうした批判を書きそれに反論することで、そうした批判がいかに非論理的でバカらしいものであるかがわかりやすくなります。

以下は、ひとりで映画を見に行き、周囲がカップルばかりであることに気づいたサラという女性とのセラピー・セッションの一部です。ここでは、サラはひとりでいることを責める意地悪な他人の役を演じ、私はサラを演じて、その批判にどう対処するかを示しています。

サラ（意地悪な他人の役）：あなたはひとりでここにいるの？　ということは、誰もあなたとは一緒にいたくないということね。

デビッド（サラの役）：ひとりでここに来ることを選びました。ひとりを楽しんでいるんです。

サラ（意地悪な他人の役）：でも、ほかの客は全員カップルじゃないの。おかしいと思わない？ ここはカップルで来る場所なのよ！

デビッド（サラの役）：なぜおかしいと思わなければいけないんですか？ 確かにカップルや家族連れがたくさんいるけど、ひとりで来てる人も何人かいますよ。ここは、「カップルのための場所」というよりも「人間のための場所」と考えたいですね。

サラ（意地悪な他人の役）：カップルで来てる人たちは、あなたのことを誰からも好かれていない人って思うわよ。

デビッド（サラの役）：実を言うと、今親しくつきあっている人はいません。それが誰かを動揺させなきゃなりませんか？

サラ（意地悪な他人の役）：つまり、あなたに本当の友だちはいない。そして、たぶんいつもひとりぼっちってことなのね。

デビッド（サラの役）：ひとりでいることがなぜそれほどひどいことなんですか？

サラ（意地悪な他人の役）：あなたはひとりでも楽しめる間抜けかもしれない。でも、周囲の人を不愉快にさせていることは理解しないとだめよ。あの人たちはあなたを見るなり、「ひとりで何をしているんだろう。ちょっとおかしいのかな？」って思うじゃない。

デビッド（サラの役）：あの人たちがそれほど不愉快なら、たぶんカップル専用の劇場を探すべきでしょうね。ここは一般の劇場です。たまたまひとりで来ている観客も彼らは許容しなければなりません。でもここにひとりで座っている私が、なぜ他人を不愉快にさせるのか理解できません。ひとりでいることが伝染するかもしれない、とあなたは心配してるんですか？　あなたはひとりでいることが怖いんですか？

この対話は、ひとりのときのサラを他人がどう考えるかについての過剰な心配が、どれほど不必要なものかを彼女に理解させるうえで効果がありました。自分の考え方や感じ方を変えたいとあなたが望むのであれば、こうした対話を実際に書き出すことをお勧めします。恐れ、そして自己批判を紙の上に書きとめることは、それがどれほど残酷で合理性を欠いているかを示すというメリットがあります。そうすることで、より現実に合った考え方で自己を受容する態度が育ちやすくなります。

◆より健康的な態度を育てる

ひとりでいることへの恐れを克服するには、個人の価値観を変える必要があるかもしれません。多くの人が、「私のことを大切に思う人との愛情ある関係がないと、真の幸福と満足感は得られない」

と自分に言い聞かせています。離婚経験者のブレットは、絶望的なまでにさびしく不幸せ、と感じていました。彼は、独身男女がデート相手を求めて集まるシングル・バーに毎晩出入りし、女性を追いかけていました。女性との恋愛関係がなければ絶対幸せにはなれない、と信じていたのです。しかし、この方法ではうまくいきませんでした。というのも、死に物狂いになって女性を求める必死さを感じとった女性たちは、彼のことを避け、そっけなく追い払ったからです。私は、必死で女性を追いかけるのはやめて、満足度予想表を使い、ひとりでの活動に満足を求める方法を学んではどうかと説得を試みました。ブレットはそれをかたくなに拒否し、人生を価値あるものにして幸せになるためには女性の存在が欠かせないと言い張るのでした。そう信じることで、自分をより人間らしく愛される存在と感じることができるので、たとえどれほどみじめになろうとも女性を追いかけるのはやめない、と彼は言いました。

自虐的態度を修正する最良の方法のひとつは、表4‐5に示すメリット・デメリット分析です。これは、ある特定の信念が自分にとってどんなメリットそしてデメリットがあるのかを自問する方法です。パートナーがいないかぎり幸せにはなれないと確信しているのであれば、それを信じることのメリットとデメリットをリストに挙げてみましょう。このリストは、その考え方のために支払う対価が便益を上回るかどうかを確認するうえで役に立ちます。対価が便益を上回ることを確認したら、その信念を修正し、より建設的な態度と置き換えればよいのです。

表4-5 メリット・デメリット分析

あなたの信念：私のことを大切に思うパートナーとの愛情ある関係がないかぎり、真の幸福も満足感も得られない。

これを信じることのメリット	これを信じることのデメリット
1. これを信じることで、一生懸命愛する人を見つけようと努力できる。 2. 愛する人が見つかったら、幸福感とやりがいが得られるだろう。	1. パートナーが見つからないかぎり、むなしく憂うつな気分が続くだろう。 2. 自尊心を他人の手に委ねてしまうことになる。私は拒絶をとても恐れているから、女性に操られてしまう。 3. パートナーを必要とし追い求める気持ちがあまりに強いから、女性を遠ざけてしまうかもしれない。私には本物の自尊心がないことを女性たちは見抜くだろう。
㊵	㊿

修正後の信念：大切に思う女性との関係は望ましいかもしれない。しかしそれは酸素のように「必要」なものではない。そんな女性と出会うまで、自分ひとりでも幸せに生きることはできる。

この技法を練習するときには、愛する人がいることのメリットとデメリットを挙げないよう注意してください。リストアップするのは、「愛する人がいないかぎり真の幸福や満足感が得られない」と信じることのメリットそしてデメリットです。愛情ある関係が人生をより高めてくれることを否定する人は、おそらくいないでしょう。しかし、ひとりでいるといつも絶望とむなしさを感じ、その埋め合わせとしてパートナーを求めるのであれば、あなたは自尊心を他人任せにするという罠に落ちています。

リストを完成させたブレットは、愛する人が必要と信じることのデメリットがメリットを上回ることに驚きました。

さらに衝撃的だったのは、過度に拒絶を恐れるあまり、女性から簡単に操られるかもしれない可能性を理解したことでした。彼は、離婚した前妻に金銭面で大幅に譲歩していたし、デートの相手にはしばしば高価な品を贈っていました。しかし、女性たちはその気前の良さには感謝せず、ますます要求の度合いを強めていたのです。いずれにしろ、結局彼は拒絶されていました。

彼は態度を改めました。女性との愛情ある関係は、酸素のように絶対に「必要」なものではなく、重要な個人の目標のひとつとして考えようと決心しました。そしてバー通いをやめ、男友だち何人かと、バレーボール、狩猟、釣りなどの活動を始めました。そして、こうした活動がシングル・バーでの大騒ぎよりもずっとやりがいがあることを発見したのです。

あなたは、ひとりでいることに満足できるという考えにまだ抵抗を感じているかもしれません。「だって、誰もが愛情を必要とすることは根本的に真実ではないだろうか。自分で自分を幸せにするという考えは、身勝手で病的なものではないだろうか。ひとりでいることは本質的に異常なことではないだろうか」と考えているかもしれません。もうひとり、私の患者さんに、ジョージという名の孤独な三十四歳の男性がいました。ディスコやシングル・バーで出会った女性を追いかけてはみじめな思いをしていた彼は、満足度予想表を使ってフィラデルフィア美術館へひとりで行き、それが想像以上に楽しかったことに驚きました。そのことと、自分には愛が「必要」で、ひとりのときには必ずみじめになるという彼の信念との矛盾を私が指摘したとき、彼はいらだって、「ひとりでいることは異

表4-6　メリット・デメリット分析

あなたの信念：ひとりでいるのは普通じゃない。

これを信じることのメリット	これを信じることのデメリット
1. 女性と出会うために一生懸命がんばる。 2. デート相手を見つけたら救われた気分になる。	1. ひとりのときはいつもいやな気分になる。 2. 女性に近づこうとすると、死にもの狂いになり自信がもてなくなる。それで女性は興ざめする。 3. 自分のことを二流の負け犬と考えるだろう。 4. 相手を見つけるまでは、人生に積極的になれない。ひとりでは新しいことや実験的なことを試せない。ただ自分を哀れんで、孤独にとらわれ身動きできないまま、と感じるだろう。 5. デートのとき拒絶されるのが心配で、感情を表現し自分らしく振る舞うのを恐れてしまう。この自信のなさが人々を遠ざけてしまうのかもしれない。
⑳	⑳

修正後の信念：愛情ある関係は、成長と分かち合いの源泉となり得る。しかし、ひとりでいることもまた健康的でポジティブな経験となり得る。

常だ」と主張しました。そのように信じることの長所と短所をリストアップするよう提案してできたものが、表4-6のメリット・デメリット分析です。この態度から得られる便益と対価の収支計算をすることで、彼が「理想的ですばらしく有益」と思い込んでいた考えが、どれほど不合理で破壊的なものであるかを彼は理解し始めました。表4-6の下部に示した修正後の信念は、ひとりで過ごす時間、そして他の人と過ごす時間の健康的な側面を強調し、人生へのより大きな関与を促すものになっています。

幸せとやりがいを感じるにはパートナーは必ずしも必要ではないという考えを恐れる人もいます。人々と親しくなるための動機づけがすべて失われ、「一匹狼」になってしまうと考えるからです。これは現実に見合った心配ではありません。なぜなら、神経症的な「必要性」をもたずに、健全に何かを求めることは可能だからです。テニスを楽しむことが人間として「必要なこと」のひとつ、と主張する人はほとんどいないでしょう。地球上からテニスコートがすべて消え去ったとしても、ほとんどのテニスプレーヤーは同じようにやりがいのある他のスポーツを見つけ、幸せで生産的な生活を送り続けることでしょう。これは、テニスをすることが人間にとって必要なことのひとつではないものの、それでも人々はこのスポーツを愛していることを示しています。

同じ理屈は恋愛関係にも当てはまります。ひとりでいても幸福と満足感を得るキャパシティが自分にはあり、他の人を必ずしも「必要」としないことをあなたが理解したあとでも、依然として愛情ある関係は喜びと満足を与える大きな源泉であり続けるでしょう。人生を分かち合う人との出会いは、貴重な成長の機会です。自分自身を愛し好きになり、ひとりでも幸せになる方法を習得すれば、大切な人との本物の愛情を共有する機会は、増えこそすれ減ることはないと私は予言できます。

また、ひとりの時間を大切に楽しみながらも、その事実を恥ずかしく思う人もいます。というのも、われわれの文化は、恋愛の喜びと連帯を奨励するあまり、なぜか孤独を楽しむ人には問題があるかのように私たちに思わせてしまうからです。数年前、ポーラという女性患者さんを私は治療しました。彼女は、他の何よりも美術を愛好する、という問題を抱えていました。絵を描けばそれに完全に没頭し、何時間もかけて回る美術館やギャラリーでの偉大な芸術家たちの作品鑑賞に、とても大きな幸せを感じていたのです。ポーラは積極的にデートをするし親しい友人も数多くいましたが、罪の意識を感じつつ、ときにはひとりで過ごす時間のほうを好んでいました。

友人たちの、過剰なほど男性にとりつかれている姿や、ひとりで過ごす時間を大切にしたいという彼女の気持ちを理解しない態度に、彼女は悩んでいました。ある女友だちは、「ひとりでいるのが楽しいなんて異常よ。このままだと引きこもりになりかねないわよ」と忠告さえしたのです。ポーラは、自分には本当にどこかとても異常なところがあるのだろうかと不安に思い、セラピーを受けました。

私はポーラが恐れを克服できるように、「ひとりでいることの大切さ」を主題にエッセーを書くよう提案しました。興味深いことに、このエッセーを書いた数週間後、彼女はかねて交際していたすてきな男性と婚約し、ほどなく結婚しました。

ひとりでいることの大切さ（これは孤独であるということではありません）

もし、ひとりでいる時間の過ごし方を知らなかったとしたら、私は孤独を感じるだけでしょう。

「ひとりでいる」ということは、自分自身と触れ合い、その好き嫌いを知り、自分自身について学び、そして愛することです。

こうしたことを学ぶことが大切なのは、それが私を幸せにするからです。私が私自身を知らず、楽しませることができなければ、他人と仲良くすることはできません。私が私であることに幸せを感じ満足していれば、どんな状況でも自然と私らしく振る舞うことができます。

昔の私は、自分がすべきことは何かと考え、置かれた状況がうまくいっているかどうかを気にかけ、自分を楽しませることはほとんどありませんでした。一度にたくさんの自分――「こうあるべき」自分（「こうあるべき」という私の姿）、XさんやYさんにとっての理想の自分（根拠もなしに推測する、他人が望む私の姿）、そして私が理想とする自分（そうありたいと願う私の姿）――になろうと努力していたのです。こうした「自分」たちを、私は中途半端にすら喜ばせることもできず、それぞれの「自分」を困惑させていました。私は意気消沈し、まるでヤドカリのように誰かさんの古い殻を借りて自分の薄い皮膚を守っていました。本当の姿を知られて嫌われたらどうする、と心配ばかりしていたのです。

その当時も、私はひとりで過ごしていました。けれども、ひとりの時間を楽しんでいたことはほとんどありません。私は、「ひとりでいることや、ひとりの時間を楽しむことは、自己中心的で善いことではない。罪責感をもつべきだ」と自分に言い聞かせていました。ひとりでいることを望むのは利己的かもしれません。けれども、誰も傷つけないのであれば、利己的であることに何ら悪いところはありません。ひとりでいることが誰かを傷つけることはあり得ないのです。美術館へ行き、ある絵の前で十五分間立ち止まって鑑賞しようと、ひと部屋飛ばして鑑賞しようと、私の勝手です。家で読書してもいいし、長風呂につかったり、足の爪を手入れしたりすればいい。あるいは何もしなくてもいいのです。そうしているあいだ、自分が楽しんでいることについて学び、自分はどんな人間なのかを学び、一緒にいる自分がどんなにすてきな人間であるかを学ぶことができます。大いに自分を褒めてあげるのです！

ひとりでいることが他のことより優れているとか、他の人たちは重要ではないとか言っているのではありません。他の人たちの意見の価値が私にはわかるし、一緒にいる時間のありがたみもわかります。そして、彼らにしかない特別なものが何かもわかっています。しかし、他の人たちと一緒に何をやろうと、依然として私は私自身の喜びをつくりだしています。他人を喜ばす力が自分にあることを知ったときの満足感は、自分を喜ばす力が自分にあることを知ったときの満足感以上のものではありません。私が他の人たちと一緒に何かをする理由は、それが自分の楽しさを増すからではなく、また別のより幅広い楽しさを双方にもたらしてくれるからなのです。

私には私自身を楽しませる能力があります。その能力を失うことは決してありませんが、ときに見当外れになることはあります。私は、自分の好きな人であり、嫌いな人でもあり、倫理規定でもあり、道徳でもあるのです。私は私自身と矛盾なく一致しています。

ポーラのエッセーは、自給自足への確信の芽生えを示しています。もし彼女の成長がここで止まったとしたら、過度に自己愛的で自己中心的になる恐れがあるかもしれません。しかし、自分への信頼は、他人を信頼し理解しようとする努力の最初のステップに他なりません。自分を好きになり受け入れることが病気の症状である必要はなく、むしろそれは健康のしるしです。そして、内からわきあがる喜びは、愛情と親密さへと向かうあなたを、より閉鎖的にではなく、より開放的にする力を秘めているのです。

孤独感と低い自尊心の克服に認知療法の技法をどのように用いるかについてさらに専門的に学びたいと思われる読者や専門家は、巻末の付録B「劣等感を克服する」を参照してください。

第III部
関係をつくる

第5章 強い魅力を放つには

孤独感をもつ人の多くは、他人との関係をつくる秘訣を知りたがります。満ち足りた幸せな人生を送るには、自分を大切にしてくれる人との愛情関係が欠かせない、とあなたも感じているかもしれません。でも、これほど真実とかけ離れた考えはないでしょう。いまだにあなたが誰かに幸せにしてもらうことを考えているとしたら、本章以降で紹介する強力な技法を用いることは簡単ではないかもしれません。しかし、どのようにして自分を愛するか、その方法をひとたび習得すれば、他人との関係づくりはずっと容易になります。

格好良く見せましょう

デートの機会を増やすには、まず身なりを魅力的にしなければなりません。内気なさびしがり屋の多くは、地味な色の服をありきたりに着ています。これは間違っています。なぜかと言えば、その姿が映し出しているのは、自信のなさ、自尊心のなさだからです。人の心を惹きつけるような服を着ることで、「あなたが手に入れたいと思う何かが私にはある。私には性的魅力がある。私は自分が好きだ。あなたも私を好きになるだろう」というメッセージが発信されます。これで戦いの半分は勝ったようなものです。

私は「個人的な序文」の中で、医学校時代の孤独感と対人的なぎこちなさの克服を支援してくれた友人について語りました。その友人、ウィリアムが強調していた原則のひとつが、魅力的な着こなしと格好の良さです。私が身につけていた、しわだらけのワイシャツ、だらしないジーンズ、すり減った黒いビジネスシューズ、白い靴下に二ドルのヘアカットなどは、必ずしも女性にもてる格好ではない、と彼は親切に指導してくれました。彼は、おしゃれなメンズブティックへ私を連れていき、買うならこれとこれだと指示しました。まず彼が私のために選んだのは、高価なスラックスとそれに合ったシルクのシャツでした。次に、細身のイタリア製シューズ、配色を合わせたベルトと靴下、そしてハリウッドスターがかけるような、側面までまわりこんだサングラスを買うように言いました。私には、この服装一式がとっぴで常軌を逸しているように見えましたが、ウィリアムは、完璧にコーディネートされた上等な服をスマートに着こなすことが決定的に重要だと主張しました。そして最後に、美容院で髪をカットしてもらうよう勧められた私は、一九六〇年代としては高額な十五ドルを払い、ヘアスタイルを整えたのです！

最初にその「勝負服」を着て外出したとき、私は心底バカバカしく感じたものでした。それはまるで、ドナルドダックの格好で歩いている気分でした。しかし、しばらくして不思議なことが起きました。ショッピングモールを歩きまわる私を、じっと見つめる美女がいることに気づいたのです。それは生まれて初めての経験でした。そして私には、その眼差しがわずかに欲望を映しているように思われたのです！　私は雷に打たれたようなしびれを感じました。

あなたも、どうすれば異性の目を引くことができるのかと悩んでいるのであれば、まず時間をかけていつもの服装を綿密に点検することをお勧めします。自分を諦めてしまった気分、それが服装に反映されているかもしれないからです。あなたのイメージに生じた変化は、周囲の人々のあなたに対する見方、そしてあなた自身の自信のもち方にも大きな影響を及ぼします。

男性のどのような服装が女性を惹きつけるかを知るには、ジェントルマンズ・クォータリーなどの雑誌を参考にするとよいでしょう。こうした雑誌で紹介される服装は一般にとても高価ですが、その写真を見るだけでも、メンズファッションの最高級とはどのようなものかが理解できます。注意深く探せば、ずっと安価な類似品を手に入れることもできます。レストラン、映画、飛行機の中などで、女性に囲まれ称賛の的になっている男性を観察するのも参考になります。彼らはどんな服装をしているでしょうか。彼らと同じような服装を身につければ、その魅力的な服装が（そしてあなた自身が）どれほどの刺激と興奮を生むものなのかを正確に知ることができるでしょう。

私は、他人の目に魅力的に映るためには、誰もが守るべき服装のルールがあると言いたいのではありません。服装の魅力は、とても主観的で個性的なものです。例えば上品な女性は、襟ぐりが深く身体にぴったりとしたドレスよりも、長い袖のドレスのほうがより魅力的に見えるでしょう。重要なのは、あなたの特徴を際立たせ、個性のさまざまな側面を引き出すいろいろなスタイルや色彩の服装を試すこと、そしてアイデンティティの一部と考えていることを理由に特定の着こなしに固執しないこと、なのです。

もし、服装やファッションに興味がないのであれば、他の人たちからの意見をできるだけ多く取り入れ、参考にしてください。有名デパートやおしゃれなブティックへ行き、今年の流行を取り入れたスタイルの服装を数多く見ましょう。完璧にコーディネートされた服装の店員を見つけたら、あなたをセクシーで魅力的に見せる服選びを手伝ってもらいましょう。そして、あなたにはどんな色やスタイルが合うと思うか、友人に尋ねてみてください。一般に女性のほうが、男性に比べてこうしたアドバイスを好んで行うようであり、その内容は的確です。これは、私が独身の頃、服を探した経験から得た知識です。私が同じ店で買物をしている女性客に意見を聞くと、ほとんどの女性は喜んで助言してくれました。

なかには、「バカバカしい服を着るところまで自分をおとしめるべきではない」、あるいは「自分はそんな派手好きな男じゃない。もっと真面目で気取らないタイプの人間だ。バート・レイノルズの真似なんか誰がするものか」、または「女性は素のままの私を好きになってくれればいい。かけひきはすべきじゃない」などの信念から、こうした考えに抵抗する男性もいることでしょう。

こうした信念にひそむ問題点は、それが往々にして不安と自信のなさから来るもので、誠実さに基づくものではないという点にあります。こうした信念は、現実に合ったものではなく、むしろ自己中心的に聞こえます。あなたが男性なら、身なりのきちんとした、身だしなみの良い女性によりセクシーな魅力を感じるでしょう。あなたの理想の恋人はどのような女性でしょうか。その女性を今、心に思い描いてください。彼女はどのように見えますか？　どのような服装でしょうか？　おそらくすばらしい美人で、あなたを強く惹きつける魅力的な格好をしていることでしょう。女性は、少なくともあなたと同程度に色彩やファッションに興味があります。ですから、あなたが最高におしゃれな格好をしていれば、女性はあなた以上にそれを評価することでしょう。矛盾するようですが、ほんの少しナルシシスト的になることが、実は他人を気遣う一方法となり得るのです。なぜなら、それは他人にとって何が魅力的かを考えることであり、自己流を身勝手に、かたくなに押し通すことではないからです。

同じことが女性にも当てはまります。楽しい雰囲気のセクシーな服を着ることを恐れないでください。ブティックへ行き、ファッション雑誌を見てみましょう。少しだけ思い切った格好を試し、ふだんあなたが自分にもっているイメージや役割からあえて外れてみます。主婦であれ、秘書であれ、学生や教師あるいはアーティストであれ、自分にはひとつのアイデンティティしかないという思い込みから離れてみましょう。あなたのパーソナリティには多くの側面があります。どれかひとつのラベルを自分に貼ってしまうことは、あなた自身を制限することに他なりません。ちょっと変わった面白い服を見ても、「だめ、私には向かないわ！」とは言わないでください。ひとつの型に自分をはめてしまうと、その守りの姿勢によって身動きがとれなくなり、男性に対する魅力が損なわれてしまいます。

さまざまなイメージの着こなしや服装を試したりすることで、あなたは自らの人間らしさと内に秘めた潜在能力の大きさに気づくことができます。思い描くあらゆる自己イメージを、自分のものとして経験できます。数多くの役割に自分を重ね合わせることを通して、人間としてのキャパシティを拡げ、人生をきめ細かく充実させて、人間関係を深めてください。

衣類とは、言わばユニフォームです。ユニフォームはメッセージを伝えるものであり、それを着ることによって、ある特定の役割を演じることができます。あなたは、他人の期待通りの服装、行動をしないと（例えば、セクシーで胸のあいた細身のドレスのように、とっぴな服を着ると）、間が抜けて見え、周囲の非難を浴びるかもしれないとの誤った印象をもっているかもしれません。実際には、隠された側面をあえて探ろうと試みるあなたに、周囲の人々は多くの場合、ポジティブな反応を示すことでしょう。ときにワイルドで冒険的になり、ときに優しくロマンチックになるのを見て、あなたの性格に人を惹きつける数多くの側面があることを知り、興味を抱くからです。このことが伝えるメッセージには、ある種のパワーがあります。あなたは無力な被害者ではありません。価値や長所を認められ、敬意をもって遇されるべき存在です。このことが、あなたの自尊心を支えてくれるでしょう。自分のもっていた恐れやためらいが想像の産物にすぎないことを知るにつれ、気分の高揚を経験すると思います。これこそが、登山家に高所への恐怖をもつ人が多い所以なのです。恐怖心があるからこそ、それに逆らって行動し、刺激が得られるのでしょう。

自信のなさからくる不安、そして自分が他人よりも劣るという感情は、なぜか自分は他人よりも価値がなく、人から好かれていないという幻想に基づいています。創造的な服を着ることで、古い幻想を新たな幻想と置き換えることができます。古い幻想がネガティブで重苦しく破壊的なものであるなら、新しい幻想は軽快で創造的な、遊び心に満ちた健康的なものにしましょう。より陽気なものが良いですね!

ひとつだけ免責条項があります。ファッションに気を遣わず外見にこだわらなくても、他人との愛情あるすばらしい関係を築いている人は大勢います。自尊心と他人を思いやる包容力は、外見がどうであるかよりもずっと重要であることは確かです。あなたにとって、ポジティブで実りある関係を築くことがそれほど難しいことではないのであれば、外見を変えるべき理由はまったくありません。しかし、もしかつての私のように、どうしたら他人の興味をひくことができるのかと悩んでいるのであれば、若干の変化が望ましいかもしれません。なぜなら、親密さと愛情をもたらす多くの貴重な機会をあなたは無駄にしているからです。外見に多少の注意を払うことは、問題解決の重要な一部となり得ます。ポジティブでわくわくするような自己イメージをもつことは、自分自身を尊重し、他人を思いやる方法ともなり得るからです。

魅力的に考えましょう

セクシーで魅力的な服装をすることに加え、自分についてポジティブに考えることが大切です。最新の精神医学や心理学の研究結果の多くは、自分自身へのメッセージの発信が、その人の感じ方や行動に影響を及ぼすことを示しています。「私はセクシーで、手に入れたいと思われている」とのメッセージを自らに発することは、自己イメージに作用するだけでなく、他人の反応の仕方にも強力な効果を及ぼす可能性があります。

スポーツ選手やセールス担当者が「サイキング（気合を入れ心の準備をして集中力を高める）」と呼ぶこの技法は、デートのときでも同じように重要です。私が最初にこれを学んだのは、うつ病に悩む女性患者さん――彼女の職業は売春婦でした――を治療したときのことでした。彼女は、気分が落ち込むと自分はあまり魅力的ではないと感じ始め、男性を惹きつけるのが難しくなる、と言いました。

そんな状況を克服するために彼女が編み出した方法は、好きな音楽を聴きながら鏡の前でゆっくりと服を身につけることでした。服を着るあいだ、彼女はこんなことを自分に言うのだそうです。「なんてすてきな胸なの。熟したメロンみたい。とってもセクシー！　それにこのきれいな顔と微笑み。欲しくてたまらなくなるわ！」。当初彼女は、こうしたポジティブなメッセージを信じてはいませんでした。自分はずんぐりで太っていると感じていたからです。しかし彼女はこの技法を根気よく続けました。すると、服を着ながら徐々に自信がつくようになり、服を着終わって外出する頃には、容姿も気分も最高潮に達しているのが感じられるようになりました。彼女はこれを、通りを歩くときやバーに入るときに自らが放射する「官能の輝き」と表現しました。なぜなら、すべての男性の眼が彼女に釘づけになり、彼女を欲しがっていると感じられるようになったからです。

当初私は、彼女の告白に軽いショックを受けました。しかし、その発言について考えているうちに、彼女は偶然にも根本的な真理を発見していたことに気づきました。私たちが自分に発するメッセージは、どれほど自分を魅力的と思うかに関係し、そして他人へ投射する美しさにも大きく関係します。彼女は、「先生の読者や患者さんの多くは私の生き方に賛成しないだろうけど、先生に告白した内容を孤独感に悩む人たちと共有できたらなと思います。そうすることが孤独感を抱く人たちの助けになると思うから」と言いました。自分の容姿にプライドをもつことは不適切ではありません。自分の顔立ちや体つき、性格などの良いところを自分に自慢してください。自分は不十分な人間という考えを捨て、自分を愛することは他人を愛することの第一歩ということを忘れないでください。

なかには、他人の目をひく格好やセクシーな服装をひどく恐れる人がいます。それにはふたつの理由が考えられます。まず、自尊心が欠けていることです。自分を敗者あるいは負け組と思っている人にとって、質素でぱっとしない服装はより自然に感じられるかもしれません。そうすることで、不安を抑えることができます。派手な格好をしなければ、人からは気づかれにくいでしょうし、恋愛相手を求めて競争しているかのような印象を与えることもありません。目立たないことで、拒絶への恐れに直面しなくてもすむのです。

質素な服装を好む二番目の理由は、性的関心への恐れです。多くの人が、セックスは淫らで悪、と教えられ育っています。容姿への健全なプライドを、性的な乱れと同じに考え、過剰に保守的になり、自らの官能性や創造性を抑圧してしまうのです。

こうした抑圧を克服する技法のひとつに、セクシーで魅力的な格好をすることへのネガティブな思考を書き出す方法があります。表5-1に、ある若い女性の書いた日常気分記録表を示しました。自尊心の欠如、不同意への恐れ、そして均整の取れた自分の身体への羞恥心が明らかに示されています。ネガティブな思考に反論することで、彼女は容姿へのプライドをより強く感じ、より魅力的に装うことへの許可を自分に与えるようになりました。これは、自尊心を高めるひとつの方法であったと同時に、彼女にとっては重要なステップとなりました。この後まもなく彼女はある若い男性とつきあい始め、やがて結婚したからです。

本書に記した他の提案と同じように、この提案の適用も常識的に行われなくてはなりません。表5-1で示したように、彼女のわだかまりのひとつは、ブラウスの一番上のボタンを外すことに関係していました。もちろん、一番上あるいはその次のボタンを外すことは、くつろいだ親しみのあるスタイルを映し出します。一方、三番目から四番目のボタンまで外すのは、実際にあなたが望む以上の注目を集めかねません！　繰り返しになりますが、どんな格好が一番似合うかについては、あなた自身が高く評価する身なりをしている友人からの貴重な助言が参考になるでしょう。

これとは逆の問題に悩む人もいます。自分の容姿の良さに当惑を感じることはないものの、大切に思う人との満ち足りた関係を育むための魅力が十分ではないと思い込んでいる人たちです。そうした人たちが口にするのは、「私の容姿は平凡すぎる」あるいは「私は人並みだから、私が好ましく思う人からは興味をもたれっこない」などの言葉です。ずば抜けた魅力のある人は一般にデート相手を見つけやすく、平凡な容姿の人が交際を始めるにはより多くの努力が必要というのは真実です。しかし、容姿の良さが恋愛関係の成功を保証するものではありません。この点を理解することは大切です。容姿が魅力的なだけでなく、知的で社会的にも成功した人々――「ビューティフル・ピープル」――でありながら、自信がもてないために他人との親しいつきあいができず、ひどい孤独感に悩まされている男女を私は数多く治療してきました。同様に、普通の基準からすればまったく魅力のない容姿の持

表5-1　日常気分記録表*

動揺した出来事：よりセクシーで注意をひくような服を着ることへの恐れ。		
ネガティブな感情：あなたの感情を、0（ほとんどない）から100（大いにある）までの評価点とともに記録します。「感情」には、悲しい、不安、怒り、罪悪感、孤独感、絶望感、いらだち、などがあります。		
感情の評価 (0～100)		
1. 不安　90%	3. 恥ずかしさ　90%	5.
2. 罪悪感　90%	4.	6.
自動思考 ネガティブな思考を書き、順に番号をふります。	**歪み** 自動思考のそれぞれにある歪みを特定します。	**合理的反応** より現実に合ったポジティブな思考に置き換えます。
1. 私には性的関心が強い人のような格好はできない。他人から見下されたり、強い態度で言い寄られたりしかねない。	1. 先読みの誤り、感情的決めつけ	1. 人はみな「性的関心が強い」のでは？
2. ブラウスの一番上のボタンを外すべきではない。ゆったりとした服を着なくてはならない。	2.「すべき」思考	2. なぜそうしてはいけないのだろう。そのほうが私は好きだし、格好も良くなる。自分の身体をなぜ隠さなければならないの？
3. 私の身体は魅力的すぎると思う。	3. マイナス化思考	3. 私の身体はよく発達しているから、それを誇りに思ってよい。「魅力的すぎる」とは具体的にどのくらい魅力的なのか？
4. 私の身体は、私の中身よりもずっとすてきに見える。	4. 感情的決めつけ	4. いったいどんな「中身」なのだろう。私の性格にはたくさんの良い面がある。親切で思いやりがあるし、自分を好きになる資格は十分あるはずだ。

自動思考	歪　み	合理的反応
5. 私は道徳的に腐敗した人間だ。	5. レッテル貼り	5. ナンセンス。私の内面の芯が腐ってしまうことはない。好きな人に対して、こんな残酷なことを私は決して言わないだろう。自分にもそんな残酷なことを言う必要はない。
6. いろいろな人に性的空想を抱くことがある。でも､ボーイフレンドはいない。	6.「すべき」思考	6. 相手が誰であろうと性的空想を抱いてもまったく問題はない。私の考えることは個人的なものだし、好きなだけ空想をすることは私の自由だ。誰も私の心を読むことなんてできない！
7. 誰かが私を好きになるのは、私の空想のせいか、あるいは間違った理由からだろう。	7. 心の読みすぎ	7. 身体的に惹かれることは、人を好きになることの一部にすぎない。しかしそれは間違ったものではなく、正当なものだ。
8. 私にはボーイフレンドができそうにない。男性は私のことを好きにならないだろうし、おまけに振られそうな気がする。	8. 先読みの誤り	8. 確かに「誰もが」私のことを好きにはならないかもしれない。でも私には魅力があるし、知性もある。それに性格がいいので、たぶんボーイフレンドを見つけることができるだろう。

再検討の結果：「合理的反応」を再び読んだ後の今の気持ちを選んでチェックしてください。

□ まったく良くならない。□ 少し良くなった。□ かなり良くなった。
☑ とても良くなった。

ち主でありながら、ポジティブな自己イメージをもち、他人との親しい関係を築くことに何の問題もない人々も私は数多く知っていますし、その人たちの治療にも携わってきました。

私の言うことが信じられないという読者は、すぐにでも簡単な調査を実施してみてください。通りを歩いたり、映画を見たり、レストランで食事したりしているさまざまな年代のカップルを十二組選び、それぞれのパートナーの魅力度を0点から10点で評価します。次に、男女それぞれの評価点をカップルごとに表にします。その結果を見て、「平均的容姿」の人も、特別に良い外見の男性や女性と同じ割合でカップルを組んでいることにあなたは気づくでしょう。また、なかには男女そろってとても魅力的なカップルもあれば、いずれか片方が不釣り合いに魅力的というカップルがあることにも気づくはずです。魅力度評価で10点中9点のハンサムな二枚目が、魅力度6点くらいの女性とペアを組んでいたり、その逆の場合もあるかもしれません。結果としてあなたは、古くからあるふたつの重要な概念に気づくでしょう。ひとつは、「美しさは見る人次第」、もうひとつは、「恋愛関係に必要なものは容姿だけではない」ということです。

興味をひくためには、何が必要なのでしょうか？　私は、内気で孤独感に悩む多くの人々が、異性が本当に求めるものは何かを正確に把握していないことに気づきました。二十七歳の独身男性ブラッドは、女性が求めているのは、人気があり、生活力があり、カリスマ性のある、支配的で、力強い（マッチョな）、「アメフト選手」タイプの男性と思い込んでいました。ブラッドはいずれの特徴ももちあわ

表5-2

	5つの最も望ましい男性の特徴	5つの最も望ましくない男性の特徴
アニー	1. 信頼性 2. 思いやりと温かさ 3. 陽気 4. 外見の良さ、魅力 5. 正直	1. (いつも) 女の子を利用すること 2. 皮肉 3. 失礼な近づき方 4. 乱暴な人 (性的強引さ) 5. 精力絶倫、自己中心的
アリスン(街頭で)	1. 神経の細やかさ 2. ユーモアのセンス 3. 誠実さ 4. 自然な振る舞い 5. 野心的すぎないこと	1. マッチョ 2. 思いやりや配慮のなさ
サンディ	1. 目、手 2. 正直 3. 心の広さ 4. 神経の細やかさ 5. 温かさ	1. 型にはまった女性像 2. 柔軟性のなさ 3. 自己中心的
パット	1. 温かさ 2. 神経の細やかさ 3. ユーモアのセンス 4. 自尊心 5. 知性	1. 不正直 2. 自己中心的

せていなかったので、女性には縁がないと思い込んでいました。

そこで私は、男性の最も望ましい特徴と最も望ましくない特徴を、何人かの女性に尋ねる調査を行うことを彼に提案しました。その結果が表5-2に挙げたリストです。ご覧のように、柔軟性のなさ、マッチョ、自己中心的、精力絶倫など、セックス・アピールとして絶対必要と考えられていた属性のいくつかは、実際には望ましくない特徴として挙げられています。反対に、彼自身が強みとしてもつ、信頼性、思いやり、陽気に楽しむ能力、ユーモアのセンス、感受性などは、最も望ましい特徴に挙げられていたのです。ブラッドの調査結果は例外的なものではありません。私の言うことが信じられなければ、あなた自身で調査を行ってみてください。友人に尋ねてもよいでしょうし、通りで見知らぬ人に尋ねることもできます。その場合は、心理学の調査研究と前置きしてください。その結果を見れば、女性が男性に求める資質の基準は、思いやり、責任感、自尊心を備えた男性であれば、容易に満たせるものであることがわかると思います。

内気で孤独感に悩む人の中には、容姿への自信のなさからくる不安の強い人がいます。そうした人たちは、身体の一部に何らかの先入観や偏見をもっている可能性があります。目立つ傷、曲がった鼻、小さい胸、太すぎる腿などの欠点があるため、自分は絶望的な欠陥人間で、魅力はゼロと結論づけているかもしれません。しかしこうした強迫観念は、デートや親密な交際への恐れの隠れ蓑にすぎない場合があります。

最近私は、レイという名のシャイな大学生の治療に携わりました。彼には歯並びが悪いという先入観があり、そのため女性に声をかけられずにいました。女性が自分を見て最初に気づくのは歯並びの悪さ、と彼は信じ込んでいました。確かに彼の前歯は反っていましたが、子どもの頃に矯正されていました。それでも彼は、完全に普通の状態ではないと感じていたのです。どこにも問題はないように私には思えたので、ハンサムだし歯も笑顔もすてきだから心配はいらない、と彼を安心させようとしました。しかし、彼は私の意見を無視し、「親切にしてくれてるだけでしょう」と言い張りました。

そこで私は、その信念を検証してはどうか、とレイに提案しました。方法は、友人の男女数名に、彼の容姿で気に入っている点、気に入らない点を具体的に挙げてもらうというものでした。彼は、その答えすべてを書き出すことに同意しました。ポジティブとネガティブ両方の意見が出れば、誰かが歯並びの悪さについて言及するはずです。そうすれば、本当に目立つほど歯並びが悪いのかどうかがわかります。しかし、誰からも歯並びについての意見が出なかったことに彼は驚きました。何人かの友人は、もっと流行に合ったヘアスタイルにしたほうがいい、あるいは、もっとしゃれた服を着てはどうかと勧めました。ポジティブな意見としては、彼の背が高いこと、筋肉質なこと、顔立ちが魅力的なこと、笑顔に温かみがあり人を惹きつけることなどが多く挙げられました。他人が彼を見て最初に気づくのは歯並びの悪さ、という信念の嘘を、こうした意見が証明したのです。その後私たちは、彼にとって本当の問題である自尊心のなさと拒絶への恐れの克服に取り組むことができました。

読者の中には、「欲求を萎えさせ、魅力を損なう外見上の問題が本当にある」と感じていて、この提案に反対する方もあるでしょう。つい先週、テリーという若者が私にこう言いました。「僕は背が低い。そのせいで、他人からは社会的価値の低い人間と見られるし、つきあう相手もいない」。確かに背の高さは、世間から高く評価される特徴のひとつです。しかし本当の問題は、この基準をあなたが受け入れなければならないのか、ということです。自尊心があれば、あなたの発する輝きは身長の高低にかかわらず人を惹きつけるでしょうし、自尊心がなければ、身体的魅力はどうであれ、自分に自信をもつことはできないでしょう。私の言葉を信じてください。たくさんの男女が、背が高く魅力的であるにもかかわらず、自尊心の欠如から、自分には不十分なところがとても多いと感じたり、自信のなさを感じたりしているのです。

私はテリーに、「自分は背が低いために、社会的に価値が低く、望まれない人間と人から見られている」と自分に言い聞かせることのメリット・デメリット分析をしてはどうかと提案しました。そのように信じることが何かの役に立っているでしょうか。彼にとって利益はあるのでしょうか。これを信じることが、どのように彼を傷つけているでしょうか。貧弱な自己イメージと引き換えに、どのような対価を払っているのでしょう。彼のメリット・デメリット分析を表5‐3に示しました。ネガティブな自己イメージのメリットとデメリットを書き出してみると、そんなイメージは捨ててしまいたい、と彼はより強く考えるようになりました。「僕は身長の高い低いにかかわらず、知り合う価値のある人間だ!」という新たな態度を、古い態度と置き換えることにしたのです。この新たな視点に立ったものの見方が、彼により大きな自信を与えました。そして、より積極的に意見を述べるようになり、デートもうまくいくようになりました。

あなたも同じようにメリット・デメリット分析を行うことができます。気になる欠点があるために、自分を実際よりも過小評価してしまうことの長所と短所を自問してください。あなた自身を受け入れ、大切にすることによって、他人もあなたをよりポジティブに評価し始めることを発見するでしょう!

表5-3　メリット・デメリット分析

あなたの信念：もし僕の背がもっと高かったら、知り合う価値のある人間と思われるだろう。

これを信じることのメリット	これを信じることのデメリット
1. 知り合いたい人に近づくときの不安を避けることができる。 2. さびしさの原因はこれ、と責めていられる。	1. 自尊心は低いままで、疎外感をもち続けるだろう。 2. いらだちと敗北感をもち続けるだろう。 3. 自分では変えられない状況を、あれこれ考えることにエネルギーを使い続けるだろう。
㊵	㊿

修正後の信念：僕は身長の高い低いにかかわらず、知り合う価値のある人間だ！

セックス・アピールを強化するための具体的な提案を以下に要約します。

1．自分にとって最高の服を身につけましょう。外見が良くなれば気分も良くなります。友人の助けを借りてこの提案に取り組んでください。少しだけ冒険したり、セクシーになることをためらわないでください。特定の服装が自己イメージや性格に合わないと感じたら、しめたものです。あなたがもつ自分自身の「イメージ」はただの幻想です。それは罠です。あなたの中には、自分で想像する以上のたくさんの「あなた」が隠されています。脱皮して、これらの「自己」に触れることで、あなたの人生はより冒険に満ちたものになり、セックス・アピールの解放が促されるでしょう。

2．特徴を際立たせ、十分活用しましょう。それはあなたの笑顔かもしれないし、あるいは目、またはユーモアのセンスかもしれません。最初は信じていなくても、「私はなんと魅力にあふれ、相手に欲しいと思わせる生き物なんだろう」と自分に言い聞かせるのです。人々はあなたを尊敬し、一緒にいたいと望んでいる、と想像してみましょう。「私はなんてたくましい男（なんてセクシーな女）なんだろう。今日はみんなを興奮させてやる。私と話す人はみな気分最高、そして私の気分も最高になる」といったポジティブなメッセージを自分に発します。そうすることで、あなたの官能性の輝きが投射され、人々の反応がよりポジティブなものになることにあなたは気づくでしょう。

3．あなたが「実際に」どれだけハンサムか、また美しいかということよりも、あなたの自尊心がはるかに重要です。なんてみじめで劣った存在なんだろう、と自分に言い聞かせるのはやめて、自分を好きになり、周囲にポジティブな感情を投射すれば、人々もあなたのことを好きになり始めるでしょう。

4．身体的魅力は、長期的な満足のいく関係を保証しません。このことを肝に銘じておいてください。異性のパートナーに最も望ましい資質、最も望ましくない資質は何かを、周囲の人々に尋ねてみましょう。これは、人々が本当に求めているものは何かについて、より現実に合った考えを育むうえで役に立ちます。その結果、人々から愛され、手に入れたいと思わせることが、不可能な夢ではなく、到達可能な目標であることをあなたは発見するでしょう。

第6章

「社交的貧乏から大金持ちへ」大作戦

「恋人なんてどこへ行けば見つかるの？　いい人はみんな彼女がいるじゃない」

「これは、と思う人はもう結婚している」

「僕が惹かれる女性は決して僕に興味を示さないし、僕に興味を示す女性に僕が惹かれたためしもない」


こうした不平不満を私はよく耳にします。しかし、これらは間違った考えに基づいています。実のところ、世の中は独身で恋人募集中、しかもつきあいたいと思わせる人であふれているのです。どこへ行けばそうした人たちに会えるか、それはあなたが今どこに住んでいるかによって多少左右されます。社交習慣は地域によってさまざまだからです。私がサンフランシスコ半島に住んでいた頃は非常に簡単でした。近所ではパーティが頻繁に開かれ、夜間講座やロックコンサートがあり、夜間や週末に独身者が集まる公園では即興劇が行われていました。フィラデルフィア、シカゴなど主要都市の中心部では、西海岸特有の開かれた温かい雰囲気も、束縛のない自由な雰囲気もないかもしれません。しかし正しい態度で臨めば、街角でも、バス停留所でも、エレベーターの中でも、カフェでも、実質的にはどこでも人々に話しかけることができます。以下に、あなたが魅力を感じた人と接触し、有意義な関係を築くための具体的な方法をステップごとに紹介します。

ステップ1：笑顔（スマイル）の練習

最初のステップは、見知らぬ人の前で笑顔をつくる練習です。まず、明日からの七日間で少なくとも日に五人の知らない人に微笑んでみてください。「バカらしく見えるからそんなことはいやだ」、あるいは「命令されて微笑む自信はない」などと言って、あなたはこの提案に反対するでしょう。私自身もこの問題に直面したことがありました。シンシナチで出演したテレビ番組「ボブ・ブラウン・ショー」を見ていた友人から、私のインタビューそのものはすばらしかったけれども、唯一笑顔を忘れていたことが残念だった、と批評されたのです。著書の販売促進には多少のセックス・アピールが必要で、笑顔とともに温かく親しげなイメージをテレビカメラに投射すればより効果があるのに、と彼女は言いました。

彼女の意見がまったく正しいことは理解できたものの、私にとってそれは難題でした。なぜなら、子どもの頃からカメラと名のつくものの前では氷のように固まってしまうからでした。斜視の上に笑顔は歪んでいたので、私はよくからかわれたのです。それをとても気にしていたので、プレッシャーがかかると微笑むことなどできないと私は感じていました。

そこで、「笑顔の練習」と自ら名づけた技法で、ただちにこの問題を克服しようと私は決心しました。まずは動かない物体に向かって微笑む練習から始めました。当時私が宿泊していたホテルのドア、植木、椅子など、十五分間で百を超す物体に微笑みかけました。笑顔が魅力的かどうかはさておき、少なくとも唇の両側を強制的に上へもちあげたのです。次に、鏡の前を通るたびに自分に向かって微笑みかけました。鏡に映る私の姿は多少バカげていましたが、想像していたほどひどくはありませんでした。その後、今度は表へ出て、動物に笑顔を向けました。特に犬は感受性が強く、親密さに飢えているようで、熱心に尻尾を振って応えてくれました。

そしていよいよ人間を相手に微笑むときがきました。私の気分は、初めてプールの高飛び込みを経験するときのようでした。確実にぎこちない笑顔のせいで、私は最低の間抜けに見えるはずでした。それでもホテルで出会った何人かに無理やり微笑んでみたところ、意外にも相手はほとんど例外なく微笑み返してきたのです。このポジティブな反応にかなり勇気づけられ、おそらく本当に心からの笑顔になったのでしょう。その後の数週間、患者さん、私の家族、店員など、会う人ほとんどすべてに私は微笑みかけることを心がけました。それまでは決して意図的に微笑むことができなかった私は、まるで新しいおもちゃを手に入れたような気分になりました。

笑顔の練習の締めくくりに、家に遊びに来ていた子どもの友人に、いつでも好きなときに私に「スマイル！」と命令してほしい、そして笑顔が本物らしく温かみがあるかどうか、1点から10点で評価してほしいと頼みました。こうして、かなりぎこちない状況に自らを追い込むことが、テレビ出演に備えた訓練になると考えたのです。意外なことに、私の得た評価は常に7点から10点の間でした。このことは私に自信を与え、いつ何時でも――テレビカメラの前でさえも――微笑むことができるようになりました。おまけに、以前あれほど恐れていたカメラの被写体になることが大好きになったのです！　さらに、周囲の人々との関係が、より温かみのある、親しさのこもったものとなったことにも気づきました。あなたも今日から笑顔の練習を始め、辛抱強く続ければ、きっと数週間で同じような経験を得られるでしょう。

ステップ2：挨拶の練習

見知らぬ人への微笑みに慣れたら、次は人々に声をかけて挨拶する練習です。最初の一週間は毎日五名の見知らぬ人に笑顔と挨拶の練習を行いましょう。これは一見大変な課題のように思えますが、実際には、人通りの多い歩道であればものの一分で達成可能です。変人と思われることに不安を感じる場合は、潜在的なデート相手とは考えられない人からまず練習を始めます。同性の高齢者あるいは子どもがよいでしょう。これで自信をつけることができます。ひとたび勢いがついたら、練習は自然で気楽なものになっていきます。その後、魅力的な異性へと挨拶の対象を変えます。

この練習を行うときは、必ず相手の目をまっすぐに見て、その人が通り過ぎる前に挨拶をします。多くの人が、こころよくあなたの笑顔と挨拶に応えてくれるでしょう。しかし、何人かは無視したり、いやな顔をしたりするかもしれません。そうした人たちがなぜそのような反応を示したのか、その理由を推測し理解することはとても大切です。ポジティブで親しげな接し方に慣れていなくて、あなたに人違いされていると考えたのかもしれません。ニューヨークなどの大都市圏に住む人の中には、あなたが声をかけると強盗や危険人物と勘違いして怯える人もいるかもしれません。しかし、ほとんどの人はあなたに良い反応を示すでしょう。そして、それがあなたの気分を高めてくれるはずです。（どの技法についても言えることですが、行う際には常識的配慮が必要です。治安の悪い、人通りの少ない地域を夜中の二時に歩くような場合、最善の方法は、当然ながらまっすぐ前を見て、できるだけ速く歩くことです）

十回やってみて何回ポジティブな反応があるか予測することも役に立つでしょう。十人に笑顔で挨拶し、そのうち何人が挨拶を返してくるかを数えることで、平均打率が計算できます。あなたがとてもネガティブな自己イメージを抱いているなら、笑顔と挨拶を返す人など誰もいないと予想するかもしれません。一方、あなたが完璧主義者であれば、自分の笑顔と挨拶には、誰もが温かみのあるポジティブな反応をすべきだと考えるかもしれません。しかし、そのいずれも現実に合ったものではないでしょう。ほとんどの人は、25％から75％の確率で好意的な反応が得られるはずです。あなたがポジティブで外向的な気分のときは、暗い曇り空のような気分のときよりも少し打率が良くなる傾向があることにも気づくかもしれません。

「自分にはできない」と言わないこと：読者の中には、見知らぬ人に挨拶をしたり親しげに接近したりすることに抵抗を感じる人がいるかもしれません。そんなときあなたは、「私にはできない」あるいは「どんなに頑張ってもできなかった」と自分に言い聞かせているかもしれません。しかし、それは事実ではありません。本当に言いたいことは、「やる気にならない」あるいは「そんなことをするのには慣れていないし、おっかない」などです。問題は、「私にはできない」と言ったときから、あなたがその言葉の意味を深刻に受けとめ始め、実際はそうではないにもかかわらず、身体が動かなくなったり、希望がもてないと思い込み始めたりするかもしれないということです。

三十二歳の離婚経験者ジャックは、シャイで孤独感に悩んでいました。妻との離婚以来、女性との新たな交際はなく、自分はこのまま独身で一生を過ごす運命にあると感じていました。私は彼に、女性と交際を始めるひとつの方法として、笑顔で挨拶して会話を始めることを提案しました。ジャックはこれに猛烈に反対し、「そんなことは絶対にできない。自分には不可能」と主張しました。そこで私は、この課題を最も細かな要素に分解し、彼の反対がどれほど現実に合ったものかを検証するよう提案しました。

以下は彼が分割したステップです。

- 魅力的な女性を見つける。
- その女性に歩み寄る。
- 唇の端を上に吊り上げ、笑顔をつくる。
- 口を開き「おはよう／こんにちは／こんばんは」と言う。

ジャックは大学で教鞭をとっていたので、魅力的な女性を見つけることは難しくはない、と言いました。しかし、その女性に歩み寄って挨拶をすることは物理的に不可能なのだ、と頑固に主張しました。そこで私たちは、以下のようにステップをさらに細かな要素に分割しました。

- 左足を地上からもちあげる。
- それを前へ動かす。
- 筋肉を弛緩させ、重力を使って脚を地面へ下ろす。
- 以上と同じことを右足についても行う。
- 女性に笑顔で声をかけられる距離に身体が近づくまで、右脚と左脚を交互に動かし続ける。

ジャックは簡単には降参しませんでした。彼は左足を地面からもちあげることが「どうしてもできない」と言い張ったのです。私たちの会話は以下のようなものでした。

デビッド：足を地面からもちあげられない、とはどんな状態を意味するのか説明してください。
ジャック：足が地面にくっついてしまうでしょうね。魅力的な女性がいたとしても、その方向へは一歩たりとも踏み出すことはできないでしょう。
デビッド：両手を伸ばし、くるぶしをつかんで力一杯もちあげれば、足は動かせるでしょう？
ジャック：いいえ、足の重さが四〇〇ポンド（約一八一キログラム）くらいに感じられ、まったく動かすことはできないと思います。
デビッド：それは面白い理論ですね。実験して検証する気はありませんか？　キャンパスを歩き回って魅力的な女性を見つけ、左足が地面から離れるかどうか試してみましょう。全力で足を動かそうとするのですよ。そうすれば本当に動くかどうかを確認できます。次のセッションまでの宿題ということでよろしいですか？

ジャックはひどく怒り、「どうしてもできないと言っているのに、それを強要するあなたはまったく私のことを理解していない」と言い張りました。しかし私は引き下がらず、実験で確かめるよう繰り返し求め、私も同行するので、足が麻痺して地面から離れなくなったときは、呼んでくれればすぐに助けに行く、とまで言いしました。

ジャックは、私との治療はこれきりにして、もっと「現実的」で気の利く、ものわかりの良いセラピストを探そうと考えながらセッションを終えたそうです。家に帰ってベッドに横になり、自分が「本当にどうやってもできない」と言っているのに、それをしつこく要求するのは大きな間違いだと繰り返し考えていました。すると突然、彼の言葉によれば「頭の中に電灯がともり」、その気になれば私の提案を実行できるかもしれないと思い始めたそうです。彼はベッドから飛び起き、部屋から走り出て、すぐに見つけた女学生に近寄って、「ハロー」と挨拶をしました。それから次の女性、そしてまた別の女性と、次々と声をかけました。相手の女性からは、あまりポジティブな反応は得られなかったようですが、じきに結果は良くなったのでしょう。とにかく彼は文字通り「第一歩」を踏み出しました。次のセッションに現れた彼は上機嫌でした。

ステップ3：フラーティングの秘訣

「フラーティング」(flirting) とは、どのような意味をもつ言葉でしょうか。それは、性や恋愛に関する「ほのめかし」を伴い、良識をわずかに外れた、快活で親愛のこもったふざけ合い、と定義することができます。フラーティングには、言語を伴うものと、伴わないものがあります。言語を伴わないフラーティングには、おしゃれな着こなし、セクシーに歩いたり身体を動かしたりすること、微笑み、ウインク、目くばせなどを使って親しげな表情をすること、などが含まれます。また、相手に触れることも含まれます。例えば、軽くハグしたり、活発な会話の最中に相手の手や肩へ軽く触れたりすることです。

言語を伴うフラーティングには、相手の興奮や関心を誘い、その気にさせる褒め言葉をかける、などが含まれます。まずはその練習に、今週あなたが会う人に褒め言葉を十回かけてみましょう。最初は「安全」と思われる親類や友人を相手に行い、徐々により「危険」と思われる、よく知らない人、あるいはもっと知りたいと思うすてきな人へと相手を変えていきます。称賛の対象には、相手の温かみのある微笑み、興味をひくネクタイや宝石などの身につけているもの、相手の発言などがあります。どのような褒め言葉でもかまいません。あなたはその効果に驚くことでしょう。人々は同意されることに飢えていて、褒め言葉にはほとんど常に温かい反応を示します。その反応に、今度はあなたの気分が良くなります。

問題は、誠実な心からの褒め言葉を言うのか、それとも本当ではない不誠実な褒め言葉を言うのか、ということです。ほとんどの人にとって、誠実な言葉をかけるほうが気は楽でしょう。しかしときには、ほんの少しの不誠実さがより強い効果をもたらすことがあるのです！　いつも真っ正直に振る舞うよりも、ときにはフラーティングを用いたほうが、相手はよりくつろいだ気分になることがあります。いずれにせよ、フラーティングを使う理由は、あなたが本当にその人に興味を抱いているからです。本当に好きな人を前にして、偽の褒め言葉など存在しません。デートしたいと思わせる魅力的な男性に向かってなら、「あなたってすてきね。女性は放っておかないでしょうね」、あるいはいい体格をしている男性なら、「すてき。アスリートでしょう？　ウェイト・トレーニングなさってるの？」などの言葉をかけてはどうでしょうか。もし彼がポジティブな反応を示した場合、練習風景を個人的に見たい、などの希望を伝えます。その他のフラーティングの例としては、「あなたはこのオフィスビル一の魅力的な女性ですね」、あるいは「あなた、自分がこのビルで一番すてきな男性ってこと知ってる？　いつになったら私とデートしてくれるのかしら？」などはどうでしょう。

多くの読者は、こんなアプローチはバカげている、あるいは問題外と考えるかもしれません。その通りです。すべての要点はそこにあります。退屈でまじめ一辺倒のアプローチではなく、わずかに常識を外れて行動しているのですから、あなたの顔に微笑みが浮かんでいたり、ばつの悪さで顔が赤くなったりしていたほうが都合がいい場合があるのです。あなたがあまりに誠実な態度をとると、相手はそれをどう解釈してよいのかわからず、気まずくなってしまいます。あからさまなフラーティングは、人々の気分を楽にする効果があるようです。たとえあなたのフラーティングがバカらしく聞こえても、ほとんどの人はかなり柔軟に受け止めてくれます。不器用さ、そして傷つきやすさが表れているほうが、あまりにも洗練されて如才ない場合よりも相手の心に訴える力があるでしょう。

この原則は、他の原則同様、乱用されやすいかもしれません。もしあなたに相手への真の気遣いや配慮が欠けていて、フラーティングで相手を意図的に操作あるいは利用するのであれば、その行為は敵対的なものとなります。しかし、あなたの興味をそそる相手であれば、進んでその人を最高の気分にしてあげてください。結局のところロマンスは、人々を互いに近づけやすくする、あたりさわりのない幻想の一種なのです！

事実を認めましょう。過度にまじめで重々しい態度は、地球上のほとんどすべての人を確実にしらけさせます。快活なフラーティングを演出するひとつの方法は、相手の目を真剣に、そしてロマンチックに見つめながら、ユーモアのあるエロティックな場面を想像することです。あなたが若い医師との会話を始めようとしている場合は、彼が病院内をおむつを着けたまま回診する姿を想像しましょう。あるいは話しかけている間、お気に入りの性的な想像に彼を登場させるのです。これであなたの唇には微笑みが浮かび、目にはきらめきが生じます。これがフラーティングの本質です。

フラーティングの主な目的は、楽しむことです。それを忘れずにいてください。あなたのエゴを忘れ、相手の好きなところは忘れないようにします。相手をからかったり褒めたりして、その人自身について語ってもらいましょう。あなたがどれだけ緊張して気まずくなっているかについては深く考えず、周囲の雰囲気から活力を得るよう心がけます。フラーティングが必ずしも真剣な交際につながらなくてもよいこと、そして単に気楽な楽しいふざけあいでもよいことを忘れずにいましょう。

最初は、ひどく不安にならずにすむような人を相手にフラーティングを練習します。孤独感に悩むある女性の大学院生は、本気で興味があるわけではない男性を相手にフラーティングを始めました。相手の熱心な反応に自信をつけた彼女は、今度は本気で惹かれているクラスメートを相手にフラーティングを始めました。以下は、孤独感に悩む他の女性たちに向けての彼女からのアドバイスです。「これを着ればセクシーな気分になる、と思うような服を着るのを忘れないでください。そして男性を褒めること。なぜなら、それは楽しいことだし、一緒にいれば楽しいということを彼に知らせるんです。ほとんどの人はポジティブに反応するので、自信のなさや不安な気持ちを和らげてくれます。そして相手に触れることも忘れずに。彼の腕に触れながら、『すてきなシャツね』と言えば、相手はリラックスして温かい反応を返してくれます」

もうひとつ忘れてはならないことがあります。それは、他の人から褒め言葉をかけられたときにはポジティブな反応を返すことです。控え目な、へりくだった返事をするのではなく、感謝のこもった陽気な言葉で応えましょう。相手への感謝が、あなたのよりポジティブな自己イメージを映し出し、それによって自分がかける褒め言葉の効果も増強されます。

フラーティングが潜在的に楽しく効果的であるにもかかわらず、多くの人はそれをやりにくいものと感じています。あなたもそう感じているのであれば、表6-1を参考にフラーティングについてのネガティブな思考を書き出してみてください。三週間続いた恋愛がうまくいかずに終わってしまったシャイな若い女性リサについては、第2章で触れました。動揺した彼女は、男性を前にするととても緊張し、自信がもてないと感じていました。男性から愛される根本的な要素に欠け、一生このままひとりで過ごす運命にあると信じていた彼女は、私のフラーティングの提案にはとても驚いていました。しかし、ネガティブな思考に反論することでこだわりを解消し、二、三人の男性に笑顔でフラーティングを始めました。ポジティブな反応を経験した彼女の自信は強化され、ほどなくそのうちのひとりとデートするようになったのです。

表6-1を見ると、リサはフラーティングで恥ずかしい思いをしたり、周囲から軽蔑されて「浮わついた女性」と見られたりするのを恐れていたことがわかります。こうした恐れは、シャイで孤独な男女のほとんどに共通してみられます。その克服に最適なのは、「恐れている幻想の技法」を用いることです。この技法では、誰かとフラーティングしているあなたを見て、人々が軽蔑する場面を想像

表6-1　日常気分記録表*

動揺した出来事：プールでは自由な気持ちでトムにフラーティングできない。		
ネガティブな感情：あなたの感情を、0（ほとんどない）から100（大いにある）までの評価点とともに記録します。「感情」には、悲しい、不安、怒り、罪悪感、孤独感、絶望感、いらだち、などがあります。		
感情の評価 (0～100)		
1. 不安　99%	3.	5.
2.	4.	6.
自動思考 ネガティブな思考を書き、順に番号をふります。	**歪み** 自動思考のそれぞれにある歪みを特定します。	**合理的反応** より現実に合ったポジティブな思考に置き換えます。
1. しつこくしすぎたり、バカなことを言ったりしたらどうしよう。	1. 先読みの誤り	1. 練習を通してしか学ぶことはできない。いつかうまくできるようになるだろう。
2. 彼は私にどんな印象をもつだろう。「浮わついた女」と思うかもしれない。	2. 心の読みすぎ、レッテル貼り	2. 彼は私に惹かれるかもしれない。「浮わついた女」なんてものは存在しないけれども、今より少し浮わついた感じを出してもいいかもしれない。
3. プールにいる他の男性は私をどう思うだろう？	3. 心の読みすぎ	3. やきもちを焼くかもしれない。なぜ俺たちのところへはフラーティングに来ないのかって思うかもしれない！
4. 周囲の人たちは私を軽蔑するかもしれない。	4. 心の読みすぎ	4. その可能性は常にある。でもそうなっても世界が終わるわけじゃない。すでに今十分に孤独なのだから、失うものは何もない。

自動思考	歪　み	合理的反応
5. もし恥をかくようなことがあれば、私にはどこか悪いところがあるということで、私はそれを一生直せないかもしれない。	5. 全か無か思考	5. いや、そうなったとしても、それはフラーティングがあまりうまくないことを意味するだけだ。努力すればうまくいくようになるだろう。

再検討の結果：「合理的反応」を再び読んだ後の今の気持ちを選んでチェックしてください。
□ まったく良くならない。□ 少し良くなった。□ かなり良くなった。
☑ とても良くなった。

します。次に、想像上の会話を書き出し、人々があなたに投げかける最悪の言葉を考えます。彼ら全員がニヤニヤ笑い、指を差しながら、言葉のかぎりにあなたを辱めようとしているところを想像してください。彼らの侮辱にどう反論するかについても考えます。これは、こだわりの克服に役立つ楽しい技法です。

以下の対話は、最も侮辱的な批評家への反論を例示しています。あなたが若い女性にアプローチし、フラーティングを試みたものの、うまくいかなかった状況を想像してください。批評家はあなたを辱めようとしています。

批評家：すてきな女性にエレベーターの中でフラーティングしているところを見たよ。

あなた：そうですか。彼女をもっとよく知りたかったんですよ。彼女はとても魅力的でした。

批評家：君は完全な笑いものだったよ。あんなふうに見ず知らずの女性に声をかけて仲良くなろうなんて、よほどの間抜けじゃないとできないな。

あなた：どうして私が間抜けなんですか？

批評家：見ず知らずの女性にフラーティングするなんて、間抜けにしかできないからさ。おまけに君のやり方といったら、あまりにも不器用だ。あんなありきたりのセリフを使ってたんじゃ、ヒットを打って出塁はできないね。

あなた：じゃあ、ヒットを打てるような良いセリフを教えてください。どんなものでも歓迎しますよ。常に学んで吸収したいんです。

批評家：フラーティングの助言なんてまっぴらお断りだ。知っておいてもらいたいことはただひとつ。多くの人が君のことを本当に間抜けだと思ってるってことさ。みじめな気分になって当然だよ。皆が君を軽蔑し、せせら笑い、見下しているのだから。

あなた：そうですか。どうぞ好きなだけ笑ってください。でもなぜ私がそのことでみじめな気分にならなきゃいけないんですか？　私は本心から女性と知り合いになりたいんですよ。そのためには、この方法がいいと思ってる。親しげに応えてくれる人もいれば、そうでない人もいます。どうして私が見下されるのですか？　それは私がひとりぼっちだからですか、それともフラーティングが下手で自信がもてないから？

批評家：その年齢でまだひとり身だなんて、誰も相手にしないクズってことさ。いったいどこが悪いんだい？

あなた：最近はひとり者に年齢制限があるんですか？　ひとり身だからどこか悪いところがあると考えているんですか？　質問に答えて、説明してください。あなたの言いたいことがどうも私には理解できないんです。

以上の対話例から、フラーティングを行うと周囲から軽蔑されるのではないかと心配しすぎることが、いかに不必要なことであるかを理解できるのではないでしょうか。とても外向的な人なら、恥をかいたり、軽蔑されたりすることがときどきはあるでしょう。でも、それがどうしたというのでしょう。見ず知らずの魅力的な人物と知り合いになろうとするとき、ナーバスになり、あまりうまくいかずにばつの悪い思いをするのは自然なことです。しかし、そこで生じた感情が行動を妨げないようにすることが大切です。人生は一度きり。常に安全な道を選ぶことなく、恐れと対決することを心に決めれば、世の中には知り合いになれるすばらしい人がたくさんいるのです。

私が治療する男性患者さんの多くは、「フラーティングしている女性からヒジテツ喰らって、乱暴で冷笑的な言葉を返されたら、どうすればいいですか？」と尋ねます。忘れてはならないのは、意地悪な行動をする人の多くは不安を感じている、ということです。そうした人たちの無神経さは、あなたにではなく、彼ら自身に跳ね返ります。防衛的あるいは冷笑的にならず、賢く振る舞おうともせず、感情に左右されない態度をとることが通常はベストです。例えば、カフェテリアで、あるすてきな女性が友人と二人で列に並んでいるとしましょう。あなたは笑顔で彼女に挨拶しようと決心します。考えられる最悪の結末はどのようなものでしょうか。もし、彼女が優しい人ではなく、背を向けてあなたを無視し、友人に「ちょっとこの人、格好つけてるわよ」と言ったらどうしますか？

彼女を侮辱したり落ち込んだりせずに、近くにいる別の人と会話を始めればよいのです。周囲の人たちは、概してそんな彼女の冷酷さに気づくものです。そのため、あなたには支持的に接してくれるでしょう。それが彼女を嫉妬させると同時に、彼女のことなどあなたは気にしてないことを示すことにもなります。彼女は子どもっぽく振る舞い、あなたは冷静さを失いませんでした。恥をかかせようとした彼女の誘いに乗らなかったあなたの勝ちです。

私が自信のない若者だった頃、例外的に自信あり気に見えた年長の友人に、女性にひどい目に合わされたらどうしたらいいのかと尋ねたことがありました。彼は、「簡単さ。彼女に背を向けて反対の方向へ靴音高く歩き去るんだ。そのうち彼女が君を追いかけてくるよ」と答えました。必ずしもそうなるとはかぎりませんが、しばしば結果がこの通りになることにあなたは驚くかもしれません。少なくとも他人の不愉快さに自分が引きずられることは避けられます。

孤独感に悩む多くの人は、見ず知らずの魅力的な人にフラーティングをしたり、その人と親しくなろうとしたりすることをひどくいやがります。正直に言いましょう。デートには多くのストレスが伴うものであり、努力が必要です。拒絶される場合は特に、非常に不愉快な気分になることもあります。運命の人が現れるまで、空想に耽っていたり、夢を見ていたりするほうがずっと楽に思えるでしょう。しかし、かなり長い時間待つことになるかもしれません！

フラーティングの障害となるような態度として、「自発性への信念」があります。孤独感をもつ人の多くが、友情や恋愛関係は自発的に発展するものであり、それを育むために努力すべきではない、と思い込んでいます。なかには、意図的に親密な交際を求めるのは恥ずべきこと、見苦しいことと考える人もいます。また、積極的にパートナーを探す必要性は認めつつも、完全に正当な出会いの手段であるフラーティングや見知らぬ人への挨拶などを、自らをおとしめる安っぽいこと、あるいは「上品ではない」こととみなす人もいます。ローラ・プリマコフ博士は、就職、修学、新居の購入などは努力なしには成し遂げられないとほとんどの人が考える一方で、友情や恋愛関係は努力せずに育むことができると考えることの非論理性を指摘しました。おそらく拒絶への恐れが、この自虐的態度の原因となっているのでしょう。恋愛関係は自発的に生ずべきものと主張し続けているかぎり、自己主張する必要も、対人関係でリスクをとる必要もないからです。しかし、それでは他の人たちと親密になることもおそらくないでしょう！

自分をより外向的にするための、動機づけの一方法があります。まず、率先して人と知り合う機会をつくることのメリットとデメリットをリストアップします。次に、現状を維持し、すべてを運命に

表6-2　メリット・デメリット分析

オプションA：大勢の魅力的な女性にフラーティングする。

オプションAのメリット	オプションAのデメリット
1. 恐れとわだかまりを克服できるだろう。 2. 恋愛関係を始めるきっかけとなる出会いがあるだろう。 3. より自信がつくだろう。	1. たびたび振られるだろう。 2. 緊張してぎこちなく感じるだろう。 3. 決意、時間、努力が必要となるだろう。
⑳ の代わりに 70	30

オプションB：現状を維持。

オプションBのメリット	オプションBのデメリット
1. 不安を回避できるだろう。 2. 振られることはないだろう。 3. 人前で恥をかくことはないだろう。	1. 不幸せで、いらいらが続くだろう。 2. 決して何も変わらないだろう。 3. 本当に興味をひかれる人と出会う機会はあまりないだろう。
20	80

まかせることのメリットとデメリットをリストアップします。そして、それらふたつの選択肢のメリットとデメリットを互いに比較するのです。表6・2に示した建築家のメリット・デメリット分析では、数多くの魅力的な女性にフラーティングしデートすることのメリットが、70対30でデメリットを上回っています。一方現状を維持することのデメリットは、メリットを80対20で上回りました。このメリット・デメリット分析結果にしたがって、彼は率先して事を始める決心をし、その後の数週間に出会った数多くの興味深い女性たちとデートを始めました。

誰かにフラーティングを試し、言葉をかけて近づくとき、あなたが「乗って」いる場合にはうまくいくでしょうし、「乗って」いない場合にはうまくいかない、ということを理解しておくことが重要かもしれません。米国立精神衛生研究所のフレデリック・K・グッドウィン博士らによる最近の研究では、多くの人の気分、見た目、自信、活力レベルなどは、明らかな周期をもって揺れ動くことが示唆されています。こうした周期の出どころは、私たちの概日周期（二十四時間ごとの生活リズム）を司る脳内の視床下部という部位にあると考えられています。気分の変動におけるこの周期の重要性は、完全には明らかにされていませんが、自信の低下を感じる時期には我慢が必要です。なぜなら、あなたにとって、生産的になることも、自分がセクシーでポジティブであると感じることも困難な時期かもしれないからです。しばらくの間は、誰もがあなたをけなし、相手にしないように感じられるかもしれません。結果があまり良くなくとも、挑戦は続けてください。こうした経験から学ぶこともあるからです。そのうちに突然運命が変わり始め、好調な時期に入ったことがわかるかもしれません。そうなれば、自分により強く自信がもてるようになります。きっと他の人にも、あなたがよりセクシーで魅力的に映ることでしょう。

◆どこへ行けば人と出会えるか

どのようにして人と出会うかを考えるときは、まず自分が熱中できる活動を見つけるようにしましょう。興味ある分野を決めたら、同じ興味をもつ人々のグループに参加します。私がパロ・アルトに住んでいた頃、今はなき友人ロブは、ミド・ペニンシュラ自由大学と名づけた団体をつくりました。これは履修単位、学年、学費、学位などとは一切無関係の学校で、参加者は気分次第で生徒としても、あるいは教師としてもクラスに出ることができました。クラスは参加者の家を使って開かれ、科目にはヨガ、ハイキング、禅、政治的行動主義（ポリティカル・アクティビズム）、詩の朗読、サイコドラマ、エンカウンター・マラソン、週末ヌーディストなどがありました。あなたの地域でも、講演、セミナー、個人的成長体験などを提供するこの種の夜間学校や催しが利用可能かもしれません。歌うことが好きな人は、コーラスグループに入るとよいでしょう。あなたの地域で提供されている催しも調べてみましょう。空手道場からダンス教室、そして自然観察に至るまで、幅広く多様な活動が用意されているかもしれません。あなたの行く教会や寺院にも、おそらく数多くの社交プログラムがあるでしょう。劇団や政治団体への参加もよいかもしれません。人と出会う方法や場所がどれほどの数になるかは、あなたの創造力と粘り強さ次第です。

人々との出会いを容易にする「向社会的（プロソーシャル）」技術や興味を発展させることも役立ちます。緊張と競争を強いるナイトクラブやシングル・バーの状況は、強い不安をもたらしかねません。代わりに、自然で自発的に人々と肩が触れ合うような活動にかかわりましょう。例えば、ラケットボールのクラブに入会すれば、新たな技術を学ぶ機会とともに、リラックスした雰囲気で人々と出会う機会が得られます。もし興味をひく人に出会ったら、彼または彼女をデートに誘うのではなく、一緒にラケットボールをしましょうと誘ってはどうでしょう。そうすれば、あなたは死に物狂いで相手を探しているのではなく、提案や提供できる何かをもつ興味深い人という印象を相手に与えることができます。

出会いの方法を考えるときには想像力を働かせ、創意工夫を行いましょう。かつて、ひとりきりでさびしいときや退屈なとき、私は画材店へ行って画帳と木炭を買い、街をぶらつき絵を描いていました。そのとき意外に感じたのは、とても簡単に人との会話が始められることでした。それは、誰もが私が何を描いているのかを知りたがったからです。私の芸術的才能は十分なものではありませんでしたが、多くの人はそんなことに関心はないようでした。あるいは才能の有無がわからなかっただけかもしれません。知り合いになりたいと思う魅力的な女性を見つけると、私は、似顔絵を描かせてもらえないかと声をかけました。とぼしい芸術的技量を考えれば、これはかなり勇気のいることでした！しかし、ほとんどの人はその申し出を褒め言葉ととり、喜んで受け入れてくれたのです。多くの人は、注目の的となることを好みます。どうやら「芸術家」からモデルになってほしいと言われるのは、とてもロマンチックなことのようです。私は、キャンパス近くの喫茶店が、声をかけるにはもってこいの場所であることを発見しました。デート相手が欲しいときには、私はいつもそこへ画帳を携えていきました。そして、時を置かずに出会いが成立したものでした。

「互いを褒める会」

デート相手を探すときには、友人がとても大きな助けになってくれる場合があります。あなたと同じようにデート相手を募集中のひとり者の友人に声をかけ、「互いを褒める会」をつくりましょう。この会は、会員それぞれが毎月数名、興味をもたれそうな異性の候補者を他の会員のために確保することを目的とします。親友二人とこの会を活用した女性によれば、自分で自分を売り込むよりも、互いに褒め合うほうがずっと楽しくて簡単とのことでした。夜間講座や職場などで魅力的な男性と出会ったら、「あなたならきっと気に入ると思う親友がいるので、ぜひ会わせたい」と彼に言うのです。こうして男性に近づけば、自らの自我を危険にさらさず、拒絶される心配もないため、かなり自由な気分でいられます。彼女は友だちのために毎月数件のデートを簡単に仲介することができました。こうして互いにアレンジし合うので、同じ回数、デートの機会が自分にも回ってきます。彼女の「互いを褒める会」は、刺激的な男性を尽きることなく会員に供給することができました。

もちろん、そのためには同性の親しい友人をつくらなければなりません。また、パートナーを見つけることにこだわりがあったり、同性の友人への嫉妬や恨みを心配したりして、この技法には気乗りしないかもしれません。しかし、それは大きな間違いかもしれないのです。なぜなら、社会的支援のネットワークが得られ、疎外感をもたずにすむという点で、あなたにとって他の独身者たちは潜在的な資産となり得るからです。

「社交的貧乏から大金持ちへ」技法

これは、私が治療した三十二歳の女性患者さんの提案による、とても効果的な方法です。トリッシュという名の彼女は、離婚を経験し、大人になってからのほとんどの期間、孤独感と疎外感に悩まされてきました。二年間でわずかに一度デートを経験しただけという、男性との出会い方にまったく疎かった彼女は、ある日すばらしいアイデアを思いつきました。私は、このアイデアに懐疑的でした。そのため、果たしてそれを実行に移すことが賢明かどうか、同僚に意見を求めました。同僚の意見は、その方法で結婚相手にふさわしい男性と出会うことはおそらく可能だろう、というものでした。私は彼女に試すべき価値はあると勧めたのですが、彼女の社交生活に訪れることになる信じられないほどの変化を予測することはできませんでした。あなたもおそらく彼女の方法に大いに疑いを抱くでしょう。しかし、その疑いが非論理的仮定に基づいていたことを後で発見することになるかもしれません。

トリッシュの考えた方法は、フィラデルフィア・マガジンに個人広告を出すというものでした。かなりバカバカしい考えだと思いませんか？　やや保守的な文章で書かれた最初の広告には、実際に私書箱経由で彼女宛の返事が三十通届きました。受け取った手紙の約半数は、意外にもかなり興味深い内容だったので、彼女はこの十五名と電話連絡をとり、ファーストネームだけを名乗り、こちらの電話番号は知らせず、どんな感じかを調べました。その結果、ほとんど全員が候補者としてまずまず、と評価した彼女は、それぞれと昼食の約束を交わしました（これはほんの手始めで、その後もっと自由奔放になっていきます！）。直接会ってみると、ほとんどの男性は彼女の好みに合っていました。そして、彼らのほうから彼女をデートに誘ってきたのです。

十分に勢いづいた彼女は、より独創的な文面で二度目の広告を出しました。今回の反応は九十通を超えました（参考までに広告本文を章末に付録として載せました）。またも約半数の応募者が、探し求めるタイプの男性と思われました。やがて彼女は、週日の昼を新たな男性候補者との会食に、夜を以前の昼食で選考した候補者とのデートにあてるようにしました。つまり、毎週十〜十二回デートをすることになったのです。少しでもペースが落ちてくると、彼女は広告を掲載して新たな候補者集団を手に入れました。私は三度目の広告文作成を補助したのですが、それには三百通を超える反応がありました。さらに、これほど引く手あまたということが自信につながり、それが彼女の魅力を増して日々の生活で出会う男性をも惹きつけ、彼らからもデートに誘われるようになりました。もともと魅力的であったとはいえ、社交生活はゼロに等しかった孤独な女性にとって、こうした突然の変化は信じがたい驚きでした。

私は、男性との出会いがなく悩んでいた他の女性患者さんに、この技法が役に立つかどうか興味をもちました。その後十二人を超す患者さんがこの技法を試し、ほとんどが満足のいく結果を得ることができました。この技法のすばらしい点は、相手の年齢、知性、外見など、希望するタイプを詳細に指定でき、しかも望むものがなんでも手に入ることにありました！　ヨットを所有するボーイフレンドとのつきあいが夢だったある女性は、広告に「必ずヨット所有のこと」と指定しました。すると、二十五人ものヨット所有者が交際を希望してきました（信じがたいことですが、本当です）。そのうちの八人と、彼女は月夜のヨットクルーズを楽しみました。しかもそのうちの一人は、運転手つきのロールスロイスに乗って迎えにきたのです！　これらヨットマンの三人から彼女はプロポーズされました。そのいずれとも彼女は結婚しませんでしたが、一連のデートがとても楽しかったので、すぐに二度目の広告を出しました。

フィラデルフィア・マガジンのような出版物に広告を出す場合、言葉遣いでいくつかの原則を守ることが重要と私は考えます。それは、軽快で温かみがあり、ほんの少し官能的な広告文のほうが、過度にまじめな文面よりも効果的、ということです。その一方で、度を越してあからさまに性的なものは、あなた自身も望まないでしょう。実にそれはバランスの問題です。自分について、想像力を刺激する言葉遣いでポジティブに、そして好奇心をそそるように書き、快活で楽しいことが好きな人物という印象をつくりだしましょう。マディソン・アベニューの広告ふうに、巧みで自信に満ちたスタイルの、物怖じしない文体にしましょう。なぜなら、あまりに自己防衛的で自信なさげな印象を与える広告文よりも、そのほうがあなたの求める誠実な男性からの返信は多くなる可能性が高いからです。「変人お断り」あるいは「既婚者不可」などのネガティブな言葉遣いは読者からの反感を買い、多くの変人や既婚者の反応を招く可能性があるので控えましょう。

最近フィラデルフィア・マガジンに掲載された、訴求力のある個人公告を以下に二例挙げます。

この地域にはやや不慣れで、個人広告初体験のやや不安な三十六歳白人未婚女性。成功した専門職。魅力的で誠実、ロマンチックでウィットを好み、外出好き。ザ・リッツ（リッツ・ホテルの求人広告のもじり）は、人格高潔な魅力ある紳士を交際相手に求む。私書箱ＸＸ号、フィラデルフィア・マガジン、ウォルナット一五〇〇、フィラデルフィア一九一〇二

一風変わった知的女性を求む。当方市中心部に住む三十一歳の独身ユダヤ系男性。楽しい映画、大胆な音楽、美術、現代舞踊、ラケットボール、民族料理、76ers（フィラデルフィアのプロ・バスケットボール・チーム）、愛猫二匹と暖炉にあたることなどを好む。私書箱ＸＸ号、フィラデルフィア・マガジン、ウォルナット一五〇〇、フィラデルフィア一九一〇二

広告を出すのであれば、媒体の選択は慎重に行ってください。例えば、アングラ新聞の広告掲載は、より評価の高い出版物に掲載した場合と同種の反応は得られない可能性があります。また、あなたの安全を確保するため、常識を働かせましょう。実名、住所、電話番号などの公表は賢明とは言えません。掲載した雑誌気付での返事募集で、匿名性は守られます。返事の手紙や電話の応答から興味をひ

かれた候補者と会うときには、公共の安全な場所での昼食をアレンジしましょう。デートの約束をする前に、相手の性格を知り、どんな人間か見極めることができます。

どのような候補者が応募してくるかは広告の内容次第ということも肝に銘じておいてください。これはあなたにとって楽しい結果とはならないかもしれません。ある社交不安に悩む、極端にシャイな女性が、非常に保守的な広告を出したいと主張したことがありました。彼女が想定した候補者は、とても保守的で勤勉かつ「正直で誠実で献身的」な男性でした。彼女は、実際に「正直で誠実で献身的」な二十八人の男性から返事の手紙をもらいました。問題は、ぞっとするほど退屈で融通のきかない仕事人間の傾向が彼らにあったことでした。そのためデートは彼女の興味をそそりもしなければ興奮させることもない、葬式のような雰囲気になりました。陽気で親しみやすい広告は、より興味深い求愛者の集団をもたらす可能性が高いのです。

付録
トリッシュの広告*

最初の広告：伴侶または友人（非同性愛者）を求めています。乗馬、自転車、ジャズとクラシック音楽、観劇、美術館めぐり、民族料理、映画鑑賞、シャム猫品評会、気楽な生き方などが好きな三十〜四十歳の男性または女性の方、健全な余暇を堅実で感性豊かな三十五歳女性と割り勘で

楽しみませんか？　返事は私書箱一〇〇　気付T・W宛　フィラデルフィアPA一九一〇〇まで

――ジゴロお断り！

二度目の広告：あなたは身長一七五センチ以上で年齢三十五歳以上の知的なユダヤ系紳士？もしそうなら、細身でブロンド、緑色の眼をしたユダヤ系淑女があなたとの暖かな夜を求めています。返事は私書箱一〇〇　フィラデルフィアPA一九一〇〇まで。

代表的返信例

親愛なる「私書箱一〇〇」様、

フィラデルフィア・マガジン掲載の貴広告を読み返信します。私は四十歳になる「弁護士／エンジニア／大学教授／博士」で、身長は一七八センチ、体重は八十キロあります。最近離婚を経験しました。友人からは魅力ある体つきと言われています。興味や趣味で気が合い、お互いへの

＊これはトリッシュがフィラデルフィア・マガジンに投稿した最初の二件の個人広告です。ご覧のように最初の広告ではやや防衛的な文章で、おそらく長すぎた嫌いがあります。最初の広告への反応は五十通程度でした。より温かみのある軽快な内容の二度目の広告には、九十通を超える反応がありました。いずれの広告掲載でも、反応者の約半数は適格で、魅力的な候補者でした。

尊敬をベースに有意義な関係を築くことのできる特別な相手を求めています。バーでのつきあいにはもう飽き飽きしています。趣味や興味の対象は多様で数多くあります［詳述］。専門職としての活動は忙しく、出張も数多くこなしています。連絡は下記［電話番号］にお願いします。私たちの関心が一致するかどうかを知りたく、ぜひ［夕食／飲み会／お茶］の機会をもちたく思います。連絡をお待ちしています。

敬具

トリッシュのコメント

もし一年前に誰かから、フィラデルフィア・マガジンの個人広告欄は、結婚相手に適したひとり者を探すのに効果的、と言われたとしたら、私は心から笑い、「静かに絶望した、憂うつでさびしい人にとって、それは最後の手段ね」と言ったことでしょう。しかし、前述のふたつの広告は私のものです。それに続いて示した返信例は、広告に応募してくれた一二〇の手紙からの一般的な例として合成したものです。言うまでもなく、同誌に載った数多くの男性の個人広告への私の返信にも、ほとんどすぐに熱心な反応が得られました。結局のところ、世の中には私以外にも孤独に悩み、意気消沈した人がいるということなのです。こんな感情を抱いているのは私だけではないことを知り、勇気づけられました。

離婚を二度経験し、いろいろな種類の抑うつを多数経験し、三十五歳で恋人もなく社交的に錆びつき、さびしく落ち込んだ不器用な私は、気の合う人と出会ってデートする方法を探していました。シングル・バーのような場所は、自分をおとしめるように思えて決して好きにはなれませんでした。本当に気の合う人と出会うには、どれだけの広大な範囲を探さねばならないのでしょうか！　しかし、個人広告への返事や、他の人の広告への私の返事に反応が得られると、この方法が将来のデート相手の趣味、外見、性格、宗教的傾向、社会的背景などを推測できる、非常に安全で効果的な方法であることを知りました。しかもほとんどの場合、本人に会わずにそれが可能なのです。それまでに私が慣れ親しんでいた平均的な「ブラインド・デート」や、くだけた雰囲気の「お見合い」よりも、これはずっと好ましいものでした。

返事は、借りていた私書箱に届きました。これはと思った候補者には、こちらのフルネームや電話番号を知らせずに電話や手紙でその人のことをさらに調べ、選考してから「最初の出会い」を準備しました。たいてい待ち合わせは、飲食が可能な一般のレストランやホテルのロビーなどの安全な場所を指定しました。ほとんどの候補者は質が高く、そのことに私は驚きました。（ほんのわずかな、遊び相手を求める既婚者や怪しい返事などは除きます！）

こうして広告を掲載し始めてから、実に興味深い人たちとの楽しい夕食や会話を数多く楽しんできました。その中には、二度と会うことがなかった人もいれば、いまだにデートを続けている人もいます。今までに、これはと思う相手にはめぐり合っていませんが、デートや手紙の返事に忙しく、おそらく誰にとっても完全に気の合う人との出会いは難しいという事実を嘆く時間もないのです。将来、いずれかの時点で妥協するかもしれません。[*] いずれにしても、私の孤独感と疎外感はかなり和らぎました。そして、私をひどく悩ませていた状況に対して、本当に建設的な対策を立てられたと感じています。

ですから、離婚や死別を経験したからといって、または単に独身で結婚相手やデート相手がいないからといって、落ち込まないでください。あなたが選んだ雑誌に個人広告を掲載し、返事が来るのをゆっくりと待ち、気が合いそうな候補者を選びましょう。あなたが探していた特別な人が見つかるかもしれません。確かなのは、孤独感や憂うつに悩むことはなくなるということです。そんな余裕がないほど忙しくなりますからね！

＊著者からひとこと：積極的にデートを重ねたあと、トリッシュは恋に落ち、結婚しました。彼女の結婚生活は数年後の現在も続いています。

第7章 内気さと社交不安の克服

微笑んだりフラーティングしたりするとき、それを大いに妨げかねない問題のひとつが、内気さです。心惹かれる人に話しかけるとき、あなたはいつも緊張し、自分にこう言い聞かせます。

彼女（または彼）に話しかけようとすると、私は大恥をかいてしまう。緊張しすぎて、何を話せばいいのかわからなくなる。顔は赤くなるだろうし、ぎこちなさや決まり悪さを感じていることを彼女（または彼）に気づかれるだろう。私は本物の間抜けと思われてしまう。

コーネル大学に通う二十二歳のロッドは、ハンサムですが非常に内気な学生でした。彼は、自分にかなり気のありそうな若い女性と昼食をとっているときに、とても緊張した経験について私に語りました。夏休みの話を彼女が活発に続けているあいだ、ロッドはとても張り詰めた状態で座っていることに不安を感じていました。彼は自分にこう言い聞かせました。「これは大変なことになった。この感情を抑えなければならない。こんなふうに感じていてはだめだ!」。彼は、飲んでいた紅茶を狂ったようにかき回し、それがカップの中で渦をまく様子に集中しました。そうすることで緊張をまぎらわそうと考えたのです。しかし、感情を抑えようとすればするほど、事態は悪化していきました。ロッドは、顔がひきつりだすのではないかと恐れ始めました。それまで顔面がひきつった経験のなかった彼は、眼の周囲、額、口などの筋肉が硬直してくるのを感じました。筋肉が、まるで制御不能に陥る寸前のように感じられたのです。強い意志の力をもってこの感情を隠し通せば大丈夫、と彼は自分に言い聞かせましたが、もし顔面がけいれんし始めたら、彼女はそれを見て「変な人。私を誘惑しようとしている」と思うに違いない、そして胸が悪くなるほど気分を害するに違いないと考えました。

顔のけいれんを防ぐため、ロッドは木でできた紅茶のマドラーを口にくわえ、楊枝を使うようにくるくるとまわし、唇の端へそれを押しあてました。顔がけいれんしても、原因はマドラーにあるようなふりをすることができると考えたのです。そこへウェイターがやってきて、空いたティーカップを下げ始めました。あわてたロッドが、「まだ飲みかけなんだけど」と思わず言ったため、ウェイターは戸惑った表情を浮かべながら立ち去りました。ロッドは、「とんでもない恥をかいてしまった。レストラン中の客が僕を見つめている」と感じました。一緒にいた女性は、それから四十分間しゃべり続け、彼はその間ずっと静かに座ったまま、死に物狂いで緊張を制御し続けたのです。結局、彼女は授業があるからと席を離れ、彼は屈辱感とともに寮に帰りました。

ロッドの反応を、あなたは極端と思うかもしれません。しかし、社交的な状況における内気さや自信のなさに悩む人は驚くほど多いのです。ほとんど誰もが、一時的には自意識過剰となります。この上なく自信ありげに見える人でさえ、頻繁に緊張したり、不安になったりしたことがあるのを認めるでしょう。優美さと自制心の大家のように見えるジョニー・カースン（有名なテレビ司会者）などのよく知られた芸能人の多くも、内気さに悩まされた経験をもっています。

どのような状況においても落ち着いて見える人の振る舞いに、あなたは今まで注目したことがあるでしょうか。そうした人は、人間に興味をもち、話し相手をくつろいだ気分にさせているように見えます。相手が誰であろうと、その場を活気づける会話を即座に始めることができます。そして、まるで古くからの友人に話しかけるように見知らぬ人と接することができるのです。

そうした人たちをうらやましく思い、どうすれば同じようにできるだろう、とあなたも考えたことがあるのではないでしょうか。あるいは、自分にはとても真似できないと思い込んでいるかもしれません。ぎこちなさを感じ、内気になるのは自分にとっての宿命と考えてはいませんか？　でも、そんなことはありません。この問題は、やる気次第で克服できます。あなたの基本的な態度のいくつかは、驚くほど簡単なコミュニケーション技法を用いて変えることができるのです。決意を固くもち、ほんのわずかな労力も惜しまないという意思さえあれば、この技法の習得は実質的に誰にでもできます。

緊張するのは、人に囲まれているから、とあなたは考えるかもしれません。しかし、本当の原因はそこにはありません。自信がもてない、外向的ではないなどの「性格」に原因があると考えているかもしれませんが、これも問題の本質ではありません。真犯人は、内気になり自信のなさを感じたときにあなたがもつ、ネガティブ思考なのです。以下に挙げる自虐的思考パターンのいずれかに、あなたもなじみがあるでしょうか。

先読みの誤り：あなたは人から嫌われている、または落ち着いて人に話しかけることができないと思い込んでいます。魅力的な女性（または男性）に会っても、「彼女が自分みたいな人間に興味をもつはずがない」と自分に言い聞かせている可能性があります。あなたの心の眼は、人々から注目され冷笑されているなかで激しく汗をかき、わけのわからないことを言う自分の姿を見ているのかもしれません。こうした思考は、自己達成的な予言となって機能します。なぜなら、その思考があなたから落ち着きを奪ってしまうからです。結果として、あなたはその人のことを諦め、話しかける努力を完全に放棄してしまうでしょう。

「すべき」思考：緊張し始めると、「こんなに内気な自分ではいけない。もっとリラックスしなければ」とあなたは自分に言い聞かせます。感情を制御しようと努力すればするほど、制御がさらに難しくなるように思えてきます。そうなると、無力感や恥ずかしさに襲われ、自分が尊敬されたり、愛されたりするわけがないと考えてしまいます。

一般化のしすぎ：いかなる拒絶や社交的弱点も、あなたには終わりなき敗北のパターンと映ります。カクテルパーティで相手の名前を忘れたり、つまらないことを口走ってしまったりしたとき、「なぜ自分はいつもこんなバカなことを言うのだろう。どうしようもない間抜けだ！」と自分に言い聞かせます。

心の読みすぎ：あなたは証拠もなしに他人から嫌われていると思い込んでいます。恋人に電話をかけた女性は、「彼は今昼食で席をはずしている」と言われ、とても落ち込みました。なぜなら「彼は私を避けている。私には男をつかまえることが決してできない」と自分に言い聞かせたからです。また、あなたは夕食会やパーティでは自意識過剰になり、自分は場違いだ、などと感じてしまいます。なぜなら、「おそらくここにいる人たちは、私のことを本当に退屈な人間だと思っている」と考えているからです。

社交的状況を、よりポジティブに、現実に合わせて考える方法を学習することが大切です。あなたの自信が強化されてくれれば、周囲の人々もあなたに良い感情を抱くようになるでしょう。高められた自尊心がより大きな社交的成功につながり、それがさらに大きな自信をもたらし、ポジティブな気分の循環がもたらされるでしょう。

これを可能にするためには、あなたの考え方、そして他人とのコミュニケーション方法を変える必要があるかもしれません。表7-1に示したように、用紙を三つの欄に分けてください。左側の欄に、あなたを内気にさせ、自信を喪失させるネガティブな思考を書き入れます。緊張すると、決まって心に自動的に浮かんでくる思考であることから、これは「自動思考」と呼ばれます。こうしたネガティブ思考に潜むある種の歪みを特定したら、それを真ん中の欄に書き入れます。次いで右側の欄に、より現実に合った、自己を支持する思考を書き入れます。

表7-1に示す思考の持ち主であるテッドは、二十三歳の警官です。テッドは十代の頃から、若い女性の前では内気でした。問題の一部は、彼がとてつもなくハンサムなせいで、「この子は最高の美女たちとたくさんデートをして、彼女たちを一目惚れさせるに違いない」と母から言われて育ったことにありました。両親の意図は、おそらく彼に自信をもたせることにあったのでしょう。しかしその

表7-1　内気さを「トリプルコラム」技法で克服する

自動思考	歪み	現実的反応
1. バカバカしいことに、私は緊張している。	1.「すべき」思考	1. 緊張することはバカバカしいことではない。自然なことだ。
2. こんなに内気ではいけない。私は社会的基準に照らしても魅力的だからだ。	2.「すべき」思考	2. 美男美女でさえ、ときには緊張し自信をなくす。
3. 多くの人が、私は緊張するべきではないと考えている。	3. 心の読みすぎ、「すべき」思考	3. 緊張してはいけないと言っているのは他ならぬ自分自身だ。私がそこまで他人から期待されているという証拠はない。
4. 神経質になった私は間抜けに見える。周囲の人をしらけさせる。	4. 心の読みすぎ、先読みの誤り、レッテル貼り	4. 神経質になるのは私が人間だからであって、「間抜け」だからではない。私に心から興味をもつ人は、そもそも私が緊張しただけでしらけるということはないだろう。
5. でも、私が誰かをしらけさせたのであれば、それは私がひどく社交的技量のない敗者であることを示している。	5. 一般化のしすぎ、レッテル貼り	5. 内気になったり緊張したりすることが、すなわち「社交的技量のない敗者」ではない。私を好きになる人もいるし、好きにならない人もいる。緊張しただけで私のことを低く評価する人がいたら、それはその人の問題であって、私の問題ではない。

言葉は逆の効果をもたらし、プレッシャーとなって彼を不安にさせていたのです。心に抱えた無力感と、彼の考える周囲からの期待とのあいだのギャップがあまりにも大きいため、彼は恥ずかしさとともに、自分にはひどい欠点がある、と考え始めました。決まりの悪さや内気さは男らしくないと思い込み、人から気づかれないように隠す必要があると考えていました。魅力的な女性といるとき、彼は決まっていつも無口で自己批判的になり、こんなふうに反応してはいけない、と自分に言い聞かせました。もちろんそれは事態を悪くするばかりでした。

表7‐1に示したテッドの「自動思考」への反論を詳しく調べると、自己受容というテーマを見ることができます。彼は、自意識過剰や内気な自分をとがめる代わりに、こうした感情を恥ずかしいと思わずに受容する方法を習得したのです。彼は、そうした感情が異常なこと、恥ずかしいことではなく、自然なことと考え始めました。自分を「男らしくない」とは考えず、「人間的で傷つきやすいのだ」と言い聞かせることにしたのです。

内気さや緊張を感じるのを受け入れたとたん、意外なことに彼は以前よりリラックスでき、気持ちを制御できるようになりました。問題に抵抗するのではなく、降伏することで問題を克服することから、これは「逆説的技法」と呼ばれます。限界を受け入れることは、一般に成長への道に通じます。一方、自分をけなし、今の自分のあり方を変えなければならないと考え続けることは、無力感をもたらしたり、問題を悪化させたりします。内気さは、感情的な完璧主義の一形態にすぎません。なぜなら、自分がこうあるべきと考える想像上の目標に近づくために努力し、自分の本当の姿を受け入れようとはしないからです。

テッドはまた、新たに身についた態度が彼のセックス・アピールを強化したらしいことに二重の驚きを感じました。「ときどき僕は、内気で緊張しすぎるところがある」とある女性に告白したところ、彼女は、「もともと強く惹かれていたけれど、その率直さがさらにあなたを魅力的にさせるわ」と言ったのです！　彼女は、「マッチョ指向の鈍感な男には飽き飽き。ほとんどの女性はあなたの整った容姿に気おくれするだろうから、その繊細さは大きな財産のひとつになるわ」と言ったのです。

「でも、違う反応をされたらどうする？　緊張しやすいなんて告白すると、実際には周囲から弱虫か変人と思われてしまう。社会では、落ち着きと自信のあることが尊重される。女性は勝者に惹かれるものだ。現実をしっかり見なきゃ！」と考える読者もいるかもしれません。確かにその意見にはなにがしかの真実があります。内気なあなたを拒絶する人も、なかにはいるでしょう。しかし忘れてはならないのは、あなたが裕福であろうと貧しかろうと、臆病であろうと外向的であろうと、才能があろうとなかろうと、魅力的であろうと月並であろうと、つまりあなたがどんな人間であれ、あなたを好きになる人もいれば、まったく無関心な人もいるということです。すべての人に受け入れられるような人間はい、ま、せ、ん。しかし、自尊心をもち自分を受容していれば、多くの人があなたに魅力を感じることでしょう。緊張する自分をけなし、常に自己非難を続けていれば、周囲の人は興ざめしてしまうでしょう。しかし、人々を遠ざけている原因は、内気さではありません。原因は、あなたの自己嫌悪にあります。その証拠に、内気さが自分の魅力や好ましさをこれっぽっちも損ねていないと決めた瞬間、他の多くの人たちもそんなことは気にしていないことにあなたは気づくでしょう。

では、恥ずかしさや劣等感をもたずに内気さを受け入れるにはどうすればよいのでしょうか。役に立つ技法のひとつは、内気さが自らの価値を下げると自分に言い聞かせることのメリットとデメリットをリストに書き出すことです。その後、表7‐2に例示するように、内気さがあなたをより人間的にすると自分に言い聞かせることのメリットとデメリットを書き、ふたつ目のリストを作ります。この技法は、あなたの自己受容をより容易にするでしょう。

内気さへの恐れを克服するもうひとつの方法に、「調査技法」があります。シャイな人のほとんどは、緊張することをとても異常なことととらえ、他の人たちを実際よりもずっと自信があると思い込んでいます。それがはたして本当かどうか、なぜ調査しないのでしょうか。数名の友人に以下の設問でアンケートを行いましょう。⑴デートを申し込むとき、気後れしたり緊張したりしますか？ ⑵異性と会話していて、今までに居心地の悪さを感じたことはありますか？ ⑶集団の中で、あるいは社交的状況で緊張した経験がありますか？ ⑷集団を前にしてスピーチをしなければならないとき、緊張した経験がありますか？ ⑸内気な人または緊張しやすい人を異常または他より劣ると考えますか？

私の推測では、「予想していたよりもずっと多くの人が、ときには緊張し内気になる。また、そう

表7-2 メリット・デメリット分析

あなたの信念： 内気さや緊張が私の価値を下げる。

これを信じることのメリット	これを信じることのデメリット
1. 自分の感情を一生懸命コントロールするだろう。	1. 普通は、こうした感情をコントロールしようとする努力がさらにその感情の悪化をもたらす。
2. 自分にどれほど自信がないかを他人に悟られないようにすれば、他人から拒絶されることはなくなるだろう。	2. 内気になると自己批判的になる。それが火に油を注ぐように事態を悪くする。
	3. 必ずしもコントロールできるわけではない感情に私の自尊心が依存することになる。
	4. 本当の感情を他人と共有することが難しくなるので、私は孤独感に悩まされるだろう。
(25)	(75)

修正後の信念： 内気さと緊張は、むしろ私をより人間的にする。

これを信じることのメリット	これを信じることのデメリット
1. 緊張する自分に嫌悪感をもつことはなくなるだろう。	1. 危険を冒すことで、より頻繁に拒絶されるかもしれない。(しかしより多くの人と知り合う機会がもてるだろう！)
2. 私は自分を受け入れるようになるだろう。	
3. あえて人に話しかけたり、心を開いたりすることがより容易になるだろう。	
(60)	(40)

した感情を、恥ずべきこと、または異常なこととは思っていない」といった調査結果になったのではないでしょうか。

決まりの悪さを感じることへのもうひとつの対抗策に、第4章で述べた、「恐れている幻想の技法」があります。想像上の敵対的第三者との対話を書き出すこの技法では、内気さを理由にあなたを拒絶するこの第三者に、実際には決して言われないような悪意に満ちた屈辱的なことを言わせます。対話は以下の例のように展開します。

第三者：君、緊張してるんじゃないか？　顔が真っ赤だよ。
あなた：実はそうなんです。緊張しています。初対面の人には、いつも人見知りするんです。
第三者：バカバカしい。いったいどうしたんだい？　頭がおかしいんじゃないの？
あなた：人見知りだから私の頭がおかしい、という考えは興味深いですね。どのようにしてその結論に至ったのでしょうか。
第三者：まず、とても異常に見えるからさ。私だったらそんなこと誰にも告白しないね。
あなた：どうしてですか？　私は自分の感情を恥ずかしいとは思いませんよ。ときに緊張するのはとても自然なことだと思います。今までに緊張したことはないんですか？
第三者：一度だってないね！　私は正常なんだ！　自分をコントロールできるのさ！

あなた：私より自制心が強いんですね。私が緊張するのが、あなたには迷惑ですか？
第三者：もちろんだ。君とは一切かかわりたくない。一緒にいるところを見られるのさえいやだね。君は病気だよ！
あなた：なぜ私と一緒にいるところを見られたくないんでしょう。自分も緊張するかもしれない、人見知りが移るかもしれないと恐れているんですか？　私たちが一緒にいるところを見た人から軽蔑されるかもしれないと心配しているんですか？
第三者：その通りだ！　私は十分自信のある、落ち着いた人たちとしかつきあわないんだ。
あなた：あなたは周囲の人からどう思われているのかをとても気にしているんですね。いつも警戒していなければならないなんて、落ち着かないでしょうね。

実際には、第三者がこのような発言をすることはまずありません。こうした非難の言葉は、自分の心に潜む恐れの投影にすぎません。この種の技法の目的は、そのような恐れの実態を調べ、それがいかに非論理的で不要なものかを理解するための機会を提供することにあります。対決する第三者は他ならぬあなた自身であり、その第三者の非難に反論する方法を学ぶことが、欠点を受け入れ自分を愛する方法を見つけることを容易にします。完全な自己コントロールが目的ではありません。最終的な勝利は、自己受容にあるのです。

基本的な態度と思考パターンを変えることに加えて、空想や夢想の修正が自信の強化につながります。おそらくあなたは、デートやパーティへ行くにあたって、ぎこちなさを感じたり、当惑したり、舌がもつれてしまったりする自分の姿を想像するのではないでしょうか。そんな苦痛やぎこちなさを伴う情景を何度も心に思い描くことには、自己批判そしてネガティブな思考と同様、あなたを動揺させる力があります。私の意見が信用できないのであれば、今すぐ簡単な実験を行ってください。あなたのことをクスクスと声をひそめて笑っている集団の前で、誰かがあなたの考えを批判している情景を想像します。あるいは、デートの最中に話題が尽き、何を話してよいかまったく考えられなくなった状況でも結構です。長く、ぎこちない静寂が続きます。居心地の悪さを感じているあなたの顔は、次第に赤くなっていきます。想像できますか？　可能なかぎり視覚的に、できるだけ現実に近い、恐ろしい情景を想像してください。

　さて、今どのような気分でしょう？　神経が少し張りつめ、ぎこちなさを感じるでしょうか。それがまさに内気で緊張した状態です。重要なのは、そうした不快な感情を生む原因が、上記のような想像にあるのを理解することです。それがあなた自身のつくりだしたものである以上、それを消し去ることもあなたには可能なのです！

　代わりに、陽気で明るい社交的な出会いを想像してみましょう。パーティへ出かける前に、温かく活気に満ちた仕草で話しているあなたが、周囲から好ましい反応を得ている情景を想像します。自分にポジティブな感情をもち、出会う人ごとに興味を示すあなたを想像してください。リラックスするためには、ときにはユーモアあふれるセクシーな想像も役立つことがあります。女性に話しかけていて、重苦しさや神経が張り詰めるのを感じるようなとき、憧れの眼差しで彼女の目をじっと見つめ、この人がストリップショーのダンサーだったら、そしてセクシーな下着をつけていたとしたらどんなだろう、と想像してみてはどうでしょうか？　それがあなたの気持ちを高揚させ、彼女の気分も良くなるのなら、緊張への対策ともなるでしょう。こうしたポジティブな、あるいはユーモラスな想像の練習を、毎晩寝る前に五分程度行ってください。身の引き締まるような冬の日、お気に入りのスキー場でスキーを楽しんだ記憶のような、強烈で楽しい場面を思い浮かべるとよいでしょう。次に、あなたが出会ったばかりの気になる人と一緒に、スキーを楽しむところを想像します。こうした想像には、自信を強化する力があるのです！

わだかまりや居心地の悪さにとらわれることなくつきあいの流れに乗るためには、想像と思考のパターンを変えることに加えて、他人とのコミュニケーション方法を学ぶことも重要です。以下に述べる三つの技法は、特に根気強く練習すれば、とても有用です。当初は居心地の悪さを感じるかもしれませんが、最終的に不快感は消失し、他人とのつきあいはずっと楽になるでしょう。

1. 世間話

内気な人の多くは、「興味深く面白い話題を考えることなんてできません」と言います。話題となっている出来事をいくつか記憶しておくには、新聞や最近の雑誌類にざっと目を通すだけですみます。最新のスポーツニュースにはどんな話題があるでしょうか？ ダウ平均株価は？ そして海外の出来事は？ 最近話題の本や映画にはどのようなものがあるでしょう。例えば、「フィリーズ（フィラデルフィアの野球チーム）はスランプを抜け出せると思う？」などの簡単なコメントで、通常の会話を始めるには十分なのです。ハガキ程度の大きさのカードにいくつか話題を書き留め、ポケットにしのばせておきましょう。おそらく実際にそれを見る必要はないでしょう。しかし、それをもっていることが会話の話題に困らないという安心感につながることもあります。

世界の出来事もさることながら、人々は「あなた」についても知りたがっていることを忘れないでください。あなたはどのような目標をもっていますか？ どんなことをして楽しみますか？ 何に興味をそそられ、どんなことに興ざめするでしょうか？ 「私は普通のタクシー運転手。私の人生はそれほど特別でもないし、華やかでもない」などと言い、こうしたことには控え目で、積極的ではない人がいます。自分の仕事や性格がありきたりで、誰の興味もひかないと考えているからです。そのような考えは、自己達成的な予言となって作用します。なぜなら、あなたが自分に良い感情をもてなければ、他人もあなたには興味を示さないかもしれないからです。職業が何であれ、どんな人の人生も等しく興味深いものです。あなた個人の経験は、ひとつしかない固有なものであることに眼を向けるだけでよいのです。これまでの人生があなたとまったく同じである他人の存在など考えられますか？ もしあなたがタクシーの運転手なら、先日客として乗せた風変わりな教授、有名人、街娼などを話題にすることができます。ときには、人々はあなたが今どんな状態にあるかよりも、これからどうなるかに興味をもちます。あなたの今後の計画は？ あなたはどんな夢や目標をもっていますか？ 家を建てる、あるいは学位や資格を取得するなどの希望をもっていませんか？ ある日私が利用したタクシーの運転手は、六カ月間働いてお金を貯め、残りの六カ月でヨーロッパ中をハイキングする計画について話してくれました。私は彼の生き方に驚かされました。彼は私よりもずっと貧しいかもしれません。しかし多くの点で、私よりもはるかに豊かで自由ではありませんか！ また別のタクシー運転手は、家族とともに貧困を逃れ故郷ジャマイカをあとにしたものの、アメリカではもっと貧しい状況が待っていた、と話しました。幻滅し、孤独感に悩まされ、故郷へ帰りたいと訴える彼のジャマイカ描写はとても鮮やかで、あたかも私は現地にいるかのように感じました。

あるいは、あなたの夢のような空想を、他の人々と共有することもできます。カリブ海でのスキューバ・ダイビング、カリフォルニアでのサーフィン、スイスでのスキーなどを夢見ることに資金は要りません。そうした夢を他の人々に話し共有することで、彼らを興奮させることができるでしょう。もしかすると、それを聞いた人も自分の夢をあなたと共有しようと考えるかもしれません。

2. ジョニー・カーソン技法*

内気な人の多くは、他人から好かれるためには冷静さ、外見、魅力、知性などで自分を印象づけなければならないとの誤った考えをもっています。あなたにも、気のきいた言葉を何か考えなければいけない、との思い込みがあるかもしれませんが、これはとても大きな間違いです。押しの強さは、往々にして座をしらけさせるだけです。人々を印象づけようとする努力は、あたかも自分にスポットライトが当たっているかのごとくあなたに感じさせ、演技しなければならないと思い込ませます。結果として不安がもたらされるのです。これは「傍観者の態度（スペクテイタリング）」と呼ばれます。傍観者のように常に自分の行動を評価し、それが十分かどうかを心配するからです。

ジョニー・カーソン技法は、この罠から抜け出すのに役立ちます。この技法の要点は、自分が他人からどれだけ好かれ、あるいは嫌われているかにとらわれて自己中心的になる代わりに、他者中心的になることにあります。他人についてできるだけ多く知るよう努力するのです。その人のどこの部分が特別で固有なのかを見つけましょう。あなたが示す興味は相手に高く評価され、好意をもたれるでしょう。セックス・アピールの秘訣は、相手をあなたに夢中にさせるのではなく、あなたを相手に夢中にさせることにあります。誰もが、愛されたい、好意をもたれたい、と強く望んでいます。あなたが、「この人には好意をもたれている。高く評価されている」と相手に感じさせることができれば、その人にとってあなたが抵抗しがたいほどの所有欲をかきたてる存在になるでしょう。

そのための最も簡単な方法は、相手への質問です。自分がトークショーの司会者になったつもりで、その人に興味の対象について話してもらうのです。ジョニー・カーソンは、「もう少しその点について教えてください」、あるいは「なぜそれに興味をもつようになったのですか?」などの質問で、この技法を最大限に活用しています。彼はとてもリラックスしていて、知的で冷静に見えます。その理由は、ゲストにとって重要なことを、そのゲストに話してもらっているからです。

内気な人の多くは、他人の興味をひきそうな、刺激的な話題を探そうと努力していますが、その必要はありません。というのも、ほとんどの人は自分に注目してほしいと思っているからです。過去五十年間、精神科医と心理士は心得顔でうなずき、いくつか質問することで裕福な暮らしを送ってきました。彼らにそれができるのであれば、あなたにもできないわけはありません! もちろん、相手のことをよく知るようになった段階で、あなたもよりリラックスして、自分が興味をもつ話題について自然に語ることができるようになるでしょう。しかし、内気な自分を意識しながら相手のことを知ろうとしているときには、単に質問を発し、わずかでも相手への興味を示すだけで、通常はこと足りるのを覚えておいてください。

ジョニー・カーソン技法には、次の三つの簡単な方法が含まれます。

＊この技法の名づけ親は、ペンシルベニア大学医学部精神臨床科のジェフリー・E・ヤング博士です。

- **言い換え：**相手の言ったことを繰り返します。相手の言ったことを自分の言葉で言い換えるのです。相手が「また雨ですね。なんてひどい一日でしょう！」と言ったら、「そうですね。本当にこのところ天気が良くありませんね。ひどいですよ」などと言い換えます。

- **質問：**言い換えに続けて質問します。上記の例では、晴れた日の何が一番好きなのか、相手に尋ねることができます。晴れた日にはテニスができるから好きなのか、それとも泳ぎに行けるからでしょうか。あるいは夏休みが待ち遠しいのでしょうか。

- **武装解除技法：**私たちは普通、相手が自分の発言の中に何らかの真実を認め、積極的に同意してくれると、とても報われた気持ちになるものです。テニスが好きと発言した人に、「テニスはすばらしいスポーツですよね。もうどのくらい続けているのですか？」とあなたは質問すればよいのです。政治や哲学の話をする相手には、「それは興味深い考えですね」、あるいは「あなたの考え方に賛成です。ガンディーの考え方によく似ていませんか？（あるいはミック・ジャガー、ロナルド・レーガンなど）」と言うこともできます。たとえ議論の余地のある意見や論理的ではない意見を相手が主張しても、それに異を唱える代わりに、その意見に何らかの真実を見出すことに重点を置きます。そうすることで相手は大切にされていると感じ、あなたの考えに対してより開放的な態度をとることでしょう。

あなたは、この技法が単純すぎると思うかもしれません。人生には困難が多く、人間は単純ではない、という考えはとても魅力的です。しかしそれは言い訳にすぎません。ほとんどの人は、基本的に非常に単純です。人々は、あなたに好きになってもらいたいのです。私がそのひとりです。人々が少しでも私に興味をもってくれると、私はぞくぞくするようなスリルを覚えます。これを利用するには、相手の言葉を言い換え、相手が何をする人かを尋ね、その中に何らかの真実を見つければよいのです。彼らに自分のことについて喋らせましょう。そうすれば、あなたはすぐにシャイな気分もさびしい気分も忘れてしまうでしょう！

ここで、私があなたと知り合いになりたいと思う状況を想像しましょう。あなたと私が、あるパーティ会場、あるいは専門的なシンポジウムで出会ったとします。そこであなたがこう言います。「先生の著書を読みました。少し論理的すぎるような気がしますね」。それに対して、私はこう答えるでしょう。「おっしゃる通りです。人生は、いつもあんなに論理的で単純ではありませんよね。よろしければ、もう少しご意見を聞かせていただけますか？　あなたの考えをもっと知りたいのです」

さて、こう言われてあなたはどう感じるでしょうか。私の武装解除発言でリラックスし、受け入れられたと感じるのではないでしょうか。そして私は、あなたにとって柔軟で包容力のある人物と映りませんか？　そうしたことを基礎に議論が発展し、あるいは友情が生まれるかもしれません。対照的に、私が防衛的になったり、すぐに異を唱えたりすれば、おそらくあなたは私を避け、「あいつは第

一級の間抜け」と考えてしまうかもしれません

武装解除技法は、皮肉っぽい意見を言ったり誠意のない態度をとったりすると、逆効果を生みます。しかし、あなたに意欲さえあれば、たとえ相手の意見がバカバカしく思われたとしても、その中に真実を見出すことは常に可能です。例えば、「共和党（あるいは民主党）は間抜けの集団だ」と誰かが言ったとします。あなたはそれに対して、「共和党には確かに間抜けな議員がいますね。誰に失望していますか？」と尋ねることができます。嘘や偽りを言うことなく、その人物の意見に多少の真実を見出すことは可能です。これによって、相手は意見を述べる機会を得、あなたはイライラするような議論を避けることができるでしょう。

これは、代替の意見や反対意見はまったく言えない、ということを意味するものではありません。多くの人が論争を好みますし、良い議論は楽しいものです。しかし重要なのは、相手に敵対的感情を投影しないこと、そして自分とは異なる意見に対して、過度に自説にこだわらないことなのです。相手を言い負かすことなく、また防衛的になったり傲慢になったりせずに、あなたが違う意見をもつことを相手に知らせましょう。会話を競争や意地の張り合いと考えるのであれば、きっと不愉快な経験をすることになるでしょう。しかし、気に入った人や尊敬する人と考えを共有する機会として会話をとらえるならば、それが失敗に終わることはほとんどないでしょう。

3. 個人的な打ち明け話

アムハースト・カレッジの学生だった頃、私は心の内の思考や感情をまとめた日記をつけていました。書いた内容はまったく個人的なものだったので、私はそれを他人に見せるつもりはありませんでした。内容の一部は、批判にさらされ、傷つけられたと感じて泣き、混乱し、さびしく感じていた子ども時代の、痛みを伴う回想でした。また、夢の断片や、八歳の頃に向かいの家に住んでいた年上の女の子と裸になりたいと思っていたことなどの性的幻想についても書き込んでいました。怒りや嫌悪など、恥ずべき衝動と感情の思い出、趣味や大好きなもの――手品関係の店、コインを売買する店、そしてデンバーの博物館を訪れ迷ってしまったことなど――の記述もそこには含まれていました。さらには、カレッジのクラスメートとその親についての個人的印象や、断片的感情も書き入れていました。

ある日、おそろしい事件が起きました。バレンタイン・ホールでの夕食後、寮に戻った私は、生徒たちが食事をとるあいだ本や上着を預けるためホール・ロビーに設置されたコートルームに、日記帳を置き忘れたことに気づいたのです。パニック状態の私は、急いでバレンタイン・ホールへ戻りました。しかし日記帳はどこにも見当たらず、私はうろたえました。日記帳は消えてしまったのです！誰かがそれを見つけ、読み、私の本当の姿を知るであろうと考え、私は恐怖に襲われました。さらに必死になって探しましたが、日記帳は見つかりませんでした。数日が過ぎ、数週が過ぎて、もう二度と見つからないないだろうと私は諦めていました。

それからおよそ一カ月が経った頃のことでした。いつものようにバレンタイン・ホールでロビーのコートルームに上着を掛け、上の棚に本を置こうと手を伸ばしたとき、すり切れて茶色になった日記帳を、まさにそれを置き忘れた場所で見つけました。ひったくるように手にとり、恐れと屈辱を感じながら素早くページをめくりました。そして最後に記入したページに、見ず知らずの人物からの以下のような書き込みを発見しました。「月並みな言葉だが、君の幸運を祈る。バレンタインのロビーに放置してあったので読ませてもらった。日記をつけているかいないかの違いで、君は僕にとてもよく似ているよ。自分のような人間が他にもいたことを知り、感謝している。これからの君の人生がうまくいくよう願っている」。茫然としていた私の目に涙があふれてきました。私はそれまで自分の内にある感情、秘密、そして空想のすべてを誰かに知られることがあろうとは想像もしなかったし、また知られてもなお私のことを気にかけ、敬意を表す人がいようとは考えてもみませんでした。皮肉なことに、カレッジ在学中良い印象を与えたいと努力して書いたいかなる論文への評価よりも、日記に書き込まれたこのコメントが、私にとっては最もうれしいものでした。これほどの温かい言葉をかけてくれるなんて、なんという奇跡でしょう！　しかも私に！

これと同じ教訓を、私は今までの人生で何度も何度も学んできました。人々が私のことを最も気に入ってくれるのは、私が自然に振る舞い、自分に素直になるときでした。つまり、私の脆さや弱さ、恐れ、自信喪失、野心、私を強く興奮させる事柄などについて他人に告白しているときです。しかし、これはときに困難なことでもあります。なぜなら私たちは、こうあるべきと考える外的基準に自らを合致させなければならない、と頻繁に自分に言い聞かせているからです。自分の本当の姿を受け入れ、それを他人に告白することは、当然のように危険が多いと思われます。しかしそれは、友情と愛情への足がかりともなり得るのです。

前述したいくつかの会話的技法が、簡単なだけでなく非常に効果的なことを私は知っています。なぜなら、私自身この方法を毎日何度となく使っていて、魔法のようにすばらしい効果をもたらしてくれるからです。場所を選ばず知らない人に声をかけ言葉を交わす私は、ほとんどいつも声をかけた相手に興味をもちます。列車の中でも、食料品店でレジを待つ間も、あるいはまた横断歩道で信号が青に変わるのを待つ間も、私は近くにいる人に話しかけます。これまで、そうして知り合った人とはすばらしく率直で飾り気のない会話を交わすことができました。手を差し伸べてくる人と意見を交わし、感情を共有する機会を喜んで受け入れてくれる孤独な人々が、世の中にはたくさんいます。

それならば、なぜもっと多くの人がこの方法を使い、たちまちのうちに人気者にならないのかとあなたは疑問に思うかもしれません。私は、内気な人の多くが自分に自虐的なメッセージを送り、それが彼らにとって有利に働くであろう状況の妨げとなっていることを発見しました。ある孤独で内気な獣医学生は、自分には友人がなく、デートの経験もここ数年ないことに不満をもっていました。私は彼に、その翌週クラスメートに十の褒め言葉をかける計画を提案しました。彼は、そんなバカなことは絶対にやらないと言って怒りました。「それはとてもおかしなことで、誰の目にも私は異常者と映るだろう」と彼は言いました。次に私は、友人の誰かにさびしいからどこかで会わないかとか、女性にさびしいからデートしないかと提案する気はあるか、と尋ねました。彼は、そんなことは考えたこともないし、自分がどれだけさびしいかを他人に知られるくらいなら死んだほうがましだと言いました。

おそらくあなたにも似たようなこだわりがあるでしょう。心に秘めた感情を外に表したり、自分が緊張しがちで内気であることを友人に告白したりするなんてあり得ないと思い込んでいるかもしれません。また、見知らぬ人に微笑んだり、人に褒め言葉を言ったり、相手のことを尋ねたりしたら、見下され、ネガティブに反応されると思い込んでいることでしょう。社交的集まりで世間話をしても、あなたの言うことには誰も興味を示さないと考えているかもしれません。もし、こうした技法が実際には有効ではないと考えているのであれば、実験を行い、どんな結果が得られるか試してみてください。次の週、十人に褒め言葉をかけてみてください。相手から言葉が返ってきたら、その言葉を言い換え、さらに言葉を引き出すために質問してみてください。たとえわずかでも、相手の言葉に真実を見出すようにします。思い切って誰かにあなたの内に秘めた感情を告白してみてください。そして、あなたの意見や強い願望について語ってください。あなたはその結果に驚くかもしれません。それは、より深い親密さと自信へ向けての大きな一歩となるかもしれないのです。

◆他人からの誘いにどう応えるか

あなたは、他人との交際を始めることへの不安だけでなく、異性が近づいてくるたびに緊張するかもしれないことを心配しているかもしれません。ある日、ディーンという離婚を経験した男性が、映画館のロビーでポップコーンに塩をふりかけていました。そこへひとりの魅力的な女性が歩み寄り、「ポップコーンにそんなにお塩をかけちゃだめよ。もうすでにたくさんかかっているんですもの」と声をかけました。ディーンには、彼女が彼に興味をもち、会話を始めたがっていることがわかりました。しかし、あまりにも緊張しすぎて、もっていたポップコーンを床に落としてしまったのです。「おやおや……あなたの言う通りだ」とつぶやくなり、彼は走るようにして劇場内の席へ戻りました。

また別の日、近所のバーへビールを飲みに行った彼は、バーの女性オーナーから、ある晩そこで開く予定の男性ストリップショーを友人と見に来ないか、と誘われました。観客の中には独身男性募集中の女性がいるかもしれないから、というのがその理由でした。ディーンは行ってみることにしました。当日、ショーが行われているあいだ、バーで隣あわせた女性客から、ディーンは何度かフラーティングの言葉をかけられました。最初彼女は、「ちょっと彼、ルー・フェリーニョに似てない？　彼より私はちょっと年上かもしれないけど、きっといろいろ教えてあげられるわ」と言いました。ディーンは、「まあ、そうかもしれないね」とつぶやいただけでした。その数分後、今度は、「まいったわ。彼ったら、興奮させるツボを心得てるじゃない。今すぐ家に帰って隣に住んでる男性を襲おうかしら」と言いました。ディーンは彼女のその言葉に激しく興奮し、目に見えて震えだしましたが、どんな言葉を返せばよいのかわからず、「隣人にそんなことして大丈夫？」と言うのが精一杯でした。ショーが終わり、彼はいらだちと屈辱を抱え、隣に座った女性とうまくつきあうにはどうすればよかったのかを考えながら、さびしく家に帰りました。

こんな状況はありそうもないと考える人がいるかもしれません。しかし近年、より多くの女性が男性を口説きにかかったり、あからさまにデートに誘う例が増えています。シャイな男性にとって、これは非常に大きな問題となるかもしれません。

ディーンがその女性との会話を発展させるためには、親しげで陽気な、フラーティングを意識した反応の仕方を学ぶ必要がありました。この方法を学ぶ一助として、私は表7-3に示した「コミュニケーション方法修正表」と呼ばれる技法を提案しました（巻末に用紙を添付しています）。ご覧のようにそこには、「彼または彼女の言葉」、「通常の返答」、そして「修正後の返答」と、三つの欄が用意されています。左の欄には、状況の簡単な説明と相手の発言を書き入れます。中央の欄には、あなた

表7-3　コミュニケーション方法修正表

彼または彼女の言葉	通常の返答	修正後の返答
この欄には、状況の簡単な説明と相手の発言を書き入れます。	この欄には、あなたが実際に発した返答を書き入れます。そして、その返答がなぜ効果的ではなかったかを指摘します。	この欄には、こう言えばより効果的だったと思われる返答の代替案を書き入れます。
映画館のロビーで美しい女性が私の肩をたたき、こう言った。「私だったらポップコーンにそんなにお塩をかけないわ。もう十分すぎるくらいかかっているのよ」	私はポップコーンを床に落とし、まきちらした。そして、「おやおや……あなたの言う通りだ」と言って、劇場内の自分の席へ逃げるように帰ったのだ！彼女と話すことができなかったので、これは失敗だった。	「あなたの言う通りにしよう。きょうは仕事をサボったんですか？」と言うことができた。
近所のバーで男性ストリップショーを見ていたら、隣に座った女性が、「まいったわ。彼ったら、興奮させるツボを心得てるじゃない。今すぐ家に帰って隣に住んでる男性を襲おうかしら」と言った。	つま先まで震えていた私は、「隣人にそんなことして大丈夫ですか？」と言った。自信なさげな発言だったし、冷笑的とさえ受け取られたかもしれない。	「わざわざ家まで帰ることもないでしょう」と言うことができた。
彼女は、「彼より私はちょっと年上かもしれないけど、きっといろいろ教えてあげられるわ」と言った。	私は、「それほど年上には見えないけど」と、褒め言葉を言ったのだが、会話を発展させることはできなかった。	「私に教えてくれてもいいですよ」と言うことができた。

が相手に返した言葉を書きます。通常、その言葉について考えをめぐらせば、なぜそれが効果的ではなかったのかがはっきりわかるでしょう。次に右側の欄に、どう言えば効果的だったのかという点を考慮した言葉を書き入れます。

もし、右側の欄に書き入れる効果的な言葉が考えつかなかったら、友人に助言を求めてください。ヘマや失言を恐れないでください。なぜなら、あなたが何を言っても、ほとんどうまくいくはずだからです。相手もおそらくあなたと同じくらい緊張しているので、何か話題が提供されたことで救われた気分になるでしょう。ディーンの「修正後の返答」には、相手への質問や褒め言葉が含まれていることにも注目してください。あなたに話しかけてきた人は、普通、脆さや弱さを強く感じていることを覚えておきましょう。あなたが拒絶するのではないか、自分に興味を示さないのではないかと不安に思っているからです。二、三の誠実な質問や褒め言葉は、気の利いた言葉あるいは格好つけた言葉よりも、友情を育むうえではるかに効果的でしょう。誰もが人から好かれ、称賛されたがっているものです。わずかな興味でも示す気持ちがあなたにあれば、通常、相手はすぐにでもあなたに魅力を感じるでしょう。この考えを我々よりも前の世代に広め、奨励したのは、デイル・カーネギーです。数十年前と同様、現在においてもこの考えは当てはまります。

◆「楽に構える」には

なかには、ここまでの章に記された技法のいくつかに抵抗を感じる読者もいるかもしれません。そんなあなたは、「常識外れのセクシーな服装なんてできるわけがない。私は基本的に優しくて誠実な人間だ。強く主張するタイプじゃないし、派手に振る舞うことは性格に合わない」と言うかもしれません。あるいは、「他人に褒め言葉を言ったり、おだてたり、フラーティングしたりなんて、まやかしだ。駆け引きをするような不真面目な人間に自分をおとしめたくない」という人もいるかもしれません。

二十六歳までの私も、まったく同じように感じていました。私は自分のことを「優しくて誠実な人」と考えていました。そしてまさにこのことが、人々から敬遠される理由だったのです。過度に真面目であることは、ときに自信のなさを隠す口実となります。冷淡になるための方法であり、距離を置く方法でもあるのです。過度に真面目であることをやめ、楽に構えようと心に決めると、ときとして人々との距離が縮まることがあります。

以下は、ビルという内気な若者とのセラピー・セッションからの抜粋です。このやりとりは、自分が望んでいると主張するもの（この場合、他人とのより良い関係）を手に入れるための技法の導入に、人がいかに抵抗するかを示しています。ビルの発言を読むにつれて、おそらくあなたも自分の不安やこだわりを認識するでしょう。他人の自虐的態度の観察が、ときとして自分の自虐的態度の認識とその変化を容易にすることがあります。

二十八歳で独身のビルは、知的で愛想の良い美青年です。体格が良く、服装のセンスも悪くありません。建設・不動産業者の叔父を手伝う安定した職業をもち、すてきなスポーツカーを所有しています。唯一の問題は、非常に内気で孤独感が強く、過度に真面目な点にあります。両親と同居している彼は、過去三年間、デートした経験がほとんどありません。セラピーを受けに来た理由は、こうしたこだわりを克服し、楽な気分で人生をもう少し楽しみたい、というものでした。

以下に抜粋した会話は、微笑み、褒め言葉、フラーティング、世間話などを用いた、女性へのアプローチ方法について、ビルと私が数週間検討した後のセッションの記録です。彼は、セッション以外の時間にこうした技法を練習することに抵抗を感じているようでした。新しい技法やいつもとは違う技法を試すことになぜ否定的なのか、ビルはそれまでずっとそれを正当化し、言い訳をこと細かく並べたてきました。ここでもそれは、セッションが進むにつれ、かなりはっきりとしてきます。

ビル　：土曜日は、まあ、言わば自分との闘いでした。どうしてもパーティへ行く気になれないのです。パーティは大嫌いなんですよ。コーネル大学に通う友人から、「おい、今週末はパーティがあるんだ。行かないか？」と誘われたんです。誘われるたびに、ほとんど毎回「いや、行きたくない」と断ってきたんですが、今回は、「どうしよう……行ったほうがいいのかなあ。人と出会えるのは社交上良いことだし、何かの足しになるかもしれない」と考えました。でも、土曜日に彼から再度誘われても、結局行かなかったんです。私は、彼とばかりでなく自分とも格闘していたんです。なぜなら、心の中で半分は行きたがっていたんですが、残りの半分は行きたくなかったからです。

デビッド：そうですか、それは厄介な問題ですよね。確かにあなたには、やりたいことをやる自由がある。でも、どうして行かないと決めたのでしょうか。その理由を知りたいのですが。

ビ　ル：私はただ、「女性と出会うためのあまり良い方法ではないだろう」と自分に言い聞かせていただけです。

デビッド：というと？

ビ　ル：デートしたくないんです。他の人たちがやっているように、毎週違う女性とデートするようなことはしたくない。だから、「ふさわしい人を見つけることなんてできないだろう」と心の中で言っていたんです。パーティで出会った人と良い関係を築いたなんていう話は、これまで聞いたことがありませんから。パーティ好きという性格は、私の興味の対象にはならないと思うんです。言ってる意味がわかりますか？

デビッド：よくわかりません。ときにはパーティに行きたいという女性がどれくらいの割合を占めるか知ってますか？

ビル：ほとんどの人が、ときどきは行きたくなるでしょう。

デビッド：100％？

ビル：そうですね。それに近いでしょうね。

デビッド：そうすると、パーティを楽しむようなタイプが嫌いということは、非常に限られた範囲で相手を探すことになりますよ。ほとんどの女性がときにはパーティへ行くことを好むんですから！

ビル：（笑）理屈に合わない考えかもしれませんね！

デビッド：そうです。それは、「全か無か思考」と呼ばれる考え方です。女性には「パーティ好き」か「パーティ嫌い」の二グループしかないと考え、パーティ好きは好みのタイプではない、とあなたは自分に言い聞かせていたんです。パーティへ行かずにすむための言い訳としてね。

ビル：私はただ、確率は低いと感じていたんですよ。論理的ではない考えをもっていたにしても、そのときの私は、好きな人に出会う確率は低いと感じていた。本当にそう感じていたんです。

デビッド：パーティへ行けば、少なくとも練習してきたいくつかの出会いの技法を試す機会があるでしょう。ほんの少し微笑んで、フラーティングと褒め言葉を使えば、意外と多くの興味深い人に会えるかもしれませんよ。

ビル：私は、パーティが嫌いだと言ってるんです。

デビッド：なぜパーティが嫌いなんですか？

ビル：私は……大勢の人が集まるところやうるさいところが嫌いなんです。

デビッド：なぜでしょう。群集への恐怖症でしょうか。それとも、不安反応か何かを発症するからですか？

ビル：いやいや、そうじゃないんです。ただパーティでは皆が仮面をかぶっているようで……そこらじゅう、くだらない話が漂っているような気がします。

デビッド：なぜそれがあなたにとって問題なんですか？

ビル：私にはそれがくだらないことに思えるんですよ。誰も本当のことを言わないし、誰も本当の自分を見せないことが。

デビッド：だから？

ビル：だからパーティは嫌いなんです。

デビッド：どうしてですか？

ビル：意味のない話はしたくありません。それは遊びにすぎない。

デビッド：仮にあなたがアフリカのカニバル部族（人食い族）を訪れたとしましょう。彼らにはちょっとした風習があり、客人が香水瓶や宝石類をもってきたら友人と認め、そうした贈り物をもってこない客人は、敵とみなして食べてしまうんです。

ビル：鍋料理にされるんですね？

デビッド：そうです。いずれにしろ、彼らはあなたを楽しむつもりなんです。さてそこで、あなたは彼らの未熟さを強調し、香水瓶など進呈するものか、と拒んだとします。なぜなら、そんなことは「本当の自分」を反映するものではない、あるいは「くだらないこと」だからです。しかしその結果、あなたは鍋料理にされてしまいます。一方、もしあなたが彼らの風習を認め、そのルールに従って行動したとすれば、互いにうちとけたあと、さらによく知り合うことができるかもしれないでしょう。

ビル：私にはできません。そんなことはまっぴらごめんです。

デビッド：できない、ということではないでしょう。たぶん、「やりたくない」という意味では？

ビル：現時点ではやりたくありません。

デビッド：なぜですか？

ビ　ル：そんなことをするような人間に、自分をおとしめたくないからです。

デビッド：それは少し独善的に聞こえますが。

ビ　ル：（笑）多分、私は独善的なんですよ。そんなふうにしたくはないのですが……しかし、ああいった嘘とでたらめに我慢できないんです。男にしろ女にしろ、出会いとなると……すぐに相手を出し抜くことばかりに集中する。

デビッド：誰がそんな状況をつくりだすのですか？　誰が「相手を出し抜く」ことを考えるのでしょうか。

ビ　ル：私はそう見ているということです……自分の経験からですけど。

デビッド：そんなパーティに一度出席して、そこで出会う人たちの特徴を観察してみれば、まったく新しいつきあい方を理解したり、楽しむ方法を学んだりするかもしれないじゃないですか。考え方や態度も違ってきて、今の自分を思い返して、「私は防衛的になっていた」と言う日がくるかもしれませんよ。

ビ　ル：そうなるかもしれません。

デビッド：「他の連中と同じようにくだらない話がうまくなったので、パーティに行くのが楽しい」なんて言う日が来るかもしれない。

ビ　ル：（笑）くだらない話をするときは、そうしたいと思う相手としたいんです。

デビッド：でも、知り合いになりたい相手かどうか、どのようにしてあらかじめ決めることができるんですか？

ビル　：私はただ……そういう相手を「獲得」したくはないのです。パーティでどう思われようとまったく気にしません。

デビッド：もしあなたが本当に他の人からどう思われようと気にしないのであれば、パーティへ行って女性に声をかけることに、なんのわだかまりもないのではないでしょうか。他の人からどう思われようと気にしないという、その主張が正直なものかどうか、疑問に思います。あなたは自分は誠実だと主張しますが、私にはあなたの言うことが少しごまかしに聞こえますよ。（ビルは笑い出す）

ビル　：先生は私のことをよく知っているかもしれませんが、私はいつもあんなくだらない話をするような態度をとりたくない……誰とでもくだらない話をするのは好きではありません。

デビッド：常に誰とでもそうしなければならないと考えていたのですか？　「ときどき、特定の人と」くだらない話をするのならどうですか？

ビル　：昔、フロリダに親友と行ったことがあって、二階がディスコになっているレストランに入ったんです。私がディスコ好きだからということではなく、ただちょっと覗いてみようと思って二階へ行ったんです。結局、踊れる場所はほんのわずかで、そこは大きなシングル・バーでした。私たちはバー近くの小さなテーブルに座ったんですが、ずっと隅のほうまでそんなテーブルが続いていて、男、女、男、女と順番に座ってるんです。それはもう、みじめな光景でした。そこで連中は、互いにくだらない決まり文句を交わしてるんですよ。ああ、いやだいやだ！

デビッド：それで？

ビル　：そうですね、例えば、「君の星座は何？」とか。まったく、くだらない！　でも女性たちはそんな話題に夢中なんです。

デビッド：あなたもやってみたら？

ビル　：冗談じゃない！　気持ち悪い。賭けてもいい。絶対にそんなことはしません。

デビッド：なぜですか。

ビル　：なぜって、自分をそこまでおとしめたくはないからですよ。

デビッド：なぜそれが「自分をおとしめる」ことになるのでしょうか。あなたは、そういう人たちよりも自分のほうが上だと思っているんですか？　それに、自分をおとしめることが、なぜそれほどいけないことなんでしょう。新聞に広告か何か載せられてしまうんですか？　「スミス、自分をおとしめる。パーティでホラを吹き、今や私たちと同様不純な

人に！」とか？（二人とも笑う）

ビ　ル：私はただ……そのすべてが不愉快だったんです。その場から逃げ出したかった。「バカげてる。こいつら病気だ」と思いました。つまり、彼らは本物の敗者なんですよ。すべてがゲーム、遊びなんです。

デビッド：その通りです。しかし、ゲームは恋愛関係の始まりにすぎないことを理解する必要があるでしょう。相手をよく知るようになれば、恋愛関係は本物になります。鳥だってそうしてますよ。鳥もゲームから入るんです。動物園に行ったことはありますか？

ビ　ル：ええ。

デビッド：オスの孔雀がメスに見せる交尾の儀式を見たことがありますか？　メスの前へ出て、これみよがしに歩きまわり、羽根を広げて見せるんです。でもそれを見て、「ハハハ、おまえはなんて不誠実な鳥なんだ。そんなことをしちゃいけない。まるで見え透いてるじゃないか。それは本当のおまえじゃないだろう？　まともな鳥ならそんなバカなダンスはやらないよ」なんて言いますか？

ビ　ル：それとこれとは別問題です。

デビッド：いいえ、同じです。どうして違うと考えるのですか？

ビ　ル：羽根を広げて見せびらかすようなことはすべきではない。

デビッド：鳥が？

ビル：いや、ディスコの連中のことです。あの連中は、ペテン師の集団です。

デビッド：それは多分、もっとひどい「全か無か思考」ですよ。あなたは、ある人たちはペテン師、それ以外の人は本物」と自分に言い聞かせているからです。出会いにおいては、本物の自分を出そうとしすぎると、ときにはそれが嘘になり、少しばかりの嘘や偽りが、ときにはより本物に近い、と私は確信しています。

ビル：ちょっと、ちょっと待ってください。もう一度お願いします。

デビッド：本物であることが嘘で……。

ビル：いや、そこはわかります。そのあとは？

デビッド：嘘や偽りも、実は本物になり得る。

ビル：ちょっと混乱してきました。どういう意味ですか、先生？　どうしたらそんなふうに思えるんですか？

デビッド：私は、それが的を射た言葉だと信じているからですよ。

ビル：なぜでしょう。

デビッド：社交の場では、人々が知り合うためにそのようなちょっとした慣習があるからですよ。それは、人を愛することの一部です。相手の社交的期待を考慮して、交流を始めてから三十秒以内に相手にリラックスしてもらうためには、そうした小さな合図が相手にとって必要であることがわかるものです。

ビル　：よく理解できません。

デビッド：私が言いたいのは、初めて出会った女性には、星座を尋ねたり、世間話や褒め言葉を言ったりするほうが、たいていその人はずっとリラックスできるということです。それによって、あなたが独身で、自分に興味をもっていることを彼女は知ることができます。会話が始まれば、もっと純粋な方法で彼女を知ることができるかもしれません。将来あなたは彼女の夫になり、ともに家族を養うことになるかもしれません。最初にちょっとだけ嘘や冗談を言うといった妥協は、愛すべき人間性の一部なんです。それで彼女が安心するのなら、それは彼女を気遣うことなのです。誠実であり、真実であるためには超然とした態度を貫くべき、というあなたの人生哲学は、私にはかなり冷たくさびしいものに思えます。あなたは、不純な社会に生きる純粋主義者です。他人に身の丈以上のものを求めている。

ビル　：そうかもしれません。

デビッド：張り詰めた社交の場にいる人たちは、ひ弱で、不安をたくさん抱えています。そして、意味のないおしゃべり、世間話、あなたの言うちょっとした「くだらない話」をありがたく思うのです。

ビル：いや、私はちょっとした「くだらない話」なら気にしないんですよ。ただ、自分が気に入ってもいないのに、「君のブラウス、すてきだね」なんて言うことはできません。私はそこまでバカじゃない。それに「君の星座は？」なんてことも言わない。そんなことは言えません。

デビッド：どうするかは、あなた次第です。陽気で快活な態度を取り入れることをためらわず、失敗を恐れず新たなことに進んで挑戦してください。一度始めてしまえば、うまくいくと思いますよ。そしてうまくいけば、きっとあなたの考えも変わると思います。

ビル：先生の意見は正しいと思います。ただ、難しいなあ……とてもできそうにない。

完全な誠実さを主張するビルの「改革運動」は、実際には自分には能力がないという思いの隠れ蓑にすぎませんでした。他の人たちよりも優れているから自らをおとしめることはできないと、自分への説得を何度も試みているものの、実際には自分に自信がなく、競争せざるを得ない状況を望まず、拒絶される可能性に身をさらすことを避けていたかったのです。「遊びやゲームはやらない」という主張は、人生とそれに伴うあらゆる失望を回避するための完璧な言い訳となっていました。その言い訳はまた、他の人たちとのかかわりや分かち合いの機会を彼から奪ってもいたのです。

私は、自分が彼の年頃にフラーティング技法を試したことが人生の転換点となった経験をお伝えしました。巻頭の序文にも書いたように、医学部の学生生活も半ばにさしかかる頃まで、私は女性を前にするといつもとても緊張してぎこちなさを感じていました。そして、女性のことでは信じられないほど達者な友人から、交際に関する秘訣を伝授してもらったのです。その友人は、どのような着こなしでどうフラーティングすればよいのか、そして人々を興奮させるにはどうすればよいのかを教えてくれました。ある晩私は、スタンフォード大学近くのパブへ行き、それまでに彼が教えてくれた秘訣をいくつか試そうと決心しました。そこはよく人が集まるところで、以前何度か行ったことがありましたが、いつも自分には場違いな気がしていました。会話を楽しんでいるのは私以外の人たちで、いつも自分は外から覗いているような気分でしかないのはなぜだろうと感じていたのです。しかし、その夜私は、あまりにも真面目でさびしい自分に飽き飽きしていました。何か新しいことに挑戦しようと決意したのです。パブに入り、ひとりで入り口のそばに立っていたところ、ハーレーから降りてきた革ジャン姿のいかつい二人の男が、スタイル抜群のとても魅力的な女性二人を連れて店に入ってきました。緊張した私は、思わず連れの女性のひとりに、「やあ、すてきなブラウスを着ているね」、あるいはそれに近いことをきわめてぎこちなくつぶやきました。しかし、それはまったく的外れなコメントでした。というのも、彼女が下着もつけずに着ていたのはTシャツで、ブラウスではなかったからです。私にとってそれはまるで、生まれてはじめてプールで高飛び込みを強行するようなものでした。そのあとどうなるかについては何の考えももっていなかったのです。しかし、まったく予想もしなかったことが起きました。その女性は私に歩み寄り、腕をまわして軽くハグすると、「あなた、やさしいのね。大好きよ」と言ったのです。それは、私が生まれてはじめて経験した女性からのポジティブな反応のひとつでした。大成功です！　新しいおもちゃを手に入れた気分で、私はやたらに褒め言葉を連発してまわりました。そして私は、「とんでもない褒め言葉ほど効果的」という興味深い発見をしました。

こうした経験が効を奏し、私が自分のことを生真面目にとらえすぎることはなくなりました。陽気に振る舞い快活になるほど、より多くの女性が私のことを好きになるように思えました。おそらく私に自信がつくにつれ、他の人たちも安心して私とつきあうようになったのでしょう。

恐れへの対処法のセッションを数多く行ったあと、ビルは生活に多少の変化をつける決心をしました。それまで同居していた両親の家を離れ、思い切って自分のアパートを借り、新たな生活を始めたのです。また、パーティへも行くようになり、友人の助けを借りてうまくいかなかった点を修正し、あちこちでフラーティングを始めました。そうしたことが彼の人間味を際立たせ、デートや他人との交流もより活発になりました。

ここに紹介した技法を試すことに疑いをもっている読者には、まずこれらの技法を実験してみることを私は提案します。結果として、フラーティングや世間話も悪くないと思うかもしれないし、誠実で実直なほうが自分には合っていると思うかもしれません。さまざまなアプローチを試し、あなたに最適なスタイルを見つけてください。そして、「賢さ」や「魅力」は必要ないということを忘れないでください。ときには、自然で無難な「こんにちは」や時候の挨拶が、「氷を溶かす」のに十分なことがあります。結果がどうであれ、経験から学びつつ、あなたは前へ進むでしょう。そのうちに意外な新事実を学ぶこともあるかもしれません。

緊張し、自分に自信がもてないときは、誠実さと実直さはあなたのアイデンティティの重要な一部であるかもしれないこと、そしてそれらを手放すことに気乗りはしないかもしれないということを忘れないでください。しかし、少しばかり変身したあとでも、依然としてあなたはあなたであることに変わりはないということも忘れないでください。ひとたび相手をより深く知るようになれば、率直に自分自身を表に出し、より誠実に接する機会はたくさんあるでしょう。

また、ビルがそうしたように、世間話を「くだらないもの」とレッテル貼りすることは、あなた自身への過酷な仕打ちであることも忘れないでください。エンジンが円滑に作動するためにはオイルが必要であるのと同じように、世間話は世の中の潤滑油として作用します。世間話は、ジョギングやピアノ演奏と同じように、訓練が必要な技術のひとつです。そして努力と訓練をもってしても、生まれながらに陽気で外向的な人にはかなわないかもしれません。それでも大丈夫です。なぜなら、重要なのは相手にあなたを知ってもらう機会を提供すること、それに尽きるからです。

緊張してしまうのであれば、自信がもてるようになるまで、あなたにあまり脅威を感じさせない人を相手に世間話の練習をしてください。まったく「安全」な人、例えば古くからの友人や家族などを相手に始めるとよいでしょう。次に脅威を感じさせない他人、例えば公園のベンチに座っている老人やホットドッグ売りなどを相手に練習すればよいのです。最終的には、見ず知らずの魅力的な異性にフラーティングを試してください。このステップ・バイ・ステップの方法は、好きなときに好きな人を相手にして話すことへの自信をつけるのに役立ちます。

ここに紹介した技法を用いることに抵抗を感じたり、気乗りしないときには、ネガティブな思考を紙に書き出すようにしてください。以下に、孤独感をもたらしかねないよくある思考と、よりポジティブな思考として考えられるものをいくつか記します。

1. ネガティブな思考：「くだらない話や世間話はすべきではない」
ポジティブな反応：「くだらない話や世間話をする必要はないが、そうすることが人との出会いにつながるかもしれない」

2. ネガティブな思考：「友情は、自然に生まれてくるものでなければならない」
ポジティブな反応：「人生で大切なもののほとんどは、努力の結果もたらされる。ほんの少し努力すれば、いつかは友だちづくりもより自然なものとなるだろう」

3. ネガティブな思考：「彼女（彼）はおそらく私のことが好きじゃないんだ。彼女（彼）に話しかけたりしたら、恥をかいて笑い者になるかもしれない」

ポジティブな反応：「遅かれ早かれ、誰もが恥をかいたり笑い者になったりを経験する。そうなったとしても、世界に終わりが来るわけではない」

4. ネガティブな思考：「私がどれほど緊張しているかを知ったら、彼女（彼）は軽蔑するだろう」

ポジティブな反応：「誰かと知り合うとき、緊張するのは自然なことだ。努力する自分を誇りに思えばいい」

5. ネガティブな思考：「彼女（彼）が私のような人間に興味をもつはずがない」

ポジティブな反応：「先のことは誰にもわからない。彼女（彼）についてできるだけ多くのことを知れば、思ったよりもことは簡単かもしれないし、私自身も彼女（彼）に興味をもてるかどうかがわかる。そのあとは、どんな結果であろうと受け入れればよい」

6. ネガティブな思考：「彼女（彼）にそれほど興味があるわけではない。彼女（彼）は私のタイプじゃないかもしれない」

ポジティブな反応：「それは言い訳にすぎない。彼女（彼）のことを私はよく知らないし、相性が悪くてうまくいかなかったとしても、良い経験になるだろう」

7．ネガティブな思考：「彼女（彼）に話しかけたくない。私はとても緊張しているし、今はその気分じゃない」
ポジティブな反応：「その気分になるまで待っていたら、たぶん永久に待たなきゃならないだろう。自分が今どんな気分であっても、挨拶したほうがよい。ひとたび会話が始まれば、多分もっとリラックスできるだろう」

8．ネガティブな思考：「こんな場所で知らない人に話しかけるのは適切ではない」（「こんな場所」とは教室、通り、電車内、食堂などを指します）
ポジティブな反応：「どこであろうと、人々は好きなところで知り合うことができる」

9．ネガティブな思考：「フラーティングしたら、彼女（彼）は私のことを安っぽく、だらしのない人間と思うかもしれない」
ポジティブな反応：「気さくな態度で挨拶することが、その人を安っぽくだらしのない人間にすることはない」

10．ネガティブな思考：「もし、しくじったところを誰かに見られたら、間抜けと思われてしまう」
ポジティブな反応：「失敗は誰にでもある。それは人間である証拠だ。間抜けさの証拠じゃない」

第8章 その場しのぎの言い訳への対処法

内気さを克服しフラーティングを始めたあなたが人々への興味を示し始めると、おそらく他の人からもあなたへの興味が示されるようになるでしょう。しかし、最初にあなたに興味を示した相手とだけ関係を発展させるのは、間違いかもしれません。この誘惑には抵抗してください！　早すぎる展開、そして真剣になりすぎることは、不安を避ける方法に他ならないかもしれないからです。あなたがデート相手から感じる魅力は、その人の資質に由来するというよりも、デートに対するあなたの自信のなさ、そして独りになることへの恐れに起因しているかもしれません。このアドバイスを聞き入れない患者さんを、私は数多く知っています。そうした人たちは愛情に貪欲なあまり、わずかな心遣いをしてくれた最初の人に深くかかわりすぎてしまうのです。そのあとに相手からの拒絶にあうと、再び抑うつ状態や希望のもてない状態に陥ってしまいます。

こうした状況を避けるには、手広くいろいろな人たちとデートをすることです。そうすることで、あなたはとらえにくく手に入りにくい存在と他の人たちに映り、追いかけられる存在となるかもしれません。事実を正直に認めましょう。ほとんどの人が手に入らないものを欲する以上、自分を手に入れにくくする演出は、成功の鍵を握るかもしれないのです。それは人間の特性にすぎません。自分で独自に考えるような人はほとんどおらず、みな他人の欲しがるものを欲しがります。二人目の友人は、一人目の友人よりずっと簡単につくれるものです。あなたを追いかける人間が二人になると、人気が高いと見た三人目もあなたを追いかけ始めます。じきにあなたは、三人ないし四人とデートするようになり、あなたの市場価値はぐんと上がります。私はこれを、「ハーレムの原則」あるいは「女王蜂現象」と呼んでいます。

この考えに同意せず、何人もの相手とデートなどしたくない、特別なひとりがいればいい、とあなたは主張するかもしれません。この言葉を私は、治療にかかわった孤独感に悩む何人もの人から聞きました。これはすてきで、ロマンチックな空想です。しかし非常に現実とかけ離れていて、しばしば失恋につながる考えです。あなたの探している特別なひとりを見つけるには、数多くの人とデートする必要があるかもしれません。あなたにデートの経験が豊富にあれば、自分について発見することが多いばかりでなく、自分は他の人たちの何が好きで何が嫌いなのかもしっかりと判別できるようになるでしょう。

あなたは、「駆け引きをするような交際は慎むべきだ。自分はもっとましな人間。誠実で純粋なタイプだ」と考えているかもしれません。しかし正直なところを言えば、満足のいく愛情関係を築ける相手を見つけることが目的だとしても、デートはひとつのゲームなのです。ゲームにはルールがあり、そのひとつに、ある人たちは追いかける側、その他の人たちは追いかけられる側、という決まりがあります。* このゲームに勝つ秘訣は、追いかけられる側にまわることで、追いかける側になることではありません。ひとりがあなたを追いかけ始めたら、何人もがあなたを追いかけるようになるでしょう。あなたはその中から相手を選べばよいのです。しかし、あなたが誰かを追いかけ始めた瞬間、彼または彼女は逃げ回ったり、拒絶したりし始めるのです。その結果、あなたは落胆して孤独感に悩まされ、自分のセックス・アピールが失われてしまったことを知ります。まるで、あなたを欲しがる人などいないかのように思えるでしょう。いらだつあなたは、さらに努力を続けます。この循環を断ち切るには、あなたとあなたを困らせる人との形勢を逆転させればよいのです。そうすればあなたが優位に立

＊私は、追いかけてくる人が現れるまで何もせずに待つべきだと言っているのではありません。第6章に述べたように、心のこもった挨拶と快活な会話で交際を始める意欲と積極性がきわめて重要です。この文章に込めた私の意図は、死に物狂いになったり、貪欲になったりせずにすむ自信をもつことにあります。

ち、ゲームを支配することが可能になります。

◆手に入りにくい女性への対処法

ディスコで出会ったある魅力的な女性から、あなたは電話番号を教えてもらったとします。多少その気があるように見えたものの、あなたに十分な自信はありません。数日後に電話したときも、その点の確信は得られませんでした。あなたは彼女をすてきなレストランでの食事と観劇に連れ出すつもりで、デートに誘います。彼女は、土曜日に再び確認の電話が欲しい、なぜなら週末に出かける予定があるけれどもまだ固まっていないから、と丁重に答えます。さて、あなたならここからどうしますか？

このような状況に直面した私の患者さんたちの多くがとった行動についてお話ししましょう。彼らは非常に礼儀正しく、感謝を込めた謙虚な態度で、「喜んで土曜日にまた電話します」と彼女に告げるのです。通常その際、「念のために」劇場の切符を手配し、レストランを予約しておくから、とつけ加えます。その態度には、入院した友人を見舞うかのような誠実さと気遣いがこもっています。そして、彼女に好印象を与えることを期待しつつ、苦労して貯めた七十五ドルでブロードウェイの切符を買うのです。

さて、結果はどうなるでしょうか。土曜日に彼が確認の電話を入れてみると、デートには行けない、と必ずや彼女から告げられるのです。もともと観る気などないショーの高額な切符二枚の始末を考えつつ、彼は騙されたと感じます。女性への嫌悪感を抱いた彼は、なぜ自分の誠実さとこのすばらしい優しさが報われないのか、その理由が理解できません。しかし、はじめから彼女はその場しのぎの言い逃れを言っていたのであり、それに対する彼の対応が適切ではなかっただけなのです。

デートの初期段階では、「優しさ」に効果はない、というのが厳しい現実です。さて、この意見に多くの読者は反論するのではないでしょうか。優しく誠実であることは正しい、とおそらくあなたは主張するでしょう。しかし通常、過剰な優しさは、他人にあなたを利用するよう「そそのかす」ようなものなのです。そして、はたせるかな、人々はあなたを利用します。デートの候補者は、あなたにどのくらい度胸と自信があるのか値踏みしていることを常に忘れないことが大切です。あなたを意のままに操ることができると知った女性は、あなたへの尊敬の念を失い、焼きたてのレンガのようにあなたを捨てるかもしれません。あなたは、「そんなことをすべきではない！　フェアじゃない！」と抗議することはできます。しかし、往々にして人はそんなことをしますし、もしあなたが従順すぎる行動をとったり、相手を喜ばせようとしたりすれば、相手の操作的、攻撃的傾向を引き出すきっかけをつくりかねません。ちょうどそれは、あなたを見捨てる方向に相手を誘導するようなものです。そして相手はその誘導に従うのです！

前述した女性が、都合を確認する電話を土曜日に入れてほしいと言ったことへのより効果的な対応は、自分には週末の予定があるからそれはできない、と友好的態度で断ることです。間際になってからではなく、前もって十分な時間をとり予定を立てたいとの希望を伝え、次の数週に彼女がデートに応じられる日はないかを尋ねます。その際の彼女の答えがあいまいなら、この話は諦めましょう。彼女を追いかけてはいけません。彼女にデートする気があれば、特定の日を指定するでしょう。そうしたら、具体的で確定的なプランを立て、彼女をどこでピックアップするか、一緒にどこへ行くかなどを伝えます。主導権を握り、彼女に操作的対応をさせなかったあなたの姿勢を彼女は高く評価するでしょう。

親しくなり始めてからも、女性はその場しのぎの言い訳を使うことがあるかもしれません。キスや愛撫を始めたとたん、横を向いて、「その場かぎりのおつきあいはしたくない」、あるいは「最初の（二度目の、あるいは三度目の）デートで寝るようなタイプじゃない」と言われることがあります。このときに男性が犯す一般的な間違いには、二種類あります。ひとつは、口論を始め、自分の主張を押しつける、もうひとつは、拒絶されたと感じ諦める、です。いずれの対応をとっても、あなたは負けるでしょう。口論を始めることは敵対的で要求の厳しい男という印象を与えますし、諦めてしまうことは自信のない臆病な印象を与えます。いずれの対応も、情熱の頂点へと彼女を導く確率は高くありません。

では、どのような対応が可能でしょうか。簡単です。共感をもって応え、武装解除技法を使うのです。たいていの場合、彼女の発言は、面目を保つため、または不安の表れであることを理解しましょう。あなたが彼女の意見に同意し、その感情への理解を表明すると、普通彼女はよりリラックスした態度をとるでしょう。なぜなら、あなたがなりふりかまわず異性をものにしようとする男ではないことを理解するからです。愛情の基礎は信頼ですから、それがきっかけで親密で性的にも報われる関係が始まるかもしれません。

ジェフは、魅力的な女性アリスと出会いました。彼らは最初のデートで意気投合し、ジェフのアパートの長椅子でワインを飲みながら会話を楽しみました。ジェフは彼女のほうへ身体を傾けて、キスをしました。アリスはショックを受けたように身を引き、よく知らない相手とセックスするのは不安、と言いました。ジェフは冷静さを失わず、自分も同じ思いであることを伝え、彼女の武装を解除しました。あまりにも多くの人たちが、互いのことをよく知らず、気遣うこともなしに、出会ってすぐセックスすることにはゾッとする、と強調しました。そして、「抑えがきかなくなり脱線しないよう互いが十分注意していれば、ただ身体を寄せ合い、リラックスして、もっとよく知り合うことのほうが楽しいかもしれないね」と提案しました。アリスは、その考えはすばらしいと同意しました。そしてその数分後、彼らは楽しそうにセックスを始めたのです。のちにアリスは、「ジェフにはずっと強く惹かれていたけれども、過剰に『浮わついた』印象を与えたくはなかった」ことを認めました。

私には、道徳的信条を強くもつ読者の気持ちを害するつもりはありません。デートの相手にどの程度まで性的親密さを求めるかは、あなたの考え次第です。ネガティブな感情を表明し始めた相手の意見にただ耳を傾けるだけで、不必要な緊張状態を避け、より親密になれる可能性を私は述べているのです。彼女のことを諦めたり、ふくれっ面をしたり、いらだったり、プレッシャーをかけたりせず、彼女の主張に気遣いを示してください。こうすることで、二人の人生はずっとすてきなものになるでしょう！

決まった相手と定期的にデートをしている場合でも、パートナーが自分たちの関係に複雑な感情をもっていることを表明したときには、プレッシャーをかけないようにすることが大切でしょう。最近私が治療した、テディベアのようにかわいらしい外見のスタンは、四十八歳の離婚経験者でトヨタのセールスマンをしています。彼は、スーという名のガールフレンドと数年来つきあってきました。それは断続的なつきあいで、少し長い間離れていると、スタンかスーのいずれかがさびしくなり、再びデートを始め、結局一緒に住むことになるのでした。そしてまた、いずれかが関係に飽き、不満を抱え始めて、数カ月の別居という結果に落ち着くのです。このサイクルは、しばらくの時間を置いて繰り返されていました。スタンが私に紹介されてきたとき、二人は約半年間会っていませんでした。そして、スタンのかけたスーへの電話を主なきっかけとして、二人の関係は再び熱を帯び始めていました。

スタンは、スーが電話を歓迎し会話に興味を示しつつも、会おうと提案するといつも抵抗し、「私たちの関係には未来がない」といった言葉を返すことに不満を抱いていました。これが原因で二人は口論を始め、スタンは「なぜそんなことを言うんだ」と詰め寄り、スーは「手が届かなくなった私をいつもの『セールスのお仕事』と同じように追いかけているだけ」と不満をぶつけるのです。彼はその主張をナンセンスと決めつけ、口論は果てしなく続き、しまいには互いに腹を立てて終わるのでした。

そもそもスタンは、スーが思い通りにならないこと、スタン自身が自分に自信がもてないことや孤独になるのを恐れていることなどが原因となって、彼女を追いかけている可能性を理解する必要があります。自分の人生に正面から取り組まずに、彼女を実際には精神安定剤代わりに利用しているのです。ですから、スーが、自分は利用されていると感じ、彼に抵抗するのも当然なことです。安心感と自尊心の鍵を握っているのはスーなのだ、と自分に言い聞かせることによって、幸せの責任を彼女に転嫁する代わりに、彼に求められているのは、満足度予想表（第3章参照）を使い、自分の幸せに責任をもつことなのです。

私はスタンに、通常彼らの会話はどのように進行するのか、と尋ねました。以下は、彼が例として示した、二人の典型的な電話での会話です。

スタン：今晩いっしょに食事しよう。都合はどう？
スー　：スタン、あなたが私に興味をもつ本当の理由は、私が思い通りにならないからでしょう？あなたにとっては車のセールスと同じことなのよ。
スタン：何を言ってるんだ！　僕は君のことを愛してるんだよ！　これはセールスなんかじゃない。
スー　：そんなことを言っても通用しないわ。私たちは好き嫌いも違いすぎるじゃない。同じ人を好きだったことはないし、趣味も合わない。
スタン：それはそうかもしれない。でも、人にはそれぞれ違いがあって当然じゃないか。なぜそれが二人にとって問題になるの？　僕は君に会いたいんだよ！

スタンがスーの言うことにことごとく反論している点に注目してください。スタンはスーの言葉に耳を貸さず、その発言の真意を探ろうともしていません。彼女の発言をさえぎり、ただ自分の言いたいことを主張し、口論を始めています。ですから、彼女は自分の感情を表明する機会がもてないままでいるのです。矛盾しているのは、彼の反論が彼女の正しさを証明している点です。実は、あまり上手ではありませんが、彼は「セールスの仕事」をしているのです。売り込みがうまくいかない原因は、彼が彼女に心からの気遣いを表していないせいです。その高圧的態度がスーを不安にし、彼を避けなければ、と思わせています。スタンは、彼女を取り戻すことに執着するあまり、逆に彼女を遠ざけているのです。

スタンにはどのような選択肢があるでしょうか。スタンは、彼女の言うことにことごとく反論する代わりに、偏見のより少ない包容力のある態度で接する必要があります。また、以下の修正後の会話例が示すように、感情を厳しい態度で表出せずに、共有することを学ぶ必要もあります。以下の会話例には、そこに含まれる基礎的なコミュニケーション技法を、スタンの発言の後に注記してあります。武装解除技法も用いられていることに注目してください。「武装解除」の意味は、相手の発言に反発ばかりせず、その中にある真実のかけらを見出すことにあります。

（スタン演じる）スー：スタン、あなたが私に興味をもつ本当の理由は、私が思い通りにならないからでしょう。あなたにとっては車のセールスと同じことなのよ。

（デビッド演じる）スタン：これが僕にとって車のセールスと同じ、と言いたいのだということはわかったよ（思考の共感技法）。これまでの僕たちの関係が、気まぐれなものだったことに失望していることも知っている（感情の共感技法）。僕との関係を復活させれば、また傷つくんじゃないかって恐れているのかい？（質問技法）

（スタン演じる）スー：その通りよ。それに、私たちは好き嫌いの点でも違いすぎるじゃない。

（デビッド演じる）スタン：君の意見は正しいよ。僕たちにはいろいろと違いがある（武装解除技法）。それが二人の関係にどんな障害になるのか教えてくれないか？（質問技法）

（スタン演じる）スー：あなたは私の友だちのことを好きじゃないし、観劇にも興味がない。いつも劇場まで引っ張るようにして行かなきゃならない。

（デビッド演じる）スタン：観劇は僕の趣味じゃないことは認める。今までは一緒に行くときも迷惑をかけていただろうね（武装解除技法）。君の楽しさを台なしにしていたかもしれない。こんな男となぜ一緒にいなけりゃならないんだろう、と君が考えたとしても当然だろう（感情の共感技法）。今もそんなふうに思っているの？（質問技法）

（スタン演じる）スー：そうよ！　もうこんな関係に未来はないのよ。

（デビッド演じる）スタン：君は僕たちの関係に未来はないと思ってる？（質問技法）。僕がいまだに君のことを好きってことは知っておいてほしいけど（適切な自己表現技法）、僕たちのあいだには、君が心配して当たり前なほどたくさん問題があることは理解しているよ（武装解除技法）。君の思いをもう少し聞かせてくれないかい？（質問技法）

スタンとスーは、上記の例にならった率直な感情のやりとりを数多く行って、はじめて意義のある和解に到達する機会が得られるでしょう。スタンのスーに対する唯一現実味のある誠意の示し方は、和解への努力の前に、今とは違う接し方をすることです。そのためには、彼女を「必要としていること」を放棄し、彼女を操ろうとすることをやめ、彼女の意見に耳を傾けなければなりません。スーに恋愛感情がまだ残っているという保証はありませんが、胸につかえていた感情を彼女が吐き出し、理解されたと彼女が感じる可能性があるからです。そうしたあとに、もしスタンへの感情がいくらかでも残っていれば、スーはより楽な気持ちで二人の恋愛関係を復活させるかどうかを決めることができるでしょう。

パートナーにこの自由を与えることは、当然大きな勇気が必要です。彼または彼女があなたのもとを去ることになっても、あなたは本心からそれを許す心構えがなければなりません。つまり、現在そして未来の自分の幸福は、パートナー次第ではないということを確信しなければなりません。ひとりでは生きていけないと感じているかぎり、コミュニケーションには不安が伴い、自信のない態度や相手を操ろうとする態度が避けがたく生まれるでしょう。結果として、パートナーは身動きがとれなくなり、恨みの感情をもつでしょう。

こうした恐れや不安の克服を可能にする方法が、表8-1に示す日常気分記録表です。ここには、今つきあっている相手と別れた場合にもつであろうネガティブな思考をすべて書き出します。以下の質問を自分に向けてください。「もし私たちが別れたとしたら、それは本当に恐ろしいことだろうか？　それは私にとってどんな意味をもつのか？　私はどう感じるだろう？」。スタンの思考を検討し

表8-1 日常気分記録表*

動揺した出来事：私の愛しているスーが、親密なつきあいを拒んでいる。		
ネガティブな感情：あなたの感情を、0（ほとんどない）から100（大いにある）までの評価点とともに記録します。「感情」には、悲しい、不安、怒り、罪悪感、孤独感、絶望感、いらだち、などがあります。		
感情の評価 （0～100）		
1. 悲しい　40%	3. 怒り　90%	5.
2. 心配　90%	4.	6.
自動思考 ネガティブな思考を書き、順に番号をふります。	**歪　み** 自動思考のそれぞれにある歪みを特定します。	**合理的反応** より現実に合ったポジティブな思考に置き換えます。
1. 彼女に会えなくなるなんて恐ろしい。スーなしには幸せになれない。	1. 拡大視	1. スーと別れていたあいだも、スーなしに幸せを感じた経験は何度もある。彼女はすてきな女性だ。しかしスーだけが私の幸せの源泉ではない。
2. 彼女が私に会いたくないというのは不公平だ。	2. レッテル貼り	2. スーが会うことを望まないのは残念なことだ。しかし、「不公平」なことではない。好きになった人が私を愛さなければならない、会いたいと思わなければならないと取り決めた法律はない。
3. もう他の誰かと恋に落ちることはないだろう。	3. 先読みの誤り	3. これはナンセンスだ。これまでの人生で私は数多くの女性と恋に落ちてきた。

自動思考	歪　み	合理的反応
4. 彼女は私にとって唯一素直に自分を出せる相手だ。自信のなさや失敗談をスーとなら率直に語り合える。	4. 全か無か思考	4. おそらく自分さえ決心すれば、もっと率直に語り合える相手は数多くいるはずだ。私はスーを過大評価しているかもしれない。実のところ、いつも口論で会話が終わってしまうから、最近は自分たちの感情について率直に語り合うことができていない。

再検討の結果：「合理的反応」を再び読んだ後の今の気持ちを選んでチェックしてください。

□ まったく良くならない。□ 少し良くなった。☑ かなり良くなった。

□ とても良くなった。

てみると、基本的にふたつの仮定があるように思われます。

1. スーの愛情なしには、幸せで満ち足りた人生を送ることはできない。
2. スーは私を愛して当然だ。私が善人で、スーに優しく接するのであれば、スーはその見返りに私を愛さなければならない。

最初の仮定が表す態度は、「依存」と呼ばれます。なぜならそれが、自尊心と幸せの可能性はすべてスーにかかっている、とスタンに思わせる原因となっているからです。しかし、スタンはスーに出会う前もかなり幸せであったし、別居中もいろいろな機会に幸せを感じた経験があるのですから、この態度は実際にはかなり現実からかけ離れています。この基本的な真実を見失い、ある特定の人の愛情がなければ抜け殻同然と考え始めたとき、あなたは自分自身を不当に扱い、悩みや苦しみへと向かいます。

二番目の態度は、「過度の要求」と呼ばれます。その態度が、スーに愛されて当然と彼に思わせるからです。愛情に飢えて高圧的なスタンを見て、プレッシャーを感じ身動きがとれないと感じたスーは彼を避けます。愛情を誰かに要求することは、絶対にできません。できるのは、無償で愛情を与えることだけです。

スタンが「自動思考」をすべて書き出し、それに対する合理的反応を考えてみたところ、彼はスーとの関係に深入りしすぎていたことに気づきました。そこで、他に何人かの女性とつきあい、スーに過大なプレッシャーをかけるのをやめようと決心しました。こうしてつきあった女性たちとの関係は、ほとんどが楽しいものでした。スーに示す彼の興味が減るにつれ、よくあることですが、彼女のほうが今度は彼への興味を強く示し始めました。「この関係に未来はない」と不平を言うこともなくなり、より頻繁に電話をかけてくるようになったのです。そして、やきもちを焼き、もっと一緒にいたいと言い出しました。先週、フィラデルフィアの中華街で彼らは夕食を共にしましたが、そのとき偶然、スタンのフォーチュンクッキー（デザート用のおみくじ入りクッキー）には、以下のようなおみくじのメッセージが入っていました。これをもってセッションに現れた彼は、満面の笑みで私にそれを見せました。

女性はあなたの影のようなもの
追いかければ逃げ
逃げれば追いかける

◆女性の理想化をやめるには

女性に操られる原因をつくる傾向のひとつとして、女性の理想化があります。さびしさや自信のなさを感じているとき、特定の女性への空想はポジティブでロマンチックなものになり、彼女なしには生きていけない、あるいは彼女以外の女性と良い関係をもつことなどできないと考え始めます。通常そうした場合の女性像は、あなたの心の中にある歪みに基づいています。フィルターを通して見るように、良い点のみを見て悪い点はすべて無視しているため、その人をお姫さまに仕立てているのです。恋愛が精神病にたとえられる理由はここにあります。恋に落ちた相手は、そもそもあなたがつくりあげた虚構である可能性があります。しかし、この傾向を捨てることは容易ではありません。なぜなら、そうした空想はとても魅惑的で刺激的だからです。デート相手の女性について、現実により近い考え方を学ぶことで、心痛や悩みの多くを避けることができます。

ポールは、フィラデルフィア郊外に住む離婚歴のある二十八歳の建築家です。結婚生活の破綻後、彼は同僚のスザンヌと激しい恋に落ちました。彼の言葉によれば、スザンヌはとても魅力のあるクリエイティブな女性とのことです。しかし、思春期から重い感情障害を患ってきた彼女は、セラピーを受け続けていました。スザンヌにとって、親密で愛情に満ちた関係を築きあげ、それを維持することは容易ではありませんでした。二人のあいだでは、強烈な肉体関係の時期が過ぎると、それと同程度に激しい喧嘩と大荒れの時期が続くのでした。ポールはそれを、「ローラーコースターに乗ったときのよう」とたとえました。彼女は、ある重大な約束の履行を迫られていて、その履行期限が近づいていると感じたら、ポールとはそれ以上つきあうことなく別れる、と以前から警告していました。二人の別れは、ポールの最初のセラピー・セッション直前に起こりました。ポールは過去に、ある程度満足できる恋愛関係をもった女性が複数あったにもかかわらず、「スザンヌは特別な女性だった。あんな女性に巡り合うことはもう二度とないだろう」と何度も自分に言い聞かせ、抑うつ状態に陥っていました。

セラピーは、崩壊しつつあるスザンヌとの関係に対するポールの歪んだ考え方に重点を置いて行われました。

デビッド：スザンヌとのつきあいに匹敵する恋愛関係は、もう二度とないと確信しているのですね？

ポール：それが問題の核心です。他の誰とも、あのような関係にはならないでしょう。

デビッド：あなたの女性との恋愛関係を0から100％で評価してみましょう。0は、あらゆる点でまったく望ましくない関係に対する評価です。98％は、魅力的であなたにぞっこんな財産家の美女と、リビエラでの生活としましょう。彼女との関係は、性的にも感情的にも知的にも、満足のいくものです。

ポール：それなら完璧ですね。100％です。

デビッド：この評価尺度を用いるとしたら、あなたが満足して結婚したいと思う女性との恋愛関係には何％が必要ですか？

ポール：そうですね、少なくとも90％以上が望ましいですね。

デビッド：なかなか厳しいですね。ではスザンヌの評価は？

ポール：だいたい95％というところでしょうか。

デビッド：あなたの問題の解決策は単純です。スザンヌを放さないことです。二人の関係に起因するあらゆる不愉快さを問題にせず、彼女を追いかけて結婚を申し込むことです。彼女の得点は、90％を5ポイントも上回っているんですからね。

ポール：でも、あの精神的苦痛や喧嘩には耐えられないんですよ。二、三週間ごとに彼女は私から離れていくんです。

デビッド：それならなぜ評価が95％なんですか？

ポール：先生のおっしゃることはわかります。……実際には60％から70％しかあげられないでしょう。

デビッド：ということは、二人の関係はそれほど理想的ではないということですね。スザンヌのように魅力ある女性は二度と現れない、と言うとき、その点を忘れないことが大切でしょう。

ポール：それでも私にとってスザンヌは特別で、彼女のような女性は二度と現れないと思っているんです。

デビッド：それは事実です。誰もが他の人とは違っていて、特別な存在なんですから。でも、仮にスザンヌそっくりの女性百人と出会ったとして、それであなたは幸せになりますか？

ポール：ええ。夢がかなったようなものです。

デビッド：そうなったら、スザンヌと同様、イライラして苦痛に満ちた関係を百回繰り返す可能性がありますね。同じようにみじめな恋愛を、残りの人生をかけて何度も何度も繰り返すのですよ。そんな状態が本当に望ましいのですか?

ポール:悪夢のようなものかもしれませんね。……実際には、私が好きだったスザンヌの良い点をいくつかもち、彼女とは基本的に違う女性と出会いたいと思います。

この対話をきっかけにポールは、スザンヌとの関係を理想化していることが彼を動揺させていることに気づきました。彼女のもつ長所と短所について考え、二人の関係をより現実的に評価することを学ぶにつれて、ポールの孤独感は軽減し始め、彼女を必死で取り戻そうとすることもなくなりました。このセッションの翌週、スザンヌから電話があり、彼女はポールのもとに戻りたいと言いました。彼はその申し出を断りました。「彼女の矛盾した言動や短気に怒りは覚えるものの、意地悪な気持ちからではありません。彼女との関係から来る絶え間ない動揺は、ないほうがずっと幸せだろうから」と、ポールはその理由を説明しました。

私がこの考え方の中にひそむ大きな力と真実を最初に発見したのは、医学生時代、「放蕩の日々」を過ごしていた頃でした。ある若い女性――ボビーと呼ぶことにしましょう――と私は出会い、恋人としてつきあい始めました。私がそれまでつきあってきた女性のほとんどは、どちらかといえば理想主義的で「安全」なタイプでした。しかし、ボビーはそうした女性とは対照的に、いわゆる「タフ・チック(魅力ある手強い女性)」でした。独立心が強く、グラマーで、カットオフ・ジーンズをはき、いつもパロ・アルトの粗野な連中とたむろしていたのです。

ある晩私は、ライトを点滅させて彼女の家の前を行ったり来たりする車に気づきました。「おかしい」と思ってボビーに尋ねましたが、彼女はただ肩をすくめるだけでした。その次の日の晩も、また同じ車が同じように行き来し、今度は家の進入路まで乗り入れてライトを点滅させ始めました。私はそれを指摘し問い質しましたが、彼女の答えはあいまいでした。さらに強く質問すると、それが昔のボーイフレンドのマイクであること、そして彼がよりを戻したがっていることを彼女は告白しました。そのことについて「何も知らない」と装っていたことが、すでに不安レベルの上昇していた私をさらに不安にさせました。その約三十分後、マイクと思われる男から電話がありました。受話器をとった私に、「ボビーと話がしたい」とその男は言いました。私は、非常に防衛的でいらだちに満ちた声で、「ボビーは今電話に出られないし、君とは話したくないと言っている」と、間の抜けた答えを返しました。そして私たちの邪魔をしないでほしいと告げ、電話を切りました。彼はかなり怒った様子でしたが、ボビーもまた私にいらだちを見せました。

その夜遅く、玄関のドアをたたく音が聞こえ、私がドアを開けると二人の男が乱入してきました。一人は身長が一九〇センチ以上もあり、刑事ものの映画に出てくるチンピラのような、筋肉質の威圧的な男でした。もう一方の、そう大きくなく、印象も強くない男がマイクでした。チンピラは冷たい視線で私をにらみ、マイクがボビーに会いにきた、と告げました。決して喧嘩に強いほうではない私は、この二人がとうてい力の及ぶ相手ではないことを感じ取りました。さらに悪いことに、その数週間前、私は事故でアゴを骨折していたのです。アゴは針金で固定されていましたが、きわめてもろく、流動食しか食べていない私の体重はかなり減っていました。私はいつもよりもさらに自分を弱くを感じ、激しくおびえました。

私が次にとった行動は、とても卑劣なものでした。彼らを無視したそぶりで電話器のところへ行き、警察の緊急電話番号をまわして、「今すぐアレン・ブールバードの一八九三七まで警官を派遣してください。家に迷惑な客がいるんです」と伝え、彼らに向き直りました。私は彼らを打ち負かし、その場をなんとか支配下におくことに成功した、とそのときは感じました。しかし、彼らはあとずさりしながら「覚えていろよ!」と言い残し、立ち去ったのです。

私は恐怖に襲われました! なんてことをしたのでしょう。おそらく窃盗や暴行などの逮捕歴が数回はある連中です。私の人生は恐ろしい悪夢へと変わる、と予感しました。さらに悪いことには、隣の部屋から一部始終を見ていたボビーが、私の態度に激しく怒り出したのです。彼女はまるで私たちの関係がもう終わったかのように振る舞い、私を「世界一の弱虫」とののしり、一切身体に触れさせようとはしませんでした。

その夜、私は一睡もできずにパニックと屈辱の波に溺れていました。どうすればよいのでしょうか? 自ら底なしの穴を掘り、そこへ落ちてしまったかのように思われました。残されたチャンスがたったひとつだけありました。私より年長で助けになってくれそうな友人――マットと呼ぶことにします――を思い出したのです。マットはセミプロのギャンブラーで、サイコドラマのリーダーでもありました。私は過去何度となく集団感受性訓練での彼のリーダーぶりを見ていて、彼に勝るリーダーはいないと思っていました。信じられないほど人々をおびえさせる能力に長けていた彼は、最も困難な状況をも自分に有利な方向へと変えてしまうのでした。一九六〇年代半ばにカリフォルニアで活躍していた「グル（教祖的存在）」の中でも、彼は最も実力のあるひとりでした。しかし、私がこの苦境から抜け出す方法を示す能力や意欲が彼にあるかどうかは不明でした。

夜中の三時、自暴自棄の私はマットに電話をかけ、「恐ろしいことが起きてしまった」と言いながらことの次第を説明しました。話を聞いたあと、マットは、解決策はいたって簡単と言いました。そして、午前六時になったらマイクに電話して過ちを認めるよう提案したのです。「いろいろ考えた結果、マイクとボビーが必要としていた話し合いの機会を邪魔したのは正しいことではなかった」と告げ、二人は理想的なカップルかもしれないと強調すること、ボビーの家から私は丸一日離れているので好きなだけ彼女と一緒にいてはどうか、と付け足すよう指示しました。マイクはおそらくその晩大荒れで飲みすぎているに違いないから、翌朝はひどい二日酔いで、女性のことなどほとんど頭にはないはず、とマットは予想しました。そんな状態でボビーと一緒にさせれば、彼女はさらに魅力のない女性と映るだろうと考えたのです。そして最後にマットは、「ボビーにはマイクが家に来ることを説明し、君はあとのことは忘れ、バイクで丘の上まで行き、人生を楽しんでこい」と言いました。

私はこのマットのアドバイスに一字一句従いました。朝六時にマイクに電話をかけ、寝ていたところを起こしてすまないが、伝えなければならない重要なことがある、と言いました。そして私が過ちを犯したこと、ボビーにはマイクのほうがお似合いだと思うので、彼には彼女に会う権利があることなどを伝えたのです。「僕はもうボビーのところへは行かない。ボビーは君のことを待っているから、今日すぐにでも彼女のところへ行って一日中一緒に過ごしてはどうだろう」と強く勧めました。マイクは驚いた様子でした。しばらくの沈黙のあと、疲れきった、おとなしく申し訳なさそうな声で、「彼女とはあまりうまくいってないんだ。会いに行こうとは思うけど、確約はできない。大いに感謝するよ。君は素晴らしい男だ」と言いました。

その後私は、マイクとの約束についてボビーに説明しました。彼女がマイクと会いたがっているのにそれを阻止しようとしたのは無神経な振る舞いだった、と伝えたのです。過ちを償うため、その日一日どこかへ行くことにしたので、マイクに電話をして一緒に過ごすよう誘ってみてはどうか、と彼女に言いました。それを聞いた彼女は、まるで雷に打たれたような反応を示し、「マイクにはもうこれっぽっちの興味もないし、もともと特に強く惹かれていたわけじゃない」とすぐに抗議し始めました。

私は、結論を急がず少なくとも電話で話し合ってみるべきじゃないか、と言いました。そしてバイクにまたがり、パロ・アルトを見下ろす丘を目指して走り出しました。まだ少しだけ傷ついた感情と嫉妬心は残っていましたが、私はこの状況への対処の仕方をとても誇らしく思いました。それは、本島に美しく楽しい経験でした。顔に当たる早朝の空気は冷たく、バイクのエンジン音が心に安心感を与えてくれました。危機一髪でライオンの牙を逃れ、救われた気分を満喫したのです！

その日は、私の人生の中で最も信じがたい一日となりました。森の中をバイクで進んでいくと、馬で丘を登る若い二人の美女に出会ったのです。彼女たちは、山小屋で共同生活をする学生グループと暮らしていました。私たちはそこで歌をうたい、語り合い、陽気に騒いで一日を過ごしました。午後には、グループの中のひとりの女性と、裏庭に吊られたハンモックの中で寄り添って揺られ、昼寝までしたのです。それはまるで魔法にかけられたかのような、感動的で開放的な冒険でした！

午後の七時頃、私は揺れる心を抱えて家路につきました。ボビーの家で何が起こったのかを私はとても知りたく思いました。戸口で出迎えたボビーは、長いドレスを着ていました。彼女のそんな姿を見たのは初めてでした。彼女の説明では、マイクから電話はあったものの、簡単な雑談の後、もはや二人の間に相通じるものは何もないと互いに結論づけたのだそうです。ボビーはそのあと一日かけて家を掃除し、豪華な夕食を準備しました。それまで掃除と料理には見向きもしなかった彼女が、まるで王様のために調理されたかのような夕食を準備したのです！

この経験から、誰かを「獲得」するには、その相手を失う覚悟がなければ無理、ということを私は学びました。その場しのぎの言い訳を使う女性を追いかけても、決してうまくは行かないでしょう。

あなたにつらい思いをさせる女性にすがったり、説得を試みたりしてはいけません。それは取り返しのつかない過ちです。そうではなく、靴音高く堂々と彼女から歩き去るのです。じきに彼女は、あなたを追いかけ始めるでしょう！

◆とらえどころのない男性との立場を逆転するには

昨日私の面接室で、三十歳で離婚歴のある魅力的な女性ベスは、聞き慣れた不満を訴えていました。「どうしたら私、男を信じられるのかしら。七カ月前から、ニューヨークに住むジョージとつきあっているんですけど、彼は昔の彼女と完全に切れていないんです。先月だって、昔のフィアンセが来る、と言うから、彼にその人とは会わないでほしいと言ったんです。でも、『俺を信じてくれよ！　彼女がニューヨークにいるあいだだって、必要ならいつでも君のところに飛んで来るから。彼女はただのい、い、い、い、い、い、友だちさ。だけど、義理があって会わなきゃならないんだ。礼儀ってものもあるしね』と言うから私も譲ったんですけど、結局彼女と十日も一緒に暮らしたんです。その間は連絡も取れなかったし、そのあと、あいつったら、ぬけぬけと尿路感染症にかかっただなんて、二人が寝たことを宣伝して回るようなことを言うんです。おまけに、今度は別の女ともだちがニューヨークに来るから会いたいとかで、また『俺を信じてくれ』って。でも今度は会わないと約束させるつもりです。そうする権利が私にはあると思いませんか、先生？」。彼女はこう言ってから、自分にはジョージを責めるつもりはない、なぜなら彼は未熟で、まだ過去の女ともだちの影響下にあるから、とつけ加えました。そして、彼女たちに抵抗する方法を学ばせれば、彼は浮気しなくなると思う、と言うのです。

唯一の問題点は、この戦略には効果がないことです。他の女性たちに会わないようジョージに約束させることは、猫にネズミを追いかけないよう約束させるのと同じで、成功する確率は低いでしょう。結果として、ベスとジョージのあいだで彼の「権利」と「自由」をめぐって口論になるか、あるいは浮気しないと素直に約束したとしても、彼女の目の届かないところで彼が好きなようにするかでしょう。彼に一対一の愛情関係の準備ができていないかぎり、彼は追い込まれたと感じ、彼女が自分をコントロールしようとしていると恨みがましく考えるかもしれません。しまいには、彼女は彼を失うことにもなりかねません。

では、彼女にはどのような選択肢があるのでしょうか。第一に、ベスは「自分には彼が必要」と自分に言い聞かせるのを止めなければなりません。そう思い込んでいるせいで、彼女は目隠しを着けた馬のようになってしまいます。なぜなら、彼女の考えが彼を「獲得」することに集中するからです。しかし、ほとんどの人は「獲得」されることを望みません。ジョージを「必要」とすることを解き放つことで、数多くの創造性に富んだ選択肢への道が彼女には開かれるでしょう。

ときとして、いらだたしい状況に対する最も合理的で効果的な反応は、今とは正反対の行動に関係していることがあります。ベスは、ジョージを罠にかけてとらえようとするのをやめ、逆に突き放すことで、より良い結果が得られるかもしれません。自分への忠誠をジョージに強いるのではなく、彼女は以下のように言えばよいのです。

「ジョージ、他の女性へのあなたの気持ちについてずっと考えてきたわ。そして、彼女たちとの関係を深める時間があなたには必要だってことに気づいたの。その中のひとりが、あなたにとって運命の人かもしれないしね。そして、私自身のためにも一、二カ月、時間が必要なのよ。気を悪くしないでね。あなたって優しい人だから。でもね、しばらくあなたに会わないって決めたの。私たちのおつきあいはしばらく休みにするから、その間を利用して他の女性との関係を深めてみたらどうかしら。数カ月経っても、まだ私たちに共通する何かがあると思うのなら、電話をちょうだい。もし私がそのときひとりだったら、もう一度おつきあいできるかどうか相談しましょう」

結果がどうなるかは、おそらくあなたもご存じでしょう。ジョージは、私たちの多くと同じです。つまり、手に入らないものを欲しがる、ということです。ベスが逃げて行くと感じるや否や、彼の頭の中ではベスの価値が劇的に高騰します。いつも自分のものと考えていた彼女が、次の瞬間手の中にいないことにジョージは気づきます。彼はおそらく彼女を追いかけるでしょう。そして、彼女は彼を支配できるのです。これは簡単な戦略です。必要なのは少しばかりの勇気で、通常この戦略は不思議なほどの効果を発揮します。いつものように、ジョージが他の女性との関係を始めたとしましょう。「俺を信じてくれ」と唱えだしたときをつかまえて、ベスは二人の関係に関する条件を、効果的に突きつけることができます。彼らの会話は以下のように進むでしょう。

ジョージ：どういう意味さ、この先二カ月間俺には会いたくないって。

ベス：あなたとのつきあいをしばらく休みたいの。あなたにとっても休みは必要でしょう？ でも、もうこれっきり会えないということじゃないのよ。

ジョージ：休みたいって、どういうことかな。俺は君にとても会いたいんだよ。俺の気持ちは大切じゃないのか？

ベス：あなたの気持ちはもちろん大切よ。でも良い方に考えましょう。あなたは好きなように誰とでもデートできるじゃない。私ね、あなたにプレッシャーをかけすぎていたって悟ったの。あなたは自由がたくさん必要なタイプの男じゃない？ だから、今ある選択肢をすべて探ってほしいのよ。

ジョージ：でも、デートをたくさんして、「選択肢」とやらを探る必要なんてないよ。あの女たちはみんなただの友だちさ。俺が会いたいのは君なんだ！

ベス：そうかもしれない。でもね、サラやバーバラがどれほどあなたにとって大切か、そしてあなたが、会わないことで彼女たちを傷つけたくないと思っていることも理解できるのよ。こうすれば、あなたは彼女たちに会うことができるし、彼女たちにもあなたに会う機会が与えられる。それは、あなたにとってとても大切なことなのよ。

ジョージ：あいつらは大切じゃない。俺にとって大切なのは君なんだ！

ベス：そう、ありがとう。私もあなたのこと、大好きよ。

ジョージ：だからさ、この週末は一緒に過ごそうよ！

ベス：ごめんなさい。ほかに予定があるの。さっき言ったように、いろいろとゆっくり考える時間が必要なのよ。自分はどうすべきかを決めたいの。

ジョージ：そんなのフェアじゃないよ！　週末は誰かと会うんだろ？　いったい何のためにそんなに長い時間が必要なんだ？

ベス：週末の予定は私の個人的なことよ。でも正直に言うとね、あなたには真剣な交際への準備ができていないと思うわ。それに、あなたが私にとって理想の男性かどうか、自信がないの。あなたにはすてきな点がたくさんあるわ。でも、私にとってとても大切なことなのに、同じ目線に立てないことがいくつかあるのよ。あなたは何人かの女性と同時進行したいみたいだし、その権利もあるわ。私はそんな中のひとりになりたくないだけ。将来あなたの状況が変わったら教えてね。

もし会話が上記のように進展しなかったとしたらどうなるでしょう。ジョージがベスを追いかけないとしたら？　これは、とても重要な問題です。もし彼女が、「私にはジョージが必要。彼なしには生きられない」と自分に言い聞かせているとしたら、上記も含め、どんな戦略も失敗に終わることでしょう。いわゆる「正しい行動」を真似るだけでは、効果はほとんど期待できません。自分自身を信頼しないかぎり、あなたの発する言葉は正しくても、声にはあなたの不安や痛みが表れてしまうでしょう。しかしあなたに、「この男は興味深い選択肢だけれども、必要不可欠ではない。なぜなら、私は彼なしでも生きていられるし、人生を受け入れることができる」と自分に言い聞かせる強い意志があれば、彼が追いかけてこようがこまいが成功はあなたのものです。あなたの本当の敵は自信のなさと不安であって、ボーイフレンドではないからです。そして究極の勝利は、彼を「獲得」することではありません。それは、あなた自身を愛し尊重する方法の習得にあります。

◆男性からつけ込まれないようにするには

男性からつけ込まれないようにする方法は、ひとえにあなた自身を信じることにあります。最大の過ちは、心惹かれる相手なしには生きることができない、と自分に言い聞かせることにあります。これと同じ考えをあなたが持ち始めた瞬間から、問題が生じます。

独身女性にとって一般的な問題は、いつもギリギリになってから誘いをかけてくる男性への対処です。「ＯＫ」と答えたい気持ちはやまやまでも——特にひとりぼっちになるのが恐ろしい場合など——寸前になってデートに誘うことしかしない男性の態度は、あなたとって非礼であることを理解しなければなりません。なぜ彼はいつも直前にしかあなたを誘わないのでしょうか。彼の望むのはセックスだけでしょうか。彼はあまりにだらしなく、先の計画が立てられないのでしょうか。妻を裏切っている妻帯者なのでしょうか。誰か別の女性に待ちぼうけを喰らったがために、あなたに電話しているのでしょうか。あるいは、すべての女ともだちに振られ、あなたしか残っていないからでしょうか。そんなふうに利用されてもよいのかどうか、自問してみてください。あなたの自尊心はそれにどう答えるでしょうか。

そんな男性との立場を逆転させたければ、以下の会話に示されるように、自分自身を支持し、積極的に自分の意見を主張しなければなりません。この会話例を読んで、相手からプレッシャーがかけられたときでも、敵対心を抱いたり、皮肉を言ったり、弁解がましい控え目な言葉を返したりする必要はないという点に注目してください。そうする代わりに、きっぱりと礼儀正しく、利用されるのを拒否するのです。

ラルフ：（電話口で）やあ、ジェニー？　僕、今この街に来ているんだ。今朝着いた。
あなた：ラルフ！　電話してくれて嬉しいわ。
ラルフ：ところでさ、あと三十分したら仕事が終わるんだ。デートしないか？　君のところで一杯やれないかなって思ってる。
あなた：あらあら、残念。予定があるのよ。次回は一週間ぐらい前に連絡くれない？　あなたに会いたいわ。
ラルフ：予定があるって何だよ。どんな予定？
あなた：まあ、個人的なこと。
ラルフ：個人的な予定があるって？　どんな個人的予定なの？
あなた：私の予定にずいぶん興味があるのね。
ラルフ：この街にはちょくちょく来られないし、それに君に本当に会いたいんだ。その予定、ちょっとだけ変えるわけにはいかないか？　それほど重要なことっていったい何だい？
あなた：私に会いたがってくれるのは嬉しいわ。でも、それほど会いたいのなら、もう少し前もって予定を教えてちょうだい。そうすれば確実に会えるわ。
ラルフ：僕が予定を立てるのは嫌いなこと、知ってるじゃないか。その時の気持ちで物事を決めるのが好きなんだ。衝動的に行動するほうが楽しいんだよ。それにスケジュールがなかなか立てられないしね。上司がいつもぎりぎりになって出張を決めるから、無理なんだ。仕事の性質上、一週間前にこの街に来るかどうかなんてわかんないよ。なあ、考え直してくれよ。昔のよしみで、ラルフのために今晩だけ君の予定を変えるわけにはいかないか？

あなた：前もって予定が立たないのって本当に残念だわ。あなたには会いたかったんだけど、今回会うのは無理みたいね。上司を説得して予定が立てられるようになったり、出張じゃなく自前で来たりすることがあったら前もって教えてね。

コメント：ラルフはあなたを諦め、利用できる別の誰かを探すでしょう。あるいは、態度や言葉を変え、より礼儀正しく敬意をもってあなたに接するようになるかもしれません。いずれにせよ、状況をコントロールしているあなたの形勢は有利です。対照的に、ラルフの要求に負けてしまえば、最終的にはおそらく利用され、「男ってなんて悪党なんだろう」との苦い気持ちをもつことでしょう。そんなことに価値がありますか？

◆愛情の「必要性」を放棄する

多くの男女が、幸せと生きがいを感じるにはパートナーが「必要」という考えを放棄できずに苦労しています。しかし実のところ、あなたがその「必要性」を放棄しないかぎり、愛情を見つけることは難しいでしょう。愛情を「必要」としないという考えは――もしあなたが今さびしさを感じているのであれば特に――黒板を爪で引っかく音のようにしか聞こえないでしょう。私たちの文化全体が、「愛情は人間にとって基本的に必要なもの」との考えに基づいているため、余計に難しいのです。このテーマは、私たちの目にする広告や、耳にする音楽にも通底しています。バーブラ・ストライザンドは、「人々を必要とする人々は世界で最も幸せな人々」と歌いました。二十世紀において最も影響力の大きい精神医学者のひとりであるハリー・スタック・サリヴァンもこの考えを支持し、すべての生き物は、生きているかぎり親密な関係を必要とすると考えました。彼は著書*の中で、「私の知るかぎり、人が独力で親密さへの必要性を満足させる方法は存在しない」と述べています。旧約聖書の創世記にも、神は孤独の苦痛を重視し、「人はひとりでいるべきではない。仲間を創造しよう」と言い、イブをつくられた、と記されています。

私の行ってきた研究、そして孤独感に悩む独身者や問題を抱えるカップルの診察からは、事実がこれとは異なる見解に近いことを示唆しています。その事実とは、愛情の「必要性」こそが、あなたの強く求めている親密さを奪い得るということです。この洞察は、何かを「必要」とする考えを放棄しないかぎり、望むものを本当に獲得することはできないと示唆する東洋哲学から導き出されたものです。ひとたび「愛情が必要」との考えを放棄すると、突然あなたは必要と考えていた以上の愛情を発見するかもしれません。

愛情の「必要性」は不健全であり得る、との考えに当初は腹を立てる人もいます。私の最初の著書、『いやな気分よ、さようなら』を出版した直後、私はサンフランシスコの新聞記者からインタビューを受けました。彼女はその中で、「愛情への依存」の章で「愛情は大人が必要とするものではありません」という文章を読みショックを受けたと言いました。「愛情を必要とするのは健全なことではないのですか?」と彼女は私に尋ねました。それに続けて、その一年前に恋人と別れたこと、それ以来ひどく落ち込んでしまったことなどを彼女は明かしました。なぜそうなったのでしょう? その理由は、生きがいと幸せを感じるには彼の愛が必要、と彼女は自分に言い聞かせていたからなのです。からっぽで満たされない気分の原因は自分がひとりだから、と考える彼女は、実際にはそのみじめな状況の原

* H. S. Sullivan, *The Interpersonal Theory of Psychiatry* (New York: W. W. Norton & Co., 1953), p.57.

因が、現実に合わない自分の考え方にあることを理解できずにいました。それでもなお、驚くことに、みじめな状況と孤独感の原因をつくるまさにその価値観を彼女は弁護していたのです。愛情に関する他の多くの態度と同様、愛情の「必要性」には、その人を強くする力もあれば破壊する力もあります。この本質的な二面性に彼女は気づいていませんでした。

私の発言をどうか誤解しないでください。私は、愛情が重要ではない、あるいはすべての孤独感は神経症であると主張しているのではありません。私たち人間は、基本的に社交的な生き物です。人々との隔離を強いられたときに感じる張り詰めた気分と満足感の欠如は、優しさや親密さの喜びと同様、重要な動機づけの原動力となり得ます。自分を尊重し、人生に満足感をもつとき、他の人々への愛情はあなたの人生のみならず、他の人々の人生をも強化するものとなるでしょう。しかし、他人の愛情がなければ生きることができないと自分に言い聞かせているかぎり、あなたは自分の力を軽視し、豊かさと喜びをもたらす人生の大きな潜在力を見失っています。

本章の目的は、望むものをどのようにして手に入れるか、つらい思いをさせる相手との立場を逆転させるにはどうしたらよいかについて考え、それに必要な力について考えることにありました。しかしまた、本章の目的は、降伏することについて考えることでもありました。なぜならば、勝つためにはまず進んで負ける決意が必要なこともあるからです。結局、あなたには決して他人を支配することはできません。支配できるのは、あなた自身に限られます。力ずくで他人の愛情を自分に向けさせたり、尊敬させたりすることは、絶対にできないのです。自分自身への愛情と尊敬を選ぶこと、それだけがあなたにできることです。相手を追いかければ、相手はあなたを避け、あるいは逃げていくでしょう。無理につかまえようとすれば、それに抵抗したり、あるいは離れたい衝動を強くもったりするかもしれません。ときには手を放し、相手を解放しましょう。そうすれば、自由の身となった相手は、あなたに手を差し伸べるでしょう。

しかし、それにはリスクが伴います。もし結果として相手を失い、そのままひとりぼっちになってしまったら？　このリスクをとる勇気は、信頼——あなた自身への信頼——から生まれます。あなたが今、誰かに愛情ある態度で扱われているか、あるいは拒絶されているかにかかわらず、自分は価値ある人間であり、愛されることが可能と信じなければなりません。ひとりぼっちになることの恐れに支配されているあなたは自信なく不安げに見え、他の人たちにあなたを避けたいと思わせるのです。他人に依存することなく生きられると決心したときにあなたが投射する自信は、あなたに自尊心をもたらします。そして、他人にはあなたが突然つかまえにくい存在として映り、あなたを手に入れたいと思わせるでしょう。自分には誰かが「必要」と自らに言い聞かせることは、孤独感への最短の近道です。そして、その「必要性」を解き放つことが、親密さへの道となります。

これは恋愛が、他人を出し抜く方法を学ぶ、安っぽいパワー・ゲームにすぎないことを意味するのでしょうか？　その見方は、真実から最も遠く離れています。あらゆる恋愛関係の基礎は、互いの尊重にあります。恋愛とは、二人の人間が互いの人生を隠し立てせず、見栄を張らず、誠実に共有するための機会です。しかし、デートの初期の段階では、特定のゲームが行われます。このことを考慮しておかないと、あなたのプライドや理想主義のすべてが、苦い思いやさびしさに変わってしまうかもしれません。そのゲームは、誰かに勝つため、あるいは打ち負かすために行うのではなく、より深く、より純粋な方法で相手と人生を共有する機会を得るために行うのです。それこそが、真の勝利です！

第Ⅳ部
親密になる

第9章

他人を好きになり愛すること：ロマンチックな完璧主義にうち勝つ方法

拒絶の恐れを克服し、定期的にデートを重ねていくと、新たな問題が生まれつつあることにあなたは気づくかもしれません。すなわち、どのようにすればあなたのことを気にかけてくれる人を愛し、その人の真価を認め、感謝できるようになるかという問題です。とても人気のある人は、つきあいを楽しむ伝染性の能力をもっているかのように見えます。私の医学部時代の友人ウィリアムは、決して他人の悪口を言わない男でした。誰に対しても魅力を感じているように見えるという意味で、彼は真の「愛する人」でした。それは彼の成功の秘訣のひとつでもありました。彼と一緒にいるとあまりにも気分が良いために、みな彼に抵抗するのは難しいと感じてしまうのです。女性たちは、ときどき彼のいないところでその悪党ぶりを非難するのですが、ウィリアムと一緒にいるときは、彼が耳元でささやく言葉に彼女たちの抵抗はたちまち溶けてしまうのでした。

彼のようにポジティブな雰囲気を周囲に投射することで、あなたも人々と親しくなることができるかもしれません。あなたに温かさ、そして親しみやすさがあれば、本当にその人のことが好きで、欲望を感じているのを相手に示すことができます。これは、必ずしも当初考えるほど容易ではないかもしれません。シャイで孤独な人たちの多くは、人嫌いの印象を与えることがよくあります。そうした人たちの心の中には、誰かと親しくなると必ずあふれてしまう、幻滅や傷ついた感情の貯水池があるのかもしれません。いらだったり防衛的になったりしやすく、いつもデートの相手、あるいはパートナーにわずかな拒絶の徴候を探し、煩わしく感じていることに気づいてしまうのです。そうした人たちはとても選り好みが激しく、満足できる相手などひとりもいないかのように見えます。多くの場合、それは自らの自信のなさの表れにすぎません。結局、あら探しや好き嫌いが過剰になれば、満足のいく相手などまず見つからないでしょう。そして、拒絶される危険を冒すことは決してありませんが、親密になれる機会も決して得られないのです。

その原因のひとつが、「ロマンチックな完璧主義」です。「パートナーはこうあらねばならない」という自分の考えに照らせば十分ではない、とばかりにいつも相手のあら探しをするようであれば、あなたはロマンチックな完璧主義者かもしれません。あなたが夢見ていたほど相手の外見は良くないし、知的でもないし、感受性は鋭くなく、成功もしていないのです。もちろんあなたには、わくわくするほど魅力的な相手を探す権利は十分にあります。しかし、誰かれかまわずあら探しをし、その結果にこだわるようでは、相手と親しくなるのを妨げるだけです。他人に最大限の期待をかけると、結果として満足度の最も低い人間関係に終わることが少なくありません。なぜなら、あなたにとって十分満足のいく相手は存在しないからです。デートをしても、それが挑戦的な冒険として経験されず、あなたは常にいらだちと不満を抱えてしまうでしょう。星に向かって手を伸ばしても、届かずにむなしく空をつかむ気持ちをいつまでも味わうことになるかもしれません。

孤独感の研究家たちは、この傾向に関する論文を書いています。ウォーレン・ジョーンズ博士は、タルサ大学の心理学准教授です。彼は、孤独感をもつ人々の人生全般あるいは他人へのしばしば冷笑的で拒絶的な態度を観察しました。* 彼はこの研究で、孤独感の強い人は、他人のニーズ、心配事、感情などへの配慮や共感が少ないと述べています。そしてまた、孤独感は、実際の友情関係の数、デート相手の数、家族との接触回数などとの関連は弱く、他人との時間を楽しむ能力のないこと、そして構築している人間関係に満足を見出す能力のないことなどにより強く関連していることを発見しました。言い換えれば、孤独感は人間関係の量的な欠如よりも、質的な欠如により強く関連している可能能

* W. H. Jones, "Loneliness and Social Behavior," in *Loneliness: A Sourcebook of Current Theory, Research and Therapy*, L. A. Peplau and D. Perlman, eds. (New York: John Wiley & Sons, 1982).

性があるのです。

ジョーンズ博士とその同僚は、ある研究において、被験者の学生に話しかけ「仲良くする」よう前もっておいしておいた見ず知らずの異性に対し、学生たちがどのように反応するかを調べました。*その観察によると、孤独感の強い学生ほど、相手に惹かれる度合いが少なく、批判的な態度をとり、そして相手と共に長い時間過ごしたがらない、などの結果が示されました。ジョーンズ博士は、他人に対するこうしたネガティブな態度は、恋愛関係への非現実的でかたくなな期待に由来するものと推測しています。孤独感に悩む人の冷笑的で敵対的な態度は、自らがもつ友人、恋人、伴侶などの理想像の基準を相手が満たしていないことへの失望と落胆を示しているのかもしれません。こうした期待があまりに強く厳しいため、それを満たす人はおそらく現れることはないのです。

内気で孤独な人たちとの臨床経験で、私もこの完璧主義の例を何度となく観察してきました。孤独感に悩む二十五歳のラリーは、母親の知人で高級百貨店に勤務する若く美しい女性に会うよう、母親から勧められました。ラリーは、この女性を「下見」したときのことを次のように語りました。「五メートルほど離れた場所から彼女を見ました。美しく魅力的でしたが、私は本当にがっかりしました。彼女には声をかけず、その場を離れましたが、その後自分自身にとても腹が立ちました。恋人候補に会うことなどめったにないため、実際に会うとなると、その数少ない候補者にとても大きな期待をかけ、てしまうんです。まるで砂漠をさ迷う飢えた人間のようでした。飲まず食わずで二週間過ごしたあげく、やっと釣りあげた魚の格好が悪いからといって、糸を切って逃がしてしまうんです」

ラリーが自分の振る舞いにとても悩み苦しんでいたため、私は日常気分記録表を使って自動思考を書き出すように提案しました。表9 - 1は、その結果を示しています。彼のネガティブな思考を読んでみると、とても断定的であることがわかります。彼は、候補者の女性に性急な判断を下したこと、そしてすぐに魅力を感じなかったことを理由に引き下がったことなどで自分自身を責めています。こうしたネガティブな思考に反論することによって、彼は少しだけ自分に優しくすることができるようになりました。

ラリーの反応から明らかになったのは、彼がつくりだしている数多くの「仮定」の存在でした。そうした仮定が、社交生活の問題を引き起こす真の原因となっていたのです。私たちは、こうした「隠された仮定」（表9 - 2参照）をリストアップしてみました。このリストを見ると、ラリーは明らかにロマンチックな完璧主義者であることがわかります。ロマンチックな完璧主義とは、幸福感と満足感には完璧なパートナーとの完璧な恋愛関係が必要とする考え方、と定義づけられます。

この態度を克服するひとつの方法は、完璧なパートナーを探し求めることのメリットとデメリットを挙げ、分析することです。このような考え方の利点・欠点にはどのようなものが考えられるでしょ

＊ W. H. Jones, J. A. Freeman, and R. A. Gonich. "The Persistence of Loneliness: Self and Other Determinants," *Journal of Personality* (1981,49), pp.27-48.

表9-1 日常気分記録表*

動揺した出来事：5メートル離れた場所からデートの候補者を見たけれど、期待外れでとてもがっかりした。そして、彼女と話そうともせずにその場から立ち去ってしまった自分に腹が立った。

ネガティブな感情：あなたの感情を、0（ほとんどない）から100（大いにある）までの評価点とともに記録します。「感情」には、悲しい、不安、怒り、罪悪感、孤独感、絶望感、いらだち、などがあります。

感情の評価
(0〜100)

1. 怒りと動揺	90%	3. 罪責感	30%	5.
2. 不安	90%	4. いらだち	90%	6.

自動思考 ネガティブな思考を書き、順に番号をふります。	**歪　み** 自動思考のそれぞれにある歪みを特定します。	**合理的反応** より現実に合ったポジティブな思考に置き換えます。
1. なんてこった。こんなチャンスは二度とないだろう。	1. 全か無か思考	1. そんなことはまずないだろう。なぜなら、過去に多くの女性と出会う機会があったからだ。これからもきっとたくさんの女性と出会う機会があるだろう。第一、自分にその気があれば、明日またあそこへ行って彼女に話しかけることもできる。
2. 見た目で惹きつけられないのだから、話しかけても意味がないだろう。	2. 全か無か思考、先読みの誤り	2. 彼女と知り合いになって、積極的に恋愛関係を発展させたら、考えているよりもずっと楽しいことになるかもしれない。「見た目」で惹きつけられるのはすばらしいことだが、恋愛関係はそれがすべてではない。

自動思考	歪　み	合理的反応
3. めったにないチャンスを棒に振ってしまった。	3.「すべき」思考	3. 必ずしも間違ったことをしたわけではないし、彼女に話しかけなきゃならない義務はない。また、もし自分が間違いを犯したとしても、何もそれで自分を責めることはない。
4. 私は、完璧な相手を探し求める罠から決して抜け出すことはできないだろう。	4. 先読みの誤り、全か無か思考	4. 今その罠からの脱出を試みているところだ。その努力が報われ成功するのを期待することは、きわめて理にかなっている。
5. 時間が足りなくなりつつある。もう25歳だ。	5. 全か無か思考	5. 時期の考え方は、人それぞれだ。50代や60代になってはじめて結婚する人もいる。今日の出来事は、私がそこから何かを学びとれる成長経験のひとつだろう。

再検討の結果：「合理的反応」を再び読んだ後の今の気持ちを選んでチェックしてください。
□ まったく良くならない。□ 少し良くなった。☑ かなり良くなった。
□ とても良くなった。

表9-2　私の「隠された仮定」

1. 私の選定基準をすべて満たさない相手との恋愛関係に意味はない。彼女は完璧でなければならない。私にはまったく自信がないので、自信をつけるためには完璧なパートナー、完璧な車、完璧な環境が必要なのだ。
2. 完璧でないパートナーとの恋愛関係は、何の結果ももたらさない（そんな関係を私は許さない）。そんな関係は長続きしないので、努力するだけ無駄だ。最後まで到達できないようなことに手をつけたくはない。
3. 一目惚れしないような相手と、刺激的な性的関係をもつことはできないだろう。
4. 私の選定基準をすべて満たさない相手とは、満足のいく恋愛関係をもつことができない。

うか。ラリーのメリット・デメリット分析は表9-3に示されています。この分析で、選り好みをする自らの批判的な態度がいかに自虐的なものであるかを彼は理解することができました。ひとたびその完璧主義がポジティブな結果をもたらさないことを理解すると、彼は表9-3の最下段にあるように完璧主義を修正し、より現実的で、自己を強化する態度を育てることにしました。

この新たな人生哲学に従って、ラリーは百貨店へ戻り、下見した女性に自己紹介することを決めました。意外なことに、その女性は母親が薦めた女性とはまったくの別人であることがわかりました。「本人」に会ってみると、彼女はとても魅力的な女性で、二人は頻繁にデートをするようになりました。

ロマンチックな完璧主義を克服するもうひとつの方法は、あなたが本当に相手に求めるものは何かをリストに挙げてみることです。求めている資質には、誠実さ、正直、感情面での率直さ、感受性、成熟していること、魅力などが含まれる

表9-3　メリット・デメリット分析

あなたの態度：私の選定基準をすべて満たさない相手との恋愛関係構築には意味がない。彼女は完璧でなければならない。

これを信じることのメリット	これを信じることのデメリット
1. かなり厳しく選り好みするのだから、期待値以下の相手にかかわりあうことはなくなる。	1. デートの機会はほとんどなくなる。
2. デートへの不安を避けることができる。なぜなら、私の期待と選定基準に合う女性はめったにいないから。	2. 楽しい機会をかなり多く失ってしまうかもしれない。
	3. 私の選定基準をすべて満たす女性とは一生出会えずに、結局生涯独身で終わるかもしれない。
	4. 私は自分に欠けている自尊心を、他人に求めようとするだろう。それが正しい考えとは思えない。
㉕	㉟

修正後の態度：たとえ選定基準をすべて満たさなくても、数多くの女性とデートすることは私にとってメリットが大きいだろう。社交生活は改善されるし、より頻繁にデートすることで、選り好みする余裕もさらに生まれる。

でしょう。表9-4に示すように、求めている資質として二十項目挙げることをお勧めします（用紙は巻末にあります）。リストを完成させたら、あなたが会った人やデート中の相手を、二十項目ごとに0（最低点）から5（最高点）で評価してください。その人がとても優れたユーモアのセンスをもっているとしたら、この項目で4または5をつけます。年齢的に適した相手であれば、その項目で5とすることもできます。あなたを拒絶し、基本的にデートには興味を示さないような相手には、「いつもそこにいてくれる」を0とすることができます。（望ましい二十の特性の中にこの「いつもそこにいてくれる」を含めることは重要です。いつでも求めに応じてくれる人のほうが、おそらくそうでない人よりもパートナーとして望ましいからです）。いくつかの項目で、相手をまだ十分知らないために評価ができないときは、直感に基づいて評価してください。あとで相手のことがよくわかったときに再び評価することができます。

何人かの候補者を選び、二十項目それぞれに評価点をつけて点数を合計します。この結果は、0%（二十項目すべて0）から100%（二十項目すべて5）までの候補者の総合評価点になります。一度デートしてみる相手としては何%が必要かを決めます。仮にそれを60%としましょう。次に、何度かデートする相手としては何%以上が必要でしょうか。おそらく少し基準が上がり、65%くらいでしょう。それでは、その人とだけ定期的にデートするとしたら、何%が望ましいですか？　おそらく最低でも70%は必要ではないでしょうか。では最後に、結婚相手として望ましい候補者には何%が必要かを考えてください。それは75%かもしれません。（私の共同研究者のひとりは、65%以上の候補者がいたら、すぐにその場で結婚を申し込むべきだと提案しています！）。良い関係をもつ秘訣は、「完璧なパートナー」を発見することにはそれほど関係がありません。それは、問題をともに解決する意欲、そして二人の関係により深く関与する意欲と強く関係します。

人を点数で評価することは愚かなことと考える読者もいるかもしれません。しかし、評価することによって、親密さがより深くなる可能性があります。なぜなら、相手をありのままに受け入れる方法

表9-4 パートナーに求める資質

資質	ベン	ハーブ
1. 信頼できる	4	3
2. 気持ちがうまく伝わる	5	3
3. 趣味が同じ	4	4
4. いつもそこにいてくれる	5	1
5. 自分に自信がある	3	5
6. 知的	4	5
7. ユーモアのセンスがある	3	3
8. 大らかであくせくしない	3	4
9. 外見が良く魅力的（他の人はともかく自分にとって）	4	5
10. 努力家で野心家	5	4
11. 独立心の強い個性派	4	4
12. 自己中心的でもマッチョでもない	4	2
13. 自分自身と人生に満足している	3	4
14. 私のことが好き（しかし過剰に依存的ではない）	4	2
15. 柔軟性がある	4	3
16. 嫉妬深くないし所有欲も強くない	3	3
17. 宗教的背景が似ている	5	5
18. 25歳から35歳のあいだ	5	5
19. 思いやりがあり優しい（しかし過剰に機嫌とりではない）	4	2
20. 自然に振る舞う（過剰に自分を印象づけようとはしない）	4	3
合計点	80	70

を学ぶうえで、評価は役に立つからです。評価によって、あなたがもっているかもしれない現実に合わない期待は妥協を迫られます。平均得点が100%の人など存在しないことは、すぐにわかるはずです。完璧を求めることは、さびしさを求めることにつながるのです。

評価をしてみると、通常ならばあなたが拒絶するような人に、むしろ高い得点がつくことに気づくかもしれません。これは、そうした人たちとのデートをあなたに義務づけるものではありません。むしろ、高い評価の人をなぜ拒絶するのかを考えるきっかけとしてください。あなたは、「サム（またはメアリー）は、それほど魅力的でも刺激的でもなさそう」、または「彼らは期待したほど野心的ではない」と自分に言い聞かせているかもしれません。こうした期待は、恋愛関係を成就させる選択肢をあなたから奪う可能性があります。試しに、当初あまりわくわくしなかったけれども、評価点の高かった候補者とデートしてみてはどうでしょう。その候補者とデートする前に、彼または彼女とのデートでどれほどの満足が得られそうかを、0%（考えられる最も楽しくないデート）から99%（考えられる最も楽しいデート）までの範囲で予想してください。その際、100%という評価は使わないでください。実際の経験が予想を上回る可能性を常に想像できるようにするためです。

デートの後には、実際の満足度がどれくらいであったかを同じ0%から99%の尺度で評価し、予測と比較してみましょう。間違いなくスリル満点と予想していた相手とのデートがまったくの不発に終わったり、あるいはその逆があるかもしれません。

完璧な評価点以下の人とのデートを行うもうひとつの理由は、「金持ちはますます豊かになり、貧乏人はますます貧しくなる」との古くからのことわざに由来します。より多くのデートを重ねることは、さらに多くのデートの機会につながります。デートを数多くこなしている人は、そうでない人より、デート相手としての需要が多いようなのです。たくさんデートをこなす人はかなりの人気者に違いないと誰もが考え、自分もデートしたいと思わせるからなのでしょう。評価尺度で理想以下の候補者とデートをすることは、社交技術を磨き、こだわりや不安を克服する経験になります。より多くの人とデートすれば、よりリラックスできるようになります。最終的には、より評価の高い人を惹きつけるようになり、持続的な恋愛関係の構築に必要な自信につながるでしょう。

多くの人とのデートは、「幸福感と達成感をもたらしてくれる特別な人を見つけなければならない」との信念を克服することにつながります。満足感を得るためには、すてきな誰かが必要という考えは、神話にすぎません。あなたを幸せにできる人は世界にたったひとり——あなた自身です。愛情あるパートナーは、あなたの幸福感を高めてくれるかもしれません。しかし、自分の人生と自分の気分に最終的な責任をもたねばならないのは、あなた自身です。

独身者の多くは、自分は過剰に選り好みしているわけではないし、理想的な恋愛関係を求めているわけでもない、と言います。本当のところ、ぱっとしない退屈な相手につかまって身動きがとれなくなったら大変、というのがその言い分です。この問題を抱えているのはなにも独身者に限ったことではありません。ときには友人や仕事仲間が、基本的になんと退屈な連中だろうと考えることは誰にでもあることでしょう。最近私が教育を担当した精神科医は、あまり興味をもてない患者さんにはどのように接すべきか教えてほしいと言いました。また、ある金持ちで孤独な三十六歳の離婚経験者は、彼の古くからの友人たちが意外性に欠け、判で押したように典型的な伴侶と月並みなキャリアに満足する者が多く、興味などもてないと私に言いました。本音を言えば、誰でも数年の結婚生活を経れば、かなり退屈で何ひとつ新しいことをしないパートナーと生彩のない結婚生活を続けていると考えるものかもしれません。では、どうすればよいのでしょう。ゴルフでも始めましょうか。もっと刺激的で冒険心に満ちた恋人と秘密の情事を始めますか？　あるいは退屈に耐え、人生の真実とはこんなものと諦めることにしますか？　それとも？

まず、退屈でつまらない人間などこの世には存在しない、ということを認めなければなりません。そうです！　これっぽっちも面白くない人など、この世にはひとりもいないのです。存在するのは、面白くもない退屈な人間関係です。しかし、そんな人間関係ですら、とても興味深いものに変えたり、たちまち活動的でわくわくするようなものに変えたりすることができます。

どのようにして？　とても簡単です。今もし誰かに退屈しているなら、相手にそう言えばよいのです。たちまちその場が活気づくこと請け合いです。あなた自身がどれくらい退屈しているか、その程度を確認してから、相手も同じように退屈かどうかを尋ねます。なぜ自分たち二人が、これほどつまらなく面白くない交流をしているのか、その原因を探ります。この作戦の目的は、相手を拒絶したり、けなしたりすることではありません。目的は、あなたと相手の双方に、率直さと正直さを促すことにあります。誰かを「退屈」と感じるとき、ほとんど間違いなくその原因は、本当の感情を表に出すことへの互いのわだかまりにあります。礼儀正しくしよう、自分を印象づけようと、互いが過剰に努力しているのかもしれませんし、あるいは望むものが得られないために、いらだっているのかもしれません。率直かつ直接的に自分を表現せず、「こんなふうに感じてはいけない」と自分に言い聞かせているために、感情を「検閲」し、削除しているのかもしれません。一般に、自分の意見をよりはっきりと正直に述べることで、ただちに効果が表れます。

ロマンチックな完璧主義のもうひとつの形は、家族や友人が自分のデート相手を好まないのでは、との恐れに由来します。独身者の性的問題に関する後の章（322ページ参照）でも詳述する、離婚経験者で経済学教授のジャックは、内気さと性的不安を克服し、ジーンという女性と素晴らしい恋愛関係を発展させました。ジーンは、ジャックの「パートナーに求める資質」のリストで高い評価を得た女性で、唯一の弱点は、ジャックが妻として望むほど知的ではないことでした。知性の面でスーパースターではない女性との結婚は、研究者仲間から軽視される原因になるのでは、とジャックは恐れていたのです。

ジャックと私は、「恐れている幻想の技法」を用いて、この点に焦点を当ててセラピーを行いました。

ジーンがあまり賢くないと批判する友人の役をジャックが演じ、私がジャックの役を演じて、こうした批判にどう反論するかを試しました。ジャックには、他の人が考えはするであろうものの、あえて面と向かっては言わないような言葉を言語化するよう促しました。

ジャック（批判者の役）：おいおい、いったいどうしてあのジーンという女の子にひっかかったんだ？　もう少しましな相手はいなかったのか？

デビッド（ジャックの役）：まあ、たまたまジーンを愛してしまったってとこかな。今、彼女に夢中なんだ。君はあまりいい印象をもっていないようだね。どうしてだい？

ジャック（批判者の役）：とても優しそうな美人だけど、あまり賢そうじゃないね。違うかな？

デビッド（ジャックの役）：平均以上だ。でも確かに天才ではない。君の奥さんはかなりの才媛なんだってね。ところで、ジーンがあまり賢くないからって、君の彼女への見方は変わったかい？　彼女を愛していることで、君の僕に対する評価は下がっただろうか。僕らと一緒に食事したり、カードで遊ぶことにはあまり気乗りしないかな？

ジャックが、自分の心配がいかにくだらないものであるかを理解するまでに、長い時間はかかりませんでした。ジーンが賢くないからといって友人が彼を軽視したとして、それがどうしたというのでしょう。想像上の批判者にジャックが反論するために、次に私たちは演じる役割を替えて練習しました。彼は混乱することなく、私と同程度に暴言を効果的に処理しました。この練習の助けもあって、彼はジーンとの関係をより気楽に受け入れるようになりました。

ときどき私たちは、物質的な豊かさ、あるいは所有物に重点を置いて、自分や愛する人を自己中心的に値踏みします。知性、美しさ、成功などを基準に人を評価するのです。そして、何らかの理想に自分が合致していないと、自分は劣っている、あるいは欠点があると思い込んでしまいます。自分に欠けているものを、完璧なパートナーを見つけることで埋め合わせようとするかもしれません。しかし、それは本当の愛情ではありません。ただ単に、他人を利用して自分の不安と自尊心の欠如に対処しているだけです。

なかには、とても刺激的な相手でなければデートしても意味がないと思い込んでいる人もいます。そうした人たちは、相手との関係を築くよりも前に、一目惚れするような激しい恋愛感情がなければならないと考えています。毎回恋に落ちる幸運な人でもないかぎり、これは大きな問題となりかねません。デートの相手がなかなか見つからずにいた、若くて夢想的で愛らしいデビーは、「ロマンスのない恋愛関係に、いったいどんな意味があるのですか?」と私に尋ねました。

ロマンチックな感情があっても、良い恋愛関係を築くことは可能です。しかし、ロマンチックな感情がなければ良い恋愛関係が築けないということはまずありません。ロマンスにできることは、せいぜいが当初お互いを引き寄せることぐらいですが、こうした感情は長続きするものではなく、それが満足のいく恋愛関係を長期にわたり保証することはありません。実のところ、うっとりするような相手と恋愛関係を成就させるのは、かなり難しいでしょう。なぜなら、あなたの期待は現実に合わないレベルまで高くなっている可能性があるからです。ロマンチックな感情が薄らいでくるにつれ、パートナーのとても人間的な欠点が否応なく明らかになります。そうなったときには、ひどい幻滅を感じるかもしれません。

この落とし穴から抜け出す方法のひとつが、パートナーをもつことの実質的なメリットについて、リストを作成することです。デビーのリストを表9-5に示しました。ご覧のように、メリットとして彼女は、仲間づきあい、コミュニケーション、そしてセックスを挙げています。恋愛関係へのこの実際的なアプローチは、ロマンチックな感情が不健康で望ましくないことを意味するのではなく、そうした感情が不必要であることを意味しています。最良とされる結婚のいくつかは、ロマンチックな愛情とはまったく無縁なものです。文化によっては、伴侶は生まれたときから決まっている場合もあります。その場合、「結婚は異国情緒あふれるロマンチックな感情に満ちている」といった先入観なしに関係が始まります。結婚を挑戦しがいのある成長の機会ととらえる見方は、パートナーが夢をすべてかなえてくれるという考えに固執するよりも、ときには豊かで実り多い関係に導いてくれることがあります。あなたとあなたのパートナーが契り合い、互いの違いを苦労して乗り越えたときの満足

表9-5　恋愛関係のメリット

1. コミュニケーション：感情や考えを共有できる相手がいること
2. 仲間づきあい：いろいろなことを一緒にしたり、いろいろな場所へ一緒に行ったりすること
3. 思いやり：感情的支持を与え、受けること
4. セックス
5. 都合の良さ：多くの場面でカップルのほうが都合が良い
6. 家庭を築くこと
7. 互いに学び合うこと、そして難しい決定では助け合うこと
8. 住宅の購入などでの金銭的メリット
9. 困ったときに一緒に戦ってくれる人

感は、ロマンチックな興奮のもたらすいかなる感情よりも、深く心地よい穏やかさと親密さの感情をもたらすでしょう。よくあることですが、幸福の秘訣は、望むものを手に入れることよりも、もともと執着していた苦しい幻想を手放すことに関係します。

親密な関係を妨げるロマンチックな完璧主義の最後の形として挙げられるのは、パートナーとのあいだでは、常にポジティブな感情が通い合うべきで、決して喧嘩せず、互いに無関心であってはならない、という信念です。愛とは、常に温かく高揚した心をもって、ぶつかり合いなどない状態を意味するとの誤った考えをもつ人がいます。

四十五歳になる化学技術者マレーは、年老いた母と暮らしていました。ある日彼は、自分の生活をもっと大切にしようと決心し、アパートでひとり暮らしを始め、頻繁にデートをするようになりました。愛情深く、感受性の鋭いマレーは、すぐに離婚経験者で専門職に就いているダイアンと真剣な交

際を始めました。ダイアンが実利的傾向の持ち主のように見える一方、マレーは空想家で優柔不断なところがありました。二人の性格は、互いにとてもよく補完し合っていたのです。ダイアンは彼の理想主義と優しさに惹かれ、マレーは彼女の積極性と根気強さを高く評価していました。

ある日曜日の朝、前夜からダイアンと一緒だったマレーは、彼女にあまり親しさを感じない自分に気づきました。そして、その日一日をひとりで何かに没頭しながら過ごしたい、と考えたのです。このことは彼を不安にし、がっかりさせました。なぜなら、より強い感情をダイアンに抱き、もっと夢中にならなければ、と彼は自分に言い聞かせていたからです。彼は自分の何かがおかしいと考え、そしてダイアンとの関係は終わったと考えました。

ネガティブな思考を日常気分記録表に書き出してみると（表9‐6参照）、マレーは自分がいかに理性を欠いていたかに気づきました。そして、より現実に合った反応を取り入れたところ、彼の自己批判的な感情は和らぎ、ダイアンへの気持ちは再びポジティブなものに戻りました。彼の「合理的反応」を読むと、そこに含まれている知恵にあなたも心を打たれるのではないでしょうか。そこには、「受け入れの逆説」と私が名づけた法則が例証されています。つまり、自分はダメだと言い張り、こうあるべきとの想像上の到達不可能な理想像に自分を近づけようとするのではなく、自分自身をありのままに受け入れるのです。そうすることで、あなたは現状に足をとられることなく、人生の流れに乗り、成長を続けられるでしょう。自己受容は、親密さと成長へと続く道の入口なのです。

表9-6　日常気分記録表*

動揺した出来事：ダイアンとのデートのあと、家に帰ってから私の感情について考えたこと。		
ネガティブな感情：あなたの感情を、0（ほとんどない）から100（大いにある）までの評価点とともに記録します。「感情」には、悲しい、不安、怒り、罪悪感、孤独感、絶望感、いらだち、などがあります。		
感情の評価 (0～100)		
1. 悲しく憂うつ　80%	3. 希望がもてない　85%	5.
2. 罪責感　90%	4.	6.
自動思考 ネガティブな思考を書き、順に番号をふります。	**歪み** 自動思考のそれぞれにある歪みを特定します。	**合理的反応** より現実に合ったポジティブな思考に置き換えます。
1. 彼女に対して、また私たちの恋愛関係に対して、私はより強い共感と感情をもつべきだ。	1.「すべき」思考	1. 私はこう感じるべきと定めた法律や規則はどこにあるのだろう。それぞれの感じ方が個別でとても異なることは、人間の特質のひとつだ。私は常に彼女により強い共感と感情をもっていなければならないのだろうか？　昨日彼女と話し合い、抱き合ったときに、私に強い感情はなかったのか？　私たちの関係にいつも同じ感情レベルを期待するのは合理的だろうか？

自動思考	歪　み	合理的反応
2. 二人の関係により強い関心がもてないのは、私にどこか欠点があるからに違いない。	2. 全か無か思考	2. おそらく、自分ではもっと強い感情をもちたいと思っているのだろうけれど、ときどき自分を抑えてしまう。将来を約束することで自由が失われることを恐れているのだろう。独身生活が長く、ずっと関与を避けてきたのだから、自分だけの時間を過ごしたいとの期待は合理的ではないだろうか？　これが、自分にどこか欠点があることを意味するだろうか？　基本的に他の人々は自らの感情に違和感をもたず、私ほど不確かさに悩まされることはないと私は言っているが、実際にそんなことはないだろう。ダイアンに対してもっと強い感情をもちたい、と私は思っているかもしれない。しかし、常に強い感情を持ち続けていたら、頭は彼女のことでいっぱいになり、何もできず、他に何も考えられなくなるだろう。

再検討の結果：「合理的反応」を再び読んだ後の今の気持ちを選んでチェックしてください。
□ まったく良くならない。□ 少し良くなった。☑ かなり良くなった。
□ とても良くなった。

第10章 身動きがとれないと感じる要因：あなたは愛の囚人？

決まった相手と定期的にデートするようになると、新たな問題が生じるかもしれません。それは、あなたあるいはパートナーのいずれかが、二人の関係にとらわれて身動きのとれない感じをもち始めるという問題です。相手に親密さを感じ始め、セックスによる満足感も共有できるようになったちょうどその頃、束縛され閉じ込められた気分になり、自由が失われていくとの恐れをもつ可能性があるのです。身動きがとれないという感情をはっきり自覚したら、あなたはそこから逃れようと決心するでしょう。一般に、「逃れる（エスケープ）」とは、別れる、別の相手とデートする、または真剣すぎる関係にならないよう努力する、などを意味します。

以下のような徴候は、あなたにとって問題となる可能性を示唆しています。

- 恋愛関係のせいで、個人的自由が十分にもてないと感じる。
- パートナーとの将来の約束を、未知の経験というよりも負担であるように思えてくる。愛情によって報われるというより、それは義務と自己犠牲を伴うものに思えてくる。
- 恋愛関係が深くなるほど、自然さは失われ、性的興奮、愛情が感じられなくなる。恋愛関係の魔力はあっという間に失せて、まるでつらい仕事のように感じる。
- 一度かぎりのセックスにより深い興味をもつようになる。一度かぎりのセックスは、特別なひとりとの持続的な関係よりも、はるかに刺激的で誘惑的に思える。
- ときおり、デート相手が過剰にあなたの時間を必要とし、注目を求めているかのように感じる。彼女あるいは彼から何かを要求されると、あなたの利益にはならないことでも、それを断るのは難しい。デートの回数や一緒にいる時間について、二人のあいだで意見が食い違うことがある。
- パートナーに、あなたの感情や本当に望むことを率直に伝えることが難しいときがある。動揺したり怒ったりしたとき、その感情を否定し、表に出すよりもむしろ抑え込んでしまう。パートナーと喧嘩したり感情的に傷つけたりするのを避けたいとは思うが、ときどき神経が張り詰めて、パートナーに対してひそかにいらだちを感じることがある。

- デートの相手が悲しげで落ち込んでいるように見えるとき、あなたは罪の意識を感じ、自分を責める傾向がある。彼または彼女に個人的な問題があると聞くと、あなたにその解決が委ねられているように感じる。最初のうちは、あなたがこの「助っ人」役あるいは「先生」役を務めることで自分が重要視されることに満足しているが、しばらくすると相手がますます依存してくるようになり、満足感も薄れてしまう。ロマンスの感情が薄れるにしたがい、二人の関係は、「楽しさ」をもたらすというより「労働」に思えてくる。

孤独感をもつ独身者とカップルを対象とした最近の研究で、一般に上記のような問題は、その人自身の態度やロマンチックな関係に対するある非論理的な考え方に由来することが示唆されました。より健康的で現実に合った態度を育むことで、愛情を自分を閉じ込める罠としてでなく、自由と幸福への可能性を高める未知の冒険として経験することができるのです。

罠の中で身動きがとれないような感じをもたらす自虐的な信念のひとつに、パートナーの要請にはすべて応えなくてはならないという考えがあります。パートナーを喜ばせなければならないという義務感は、彼または彼女が弱い存在で、ちょうど糖尿病の人がインスリンを必要とするように、あなたの愛情を必要としているとの思い込みから生じます。あるいは、パートナーの期待と要求にすべて答えられなかった場合の非難や拒絶を、あなたは恐れているのかもしれません。パートナーを喜ばせなければならないというこの先入観は、二人の関係を成長と分かち合いの機会ではなく、過酷な負担に変えてしまいます。

ある離婚経験者の女性が、最近私にこう言いました。「私は、自分が醜悪で邪悪な魔女のような気がして仕方ないのです。誰かが私のことを好きになると、必ず私のほうから離れることになって、その人を傷つけてしまうのです。私はどこか悪いのでしょうか？ なぜこんなに頑固で残酷なんでしょうね。男が嫌いなのかしら？」。彼女の問題は、「嫌い」という感情にあるのではなく、「今ひとりになりたいので、あなたと一緒にはいたくない」と言えないことにあります。彼女はデート相手が無力な弱い存在で、自分の愛情と注目なしには生きていけないと考えています。この信念は、自由に自然体で愛情を与え、かつ受けとることができる彼女の能力を破壊します。相手を傷つけることへの彼女の恐れは、姿を変えた軽蔑と同じで、裏には、「あなたは私がいないと絶対に生きていけない弱い人。あなたには私が必要。私という酸素があるおかげで呼吸できるのよ」というメッセージが隠されています。

ひとたび身動きできないと感じ始めると、実際にはそうでなくてもそのように思えてしまうでしょう。例えば、デート相手の女性が、土曜日の午後一緒にショッピングに行きたいと提案したとします。しかしあなたはその日の午後、友だちと競馬に行くことを考えていました。この場合、あなたにはふたつの選択肢があります。ひとつは彼女に「いいえ」と言い、もうひとつは「はい」と言うことです。しかしあなたは彼女を失望させることに罪責感を覚えるため、「いいえ」とは言いたくありません。では、「はい」と言ったらどんな結果になるでしょう。彼女と午後一緒に過ごすことに同意すれば、彼女はあなたの張り詰めた様子に気づくでしょう。彼女は傷つき、何がいけないのか知りたいと思うかもしれません。あなたは彼女に矛盾するメッセージを伝えたのです。つまり、言葉では「はい」と言い、心では「いいえ」と言っています。おそらく彼女は、「本当に行きたいの？」と尋ねるでしょう。あなたが「本当さ。本当に行きたいんだ」と答えても、顔には張り詰めた表情が浮かび、誠意や情熱のこもっていない声は、「本当は君と一緒にいたくはない」というメッセージを投げかけています。そのため、ショッピングに行っても、あなたは身動きがとれない感じがしてみじめな気分になり、彼女は不安になります。どちらにとっても楽しくない時間が過ぎていくのです。

仮にあなたが別の選択肢を選んだとしましょう。あなたは彼女に、土曜の午後は別の約束がある、と答えます。しかし、彼女をひとりにしておくことには罪の意識を感じるでしょう。彼女はあなたの落ち着かない様子を見、動揺し、何が原因なのかと思いをめぐらします。一方あなたは、競馬場に行ってもあまり楽しくはありません。なぜなら、彼女が動揺していることをあなたは知っているし、罪責感をもっているからです。あなたは、いずれの選択肢も二人の感情を害するように思えて、「どうやっても勝ち目はない」と感じます。どちらの選択肢を選んでも、あなたは呪われた気分になるのです。これが「身動きがとれない感じ」の本質です。

では、解決策はあるのでしょうか？　あなたは、「どうやっても勝ち目はない」状況を「どうやっても負けることはない」状況に変えなければなりません。そのためには、二人の関係に対するあなたの考え方を変えるだけでなく、パートナーとのコミュニケーションのあり方を変える必要があります。どのようなことであっても（それがたとえあなたの好きな人であっても）、度が過ぎれば禍となります。つまり、パートナーに対して、自分には別の予定があり、一緒には過ごせないことを告げなければならないときがくる、ということです。どのようにそれを告げるかは、二人の関係がどのような段階にあり、あなたが何を必要とし、何を期待するか、などによって異なります。自分が望むものを要求することは、たとえそれが数時間ひとりきりになることであっても、必ずしも容易とはかぎりません。愛し合う二人ならいつも一緒の時間を過ごしたいはず、との思い込みが自然な傾向としてあるからです。この理想化傾向は、実際にはうまく作用せず、あなたは遅かれ早かれ二人の関係に限度を設け、そして自分の望みを通すための協議方法を学ばなければならないでしょう。

表10‐1にその日常気分記録表が記載されているベンは、この数カ月間デートをしたりしなかったりを繰り返しながらつきあっているキャシーが、土曜の午後五時、「特に用事はないけれど」、と電話をかけてきたことで罪責感を覚えました。ベンにはすでに友人とビールを飲みに行く予定がありました。しかし彼は、電話の目的が、誘ってほしいのをほのめかすことにあると考え、自己批判的になり、身動きがとれないと感じ始めました。ベンの自動思考を調べてみると、そこにはおなじみの歪みがい

くつも含まれていることがわかります。例えば、

- **心の読みすぎ：**ベンは、キャシーがひとりでいることに耐えられない、その夜彼女には何の予定もない、そして彼が誘わなければ彼女は傷つく、などの仮定を立てています。
- **自己関連づけ：**ベンは、彼女がみじめな夜を過ごすことになったら彼の責任、と自分に言い聞かせています。
- **「すべき」思考：**ベンは、彼女と一緒にいることを望むべきであり、友人と飲みに行くことを望む権利はない、と自分に言い聞かせています。
- **レッテル貼り：**ベンは、彼女の要求すべてに応えられないために「身勝手」で「ひどい」男と自分にレッテルを貼っています。

デート相手の感情と要求に関心をもつことは大切なことですが、ベンの思考はむしろ不適切です。なぜなら、彼とキャシーとのあいだには、お互いをひとりだけの恋人と決めてデートするという了解がなかったからです。とはいえ、彼の自己批判的な思考が彼にとってまったく妥当に見えたのは、彼があまりにも強く罪責感を覚え、動揺したからです。この点で、感情は非常に人を惑わせます。私たちの多くは、感情をそのまま額面通りに受け入れていますが、そうすることで誤った方向に導かれる

表 10 - 1　日常気分記録表*

動揺した出来事：キャシーが土曜日の 5 時に電話をかけてきた。私は友だちと飲みに行く予定をしていた。その予定をキャンセルしてキャシーにつきあうべきか、彼女の意向を無視して予定通り出かけるべきか、とても迷った。彼女を誘うことはしなかったが、私は動揺した。

ネガティブな感情：あなたの感情を、0（ほとんどない）から 100（大いにある）までの評価点とともに記録します。「感情」には、悲しい、不安、怒り、罪悪感、孤独感、絶望感、いらだち、などがあります。

感情の評価
（0 ～ 100）

1. 罪責感	80%	3.	5.
2. 身動きできない感じ	80%	4.	6.

自動思考 ネガティブな思考を書き、順に番号をふります。	**歪　み** 自動思考のそれぞれにある歪みを特定します。	**合理的反応** より現実に合ったポジティブな思考に置き換えます。
1. 彼女には今晩何もすることがなかったのかもしれない。デートに誘えばよかったかもしれない。	1. 心の読みすぎ	1. ひとりで週末を過ごす計画を立てる時間は、彼女には十分あった。私には友だちと一緒に過ごす権利が十分にある。
2. 彼女は今晩ひとりぼっちだったかもしれない。私は彼女を誘うべきだった。	2.「すべき」思考	2. 彼女が今晩ひとりぼっちだとしても、それは彼女自身で決めたことだ。落ち込んだり、ふさぎこんだりしていなければ、ひとりで過ごす夜も悪くない。
3. もし何もすることがないために彼女が不幸になったら、私の責任だ。	3. 自己関連づけ	3. 私には彼女の幸せに責任はない。その責任は彼女にある。彼女がひとりでいる時間を恐れているのであれば、それは彼女が対処しなければならない課題だ。

自動思考	歪　み	合理的反応
4. 彼女を誘わなかった私は、ひどい人間だ。	4. 自己関連づけ	4. 友人に一晩つきあったからといって、私がひどい人間であるはずはない。
5. 無神経でひどい人間の私は、今晩楽しく過ごす資格はない。	5. レッテル貼り	5. 私が無神経な人間だったとしても（私はそうは思わないが）、そのために私がひどい人間ということにはならない。自分を責める必要はない。私が問題をうまく処理できなかったとしても、そこから学ぶ努力をすれば、将来同じような問題が起きたとき、よりうまく対処できるだろう。本当にどうするのが正しいのかわからなかったのだが、だからといって私はひどい人間ではない。人間らしい人間だ。

再検討の結果：「合理的反応」を再び読んだ後の今の気持ちを選んでチェックしてください。
□ まったく良くならない。□ 少し良くなった。☑ かなり良くなった。
□ とても良くなった。

確率は高くなります。それとは対照的に、ネガティブな思考を書き出すことで、自分に言い聞かせているメッセージは評価が容易になり、それがいかに非論理的であるかを簡単に理解できるようになります。

ベンの「合理的反応」は、キャシーが誘ってほしいと思っていたとしても、自分の予定を変更する義務はないことを彼に思い起こさせました。それはちょうど、彼が彼女を直前になって誘っても、彼女にはそれに従う義務はないのと同じです。その晩の予定を変えなくても自分は「ひどい人間」にはならないこと、そして彼女の電話にプレッシャーを感じる必要はないことなどを彼は理解したのです。ベンはこの状況について考えながら、今まで恋愛関係に関してはある仮定を立てていて、それが問題を引き起こしていたことに気づきました。彼は、キャシーがもつすべての要求と期待に応えることが彼の責務であり、それを怠ることは関係をないがしろにすることを意味すると思い込んでいたのです。

私はベンに、この仮定を信じることのメリットとデメリットをリストに書き出すよう提案しました（表10-2参照）。このメリット・デメリット分析によって、彼の態度は、彼にとってもキャシーにとっても役に立たないものであることが明らかとなりました。彼は、より現実的で、お互いにとってフェアな新しい態度を取り入れることを決心しました（表10-2の彼の「修正後の考え」参照）。

それは、「ベンはキャシーの感情を無視し、自分のことだけを考えるべき」、という意味なのでしょうか？　そうではありません。愛情ある関係には、自分自身の感情と相手の感情へのバランスのとれ

表10-2　メリット・デメリット分析

隠された仮定：私はキャシーを幸せにし、彼女の要求にはすべて応えなければならない。もし彼女が動揺を感じているのであば、それは私が二人の関係において自分の務めを果たしていないことを意味する。

これを信じることのメリット	これを信じることのデメリット
1. キャシーが幸せであれば、私も責任を果たせて気分がいいだろう。	1. キャシーが不幸せだと、私は罪責感を覚え、自分を責めるかもしれない。
2. 彼女を幸せにするために、私は全力で努力するだろう。それは道徳的に正しいことのように思える。	2. 彼女が私を操作する力をもちすぎているために、私は彼女を恨むことになるかもしれない。もし彼女の要求に応えられないことが原因で彼女が動揺するならば、私は自分がしくじったせいだと思うだろう。
3. 彼女が動揺しても私はそれを無視せず、彼女を助けるために全力を尽くすだろう。	3. 断ったり、自分の希望を彼女に伝えたりすることが、私には難しくなるだろう。
	4. 実際には、私は彼女を不幸にするかもしれない。なぜなら、私がどれほど不幸せかに気づいた彼女が動揺するかもしれないからだ。
(40)	(60)

修正後の考え：キャシーと私の双方が、二人の関係に満足することが重要だ。つまり、自分たちの希望について語り合い、協議しなければならない。もし彼女が動揺したら、それについて語り合い、二人の感情を共有すればいい。ときには妥協が必要となるだろう。彼女の要求をすべて満たすことを期待されても無理だし、同じように彼女に私の要求のすべてを満たすよう期待することもできない。私たちは、公平な精神と互いへの尊敬の念をもって、こうした問題に対処すればよい。

た気遣いが伴わなければなりません。自分の望みを達成するために他人を利用することが倫理に反するのと同様に、他人を喜ばせるためだけに自分をみじめにすることも倫理的ではありません。いずれにしても、それができると考えるのは幻想にすぎません。あなたの必要とするもの、そして自らの感情を考慮に入れないとき、あなたが不幸せで恨みがましくなる確率は必ず高くなります。その恨みの感情は、長い目で見ればあなたが他の人を本当に幸せにできる確率を非常に低くするのです。

身動きがとれないという気持ちを取り除いて、互いが満足できる関係を再構築するための重要な鍵が、パートナーとの協議にあることは以前にも述べました。しかし、「協議」という言葉で私は正確には何を意味しているのでしょうか。ベンは、キャシーに、彼女の感情を傷つけ卑屈にさせることなく、自分の感情を伝える方法を学ばなければなりません。以下に述べる基本的なコミュニケーション技法が彼の役に立ちました。双方の要求を考慮しながら個人間の相違を協議するとき、これらの技法はあなたにとっても役に立つでしょう。

質問技法

相手が何を考えどんな感情をもっているかをよく知るために、あなたから質問します。多くの人が、自己主張をせず、自らの考えを述べることに不安をもっています。ですから、あなたが質問しないかぎり、相手のほうから自分の考えを述べると仮定することはできません。特にあなたが相手の動揺の原因となっているとき、あるいは相手があなたに何かを欲しているときにこれが当てはまります。一般に、事態を打開するためには、簡単で直接的な質問で十分です。

キャシーが電話をかけてきたとき、最初に「もしもし、ベン？ キャシーだけど」と彼女は言い、「やあ、どうも。キャシー」と彼は答えました。このやりとりのあと、気まずい沈黙がありました。彼は、「声が聞けて嬉しいよ。何かあったの？」とつけ加えて対処することもできました。そうすれば、冷たい氷が溶けるように彼女は電話をかけてきた理由を告げたか、あるいは、あいまいな態度のまま、「たいした用事じゃないの。ただ、元気かなと思って」と答えたかもしれません。後者の場合、それ以上の質問をすることは上からものを言うような印象を与え、キャシーに卑屈な思いをさせかねません。その代わりにベンは、「電話してくれて嬉しいよ。ただ、いまちょうど出かけるところなんだ。来週の金曜日に会いたいな。都合つく？」、あるいは「あした、僕から電話をかけ直してもいいかな」と言うことができました。これは、次のコミュニケーション技法「適切な自己表現」の例証です。

適切な自己表現技法

自らの感情を、率直にそして直接的に表現する方法です。おそらくキャシーには彼の意向が伝わり、金曜日に会うか、あるいは翌日に電話で話すことに合意するでしょう。ベンは、身動きがとれないような感情をもつことも、彼女を拒絶することも回避できます。彼が自分の要求を主張することで、二人の関係は自然で気楽なものとなるでしょう。電話のあったその晩に二人で出かけることを彼が提案しないことによって、その時点で彼にできるのはどの程度の関与と約束なのかが彼女に伝わります。彼はこれで罪の意識を覚えることなく外出し、楽しい時間を過ごすことができます。

次に、最悪の事態が起こったと仮定しましょう。キャシーが彼の意向を理解せず、厳しく操作的なやり方でベンにプレッシャーをかけ始めたとします。彼女は傷ついたふうな声で、「あらそう、今晩出かけるの……」と言うかもしれません。ベンは再び直接的に彼の立場を主張することで応えればよいのですが、キャシーの考えを引き出すよう質問することもできます。例えば、こうです。「そうなんだ。今から出るところさ。でも、ちょっと気になるな。今晩、僕たち出かける約束をしていたっけ？もしかしたら、誤解があったのかもしれないね」。こうすることで、侮辱的になることなく、彼は自分の立場を明確にし、彼女には感情を表に出す余裕が与えられるでしょう。

仮に、キャシーがベンを困らせようとして、露骨に罪責感をもたせるような態度をとったとします。ため息をつきながら、こう彼女は言うかもしれません。「なんだ、がっかり。今晩はなんとなく一緒にいられるような気がしていたのに。誰と出かけるの？」。ベンは、神経質になったり、防衛的になったりせず、次の聞き取り技法を用いることができます。

共感技法

相手が考えていることへの理解（思考への共感）と、感情への理解（感情への共感）を示します。これは、相手の言ったことを、あなたが別の言葉で言い換えることによっても可能になります。相手の言葉を繰り返すのです。その発言内容を反映し、相手がどう感じているかに気づいていることを伝えるよう努力します。ベンは、「君をがっかりさせてすまない。今晩一緒に出かけるつもりでいたみたいだけど、僕はかなり前から今日の計画を立てていたんだ。来週の金曜日、君の都合さえ良ければぜひ会いたいな。でも、今晩のことは今まで話し合ったことはないよね？」と言うことができます。この返答の中には、調和のとれた主張（ベンは自分の立場と感情を再び述べています）と共感（キャシーの感情への配慮を示し、考えを述べる機会を彼女に与えています）が含まれている点に注目してください。

自分が考えていること、必要としていることを過度に強調することは、自分本位と感受性のなさにつながります。相手の要望や感情に過度にとらわれることは、服従そして自尊心の欠如につながります。自らの必要性と相手の要望の調和を図ることは、難しい場合もあります。どちらか一方の極端へ走ると、人は過剰にわがままで操作的な印象を与えます。また、もう一方の極端へと走れば、今度は過剰に支持的で「優しい」印象を与えます。自分自身、そして他人をも気遣うことが、思いやりと優しさの本質です。同時にそれは、個人的自由の本質でもあります。自分の感情を率直に、そして敵愾《てきがい》心なく表す方法を学ぶことで、罪責感をもたず、自己防衛過剰になることも、身動きがとれないような感情をもつこともなく、パートナーの意見に耳を傾けることが可能となります。

よく耳にする考え方では、ベンのような男性は、親密になることや関与することを恐れがちだとされます。しかし、私の臨床経験と研究は、それが神話にすぎないことを示唆しています。女性にとっても、親密な関係によって身動きがとれないような感情をもったり、相手との感情の共有、親密さの共有が困難になったりする確率は同様に高いのです。今日、まさにこの問題を抱えたインガという十九歳の魅力的な女性を私は診察しました。インガは、アーティストを目指し努力しています。現在彼女は、「女性にとても人気のあるフリーの作家」と彼女が言うロジャーとつきあっていますが、ロジャーが年上であること、インガよりもずっと賢く、世間を知っているように見えることなどから、彼女は不安を感じていて、最後には自分への興味が薄れて捨てられるのではないかと恐れていました。

治療の過程で、ロジャーを失うことへの恐れと劣等感を克服するため、インガは自らの自尊心を強化しようと努力しました。彼女がより強い自信をもてるようになると、ロジャーとのあいだの微妙なバランスに突然劇的な変化が生じました。インガが、ロジャーとの関係を望みはするけれども、必ずしも彼を「必要」とはしないと決心したその週、突然ロジャーが、「他の女性とはもうデートしない。他の関係は整理して、インガとだけ恋人関係をもちたい」と宣言したのです。（ちなみに、第3章および第4章で述べた概念を自分のものにすることが重要な理由はここにあります。どんな関係においても、成功の鍵を握るのは自尊心です。あなたが他の人を「必要」としなくなった瞬間、それらの人々があなたを必要とするようになるでしょう。自らを尊敬するあなたは、多くの人から求められる存在になるのです。その効果は魔法のように絶大ですよ!)

ロジャーが突然親切な気配りを示したことは、インガにとって楽しい変化であると同時に新たな問題となりました。彼女は私にこう言いました。「バーンズ先生、以前の恋愛で何度か経験したのと同じことがまた起こるんじゃないかって心配なんです。男の人が私に近づこうとすると、突然私、冷めてしまうんですよ。親しくなるのが怖いんでしょうか? 私、どこか悪いんでしょうか?」

インガは、ロジャーが日曜の夜一緒に過ごそうと誘ったときのことを私に話しました。彼女が彼の家へ着くと、セックスの前にいつもそうするように、彼らはふざけ合ったり、くすぐったりし始めました。しかし、インガはセックスに乗り気ではなく、むしろセックスを強いられているような気がしました。事態をさらに気まずくさせる出来事がその二日前にありました。彼女は「緊縛あそび」で、ロジャーに彼女の体を縛らせました。そしてそれは、刺激的なセックスへとつながりました。彼女はロジャーの「いやらしい目つき」を再び見て、彼がそのときと同じ気分であの興奮を再現したがっているのを感じました。しかし、彼女は監獄に入れられた囚人のような気分になってしまい、その晩もまた「緊縛あそび」をする気にはなれませんでした。彼女は、身動きがとれないような感じをもち始め、落ち着かなくなったのです。

私はインガに、どんなネガティブな思考が心の中に浮かんだかを尋ねました。彼女が最初に挙げたのは、「こんなに冷めた気分でいてはいけない。もっと積極的に反応しないと、彼はしらけて私から離れていってしまう」というものでした。ここには、「全か無か思考」が含まれています。なぜなら、彼女が、熱心に愛情をもって積極的に反応しないと二人の関係は壊れてしまう、と予測しているからです。またこの中には、「すべき」思考も含まれています。というのも、そんな気分になるべきではないし、どのような気分になるかは人の理想にかなっていなければならない、と自分に言い聞かせているからです。事実、私の最近の研究では、女性のもつ完璧主義と隠れた感情を表へ出すことへの恐れが、親密な関係による、身動きできない感じを生じやすくしていることを示しています。このことから、問題の核心はロジャーの要求にあるのではなく、インガのもつ自分自身への非現実的な期待にあることがうかがわれます。とらわれの身になっている監獄は、実際には彼女の心がつくりだしたものであり、そこの看守は彼女なのです。

これらの歪みについて話し合った後、インガは、以下のように考えることにしたと言いました。「今晩ロジャーに優しくできなくても、彼が私から離れていくことはないでしょう。なぜならこの頃は以前よりもずっと、私たちは親しさを増しているからです。いつも愛情を感じ、性的に興奮していられる人間なんていません。私たちの関係は、些細な問題で終わってしまうのを恐れながら生きていかなければならないほど弱いものではありません。そして、もし彼が私から離れていったとしても、それで世界が終わるわけではないし、男性は世の中に彼ひとりじゃないんです」。こう考えることで、インガのプレッシャーは少し軽くなり、身動きがとれない感じも少なくなりました。

インガを動揺させたふたつ目の思考は、「ロジャーが興奮しているんだから、私もそれに性的に応える義務がある」というものでした。ここにも「全か無か思考」が含まれています。なぜなら彼女は、ロジャーが彼女を欲しいと思うときには、彼女も必ず欲しいと思わなければいけない、と自分に言い聞かせているからです。インガにとって、ロジャーの性的欲求を自身の欲求とあわせて考慮することは、確かに大切なことです。しかし、彼の要求にすべて応えなければならないと自分に言い聞かせることは、性的完璧主義にほかなりません。実際に、インガとロジャーは、週に数回の良好な性的体験を続けてきたのですから、ある日曜日の夜に気分が乗らないために彼とのセックスを拒否したとしても、誰もそれが不公平とは考えないでしょう。

こうした問題を考えた末に、性的要求に応える義務はないとインガは自分に言い聞かせることにしました。性的な興奮を要求することは誰にもできません。インガがセックスに不快感を抱くのであれば、その感情をロジャーと共有し、それについて彼がどう思うかを知る権利が彼女には十分あります。性的期待は、恋愛関係のあらゆる側面と同様、協議されなければなりません。

彼女は、身動きできない感じの原因となるある基本的な仮定を、二人の関係について立てていました。それは、「ロジャーの必要とするものはすべて受け入れ、彼の好みに合わせ、いついかなるときでも彼を喜ばせなければならない。そうしなければ関係は終わってしまうだろう」というものでした。彼の感情への過剰なとらわれは、愛情に満ちているように思われるかもしれません。しかし、それによって彼女は自分を不幸にし、彼を愛すること、そして性的に応えることをさらに難しくしていたのです。インガは価値観を変え、彼女の必要とするものとロジャーの必要とするものへの気配りを調和させる必要がありました。

インガは、このことに原則的に同意したものの、より自己主張を強める練習が必要ではないかと提案したところ、雷に打たれたかのような反応を見せました。そして、こう言ったのです。「先生は、ロジャーに面と向かって、今はセックスする気分になれないと言えっていうんですか？　そんなことをしたら彼は怒って、『じゃあ、なぜお前はここにいるんだ？』って言うに決まってます。もうおしまいだって言い出すかもしれません。私は、そんなことは彼に言わないほうがいいと思います。なぜって、そうすれば私を動揺させるような言葉を聞かなくてもすむからです」。私は繰り返し毎日のように、この自己表現への恐れを目にしています。多くの人が、自分には感情や要求を表現する権利はないと感じ、もしそんなことをしたらとても悲惨なことが起こると考えているようなのです。

私は、もしロジャーが動揺したら、彼女はどのように対応できるかを練習してみてはどうかと提案しました。以下の会話では、私がインガの役を演じ、彼女にはロジャーの役を演じてもらい、その晩セックスをしたがらない私を批判するように言いました。

（インガ演ずる）ロジャー：セックスしたくないって？　じゃあ、なぜお前はここにいるんだ？

（デビッド演ずる）インガ：あなたと一緒にいるためよ。

（インガ演ずる）ロジャー：それは大変けっこうなことだ。それはすばらしいことだが、恋愛関係は性的関係でもあるんだ。

（デビッド演ずる）インガ：私たちの性的な関係はうまくいっていると思う。でも今晩は本当に私、その気にならないの。少し気分が張り詰めているし、プレッシャーを感じるのよ。

（インガ演ずる）ロジャー：でも昼からずっとお前のことを考えていたんだぜ！

（デビッド演ずる）インガ：うれしいわ。私もあなたに夢中よ。でも、今はあまりしたくないの。

（インガ演ずる）ロジャー：俺は今晩したいんだって！

（デビッド演ずる）インガ：あなたにとって今晩セックスすることがとても大切なことみたいね。どうしてなの？

（インガ演ずる）ロジャー：セックスしたくないっていうのなら、ただ、さびしさを紛らわせるために俺を利用しているだけじゃないか。

（デビッド演ずる）インガ：私がさびしさを紛らわすためにあなたを利用しているって考えている

の？　誰かに利用されてるって感じるのはいやなものよね。私が言ったりしたりしたことで、あなたが利用されているって思ったことは他にもあるの？

（インガ演ずる）ロジャー：いいや、他にはないけど。……セックスしたくないってのがクセになるんじゃないか、じらすばかりでさせない女になるんじゃないかって心配なんだ。

（デビッド演ずる）インガ：私が今までしてきたことが、あなたに「その気もないのにじらす女」にすぎないって思わせてたの？

（インガ演ずる）ロジャー：そうじゃないけど。……そうなりゃしないかって心配なんだ。

（デビッド演ずる）インガ：私だってそんなふうになりたくないわ。ねえ、週にどれくらいセックスしたい？

（インガ演ずる）ロジャー：三回くらい。

（デビッド演ずる）インガ：私もそれくらいがいいな。でも実際に私たち、今までそれくらいの回数、セックスしてたと思うわ。今晩しないことが、問題になるのかしら？

インガの役を演じるうえで、私は降参したり、理屈っぽくなったり、自己防衛的になったりしていないことに注意してください。私の反応は、前述した三つの基本的なコミュニケーション技法を示しています。つまり、

1. **質問技法**：パートナーが何を考えどう感じているかを知るために質問します。表面の裏に隠された感情や必要としているものを表に出すよう、相手を促してください。本当に恐れているものは何かを探ります。ロジャーの場合、本当の問題はセックスではなく、望むものが手に入らないのであれば、それは自分が利用されているということだという彼の恐れにあります。

2. **共感技法**：パートナーの言葉を繰り返します。彼または彼女の立場に立って考え、相手がどう考え、どう感じるかを、断定的になることなく理解するよう努力します。ロジャーは、インガが本当に彼を尊敬し気遣っているのかを知りたがっています。恐れや不安の共有が愛情の重要な一部であるとするなら、相手の言うことに耳を傾け理解することは、非常に深い愛情行為です。この種の深い感情的やりとりは、まさに親密さ、信頼、そして自由の本質です。

3. **適切な自己表現技法**：パートナーの気分を害することなく、あなたの感情を率直にそして直接的に表現します。信念を貫き、自分の立場から意見を述べるのですが、質問技法や共感技法もあわせて用いつつ、パートナーを勇気づけ、彼または彼女が感情を表現できるよう促します。

私は、自己主張の強化、セックスに関するより巧みな協議、あるいは「いいえ」と言える能力などが、インガの身動きがとれないと感じる傾向を完全に解消すると言いたいのではありません。インガは、さらに深いところにある彼女自身の感情に気づき、それをロジャーと共有する勇気と自信をもたなくてはなりません。何でも彼の言う通りにし、彼の要求や期待に自分が合致しているかどうかに思いをめぐらすのではなく、内面を見つめ、自分が今どのように感じているかを自問しなければならないのです。なぜ彼女はセックスに乗り気ではないのでしょうか。彼女はロジャーに腹を立てているのでしょうか。おそらく彼女は、仕事上の問題で動揺を感じているのかもしれません。この種の率直さは、身動きがとれないように感じることへの最終的な解決をもたらす、深い感情的自由を象徴しています。信頼と率直さ、そして感情の共有があれば、いつセックスをするか、あるいはどのくらいの時間一緒にいるかなどの、いわゆる現実的問題には、通常ずっと容易に対処できるようになり、それらは簡単にそしてしばしば完全に解消していくでしょう。

◆要　約

身動きがとれない感じは、親密さへと向かう過程でよく出合う障害です。最近の研究と、そのような感情をもつ患者さんたちとの臨床経験から、私たちを束縛し閉じ込める監獄は現実には存在せず、それは私たちの心の中にあることが示唆されています。特定の自虐的態度が、そうした感情の引き金となります。以下は、そのような自虐的態度の例です。

- パートナーの要求や期待には、すべて応えなければならない。
- 私はパートナーの幸福に責任がある。もし彼女または彼が不幸せなら、原因は必ずや私にある。
- 私のパートナーは、とてもひ弱で愛情に飢えている。私がいつも世話をして安心させてあげないと、生きていけない。
- 私自身の要求や感情を主張したり、協議を通して二人の関係を自分が望むようにしたりすることは、危険すぎる。

多くの人は、二人の関係から逃れることによって、身動きがとれない感じに対処しようとします。別れたり、浮気をしたり、あるいは感情的に距離を置いて、関与の度合いを減らすのです。しかし、本当の解決はその対極にあります。つまり、もっと自分の意見をはっきりと述べ、より関与を深め、感情的により率直になることです。これは、自分を信頼し（自分の要求や感情を信じ）、パートナーを信頼する（あなたが考えるほど弱くも脆くもなく、対立を解消することの不快さに耐え、より率直かつ正直に協議し意思を伝達できる人間として信じる）ことを意味します。

こうした目標への到達には、以下の手法が役に立つでしょう。

- **日常気分記録表**：自分の意見を表に出そうとするとき、いつもあなたに罪の意識を感じさせ、いらだたせ、身動きがとれないと感じさせる、歪んだ自己批判的な思考を書き出します。
- **メリット・デメリット分析**：パートナーの要求や期待のすべてに合わせなければならないと信じることのメリットとデメリットをリストアップします。
- **聞き取り技法**：対立を避けるのではなく、パートナーがどんなことを感じているかを聞き（質問技法）、パートナーの発言を言い換え（共感技法）、その発言の中にある真実を見つけます（武装解除技法）。
- **適切な自己表現技法**：それと同時に、引っ込み思案になったり不機嫌になったりせず、また、パートナーに恥をかかせたり、彼または彼女の自尊心を脅かすことなく、あなた自身の要求や感情を表現します。
- **協議技法**：パートナーの要求をすべて受け入れるのではなく、協議し、妥協する方法を学びます。これにより、恋愛関係の魔法やロマンスは、少しばかり損なわれるかもしれません。しかしその代わりに、あなたにはより深い親密さと満足がもたらされます。あなたは愛情ある関係を、身動きがとれない罠として表現するのではなく、成長の機会として表現することが可能となるでしょう。

第11章

傷ついた心の修復方法：拒絶と成功への恐れを乗り越えて

これまでに述べた原則を実際に適用するにつれて、あなたの自信はより深まり、それが人間関係にも反映されるようになるでしょう。デートの機会が増えるにつれて、ふたつのことが起こるかもしれません。まず、いいなと思う相手をすべて自分に惹きつけることは誰にもできませんから、何度か拒絶を経験するであろうこと、そしてもうひとつは、魅力を増したことが自他共に感じられ、フラーティングやコミュニケーションがより効果的に行えるようになって、ある程度の成功を経験し始めるであろうことです。これに伴って、拒絶への恐れと成功への恐れという、ふたつの大きな恐れがあなたに問題をもたらすかもしれません。読者の中には、親密になること、そして成功することを予想して、恐怖を覚える人もあるでしょう。結局のところ、孤独を感じたり、拒絶されたりすることには、ある種の気楽さがあります。そんなふうにして、十年、二十年、あるいはもっと長く過ごしてきたため、楽しくはないものの、少なくともなじみはあるからです。突然の変化が起こるのではないかという見通しにあなたはぞっとして、圧倒されるかもしれません。

この章では、これらふたつの恐れについて検討します。心配の原因は多くの場合、現実に拒絶されたり、親密になったりすることにあるのではなく、特定の非論理的な思考や自虐的態度によるものであることが明らかとなるでしょう。恋愛関係をよりポジティブに、現実に合わせて考え始めるにつれ、親密さには不必要なこれらの障害を、あなたも乗り越えることが可能となります。

◆拒絶への恐れ

内気で孤独感を抱く人は、拒絶を恐れるあまり、魅力的だと思う人を前にすると、自分をよく見せたり、微笑んだり、フラーティングしたりすることには消極的になるかもしれません。「もし相手に拒絶されたらどうする？　とても耐えられないだろう。きっとつらいに違いない」と考えるかもしれません。でも、なぜ拒絶はそれほどつらいことなのでしょうか。実のところ、非論理的に考えたりしないかぎり、拒絶そのものは決してあなたを過剰に動揺させることはないのです。拒絶の経験を客観的にとらえる方法を習得すれば、その経験があなたを動揺させることはほとんどなくなるでしょう。

これは、「本来、あなたは拒絶を楽しんで当然だ」という意味ではありません。私たちの気分が、受け入れられれば良くなり、振られれば悪くなるのは当然です。しかし、こうした経験をより現実的な視点からとらえる方法を学べば、自尊心に打撃を与えないですみます。そうすれば、再び誰かと親しくなれるチャンスが訪れたときに、思い切ってそれに賭けてみようとするあなたを恐怖心が妨げることはもはやなくなるでしょう。

拒絶されたと感じたときは、あなたのもつネガティブな思考を詳しく調べることが大切です。その結果、67ページにある表4-3にリストアップしたような数多くの歪みに気づくことでしょう。代表的な歪みの中でも、注意すべきは「一般化のしすぎ」です。あるひとりの人から拒絶されただけなのに、誰もがあなたを拒絶するだろうと仮定するのです。あなたは自分にこう言い聞かせているかもしれません。「おそらくもう二度と人を愛することはないだろう。ずっとひとりぼっちだ」。この思考は現実的に思えるかもしれませんが、実際はバカげています。人の好みは実にさまざまで、蓼食う虫も好き好きのことわざ通り、まったく同じ趣味の人は二人といません。辛抱強く待っていれば、遅かれ早かれ、あなたに興味をもち、魅力を感じる人を見つけることができるでしょう。

一般化のしすぎのもうひとつの例は、拒絶された原因の解明を関係上の具体的な問題には求めず、

「私に固有の欠点があるせい」と自らに言い聞かせている可能性です。「私は完全な敗者だ。どこかに欠点があるに違いない。人と親しくなるための資質が欠けているのだ」とあなたは考えているかもしれません。そうなると、まるであなたの「本質」や「アイデンティティ」が、権威ある委員会によって審査され、不良品と判定され、永久に愛されることのない人物との刻印を押されているかのように感じられます。

他人からの拒絶に遭うかもしれない原因を注意深く調べてみると、前述の態度がいかに現実に合わないものであるかが理解できるでしょう。

- その人は、あなたに怒っているか、いらだっている可能性がある。
- その人は、あなたの外見、年齢、人種など、特定の身体的特徴が原因であなたに魅力を感じていない可能性がある。
- その人は、二人の関係がうまくいっていても、親密になり将来を約束することを恐れたために、あなたを拒絶する可能性がある。
- その人は、もっと魅力的な人を見つけたために、あなたを拒絶する可能性がある。

ここに挙げた理由には、ときに拒絶した側の好みが反映されていることにあなたは気づくでしょう。

その最も明らかな例は、あなたが黒人または金髪であるがために、まったく異なる外見の恋人を探す人から拒絶される場合です。この場合、拒絶の原因は、あなたがどれだけ好ましいかという点に、まったくあるいはほとんど関係ありません。

私の患者さんのひとりであるダンは、出版業に携わるハンサムな三十二歳の男性です。彼は、最低でも二十七歳以上で三十歳までの女性を求めています。彼は概して、年齢が二十代の初めから半ばにかけての女性は、自分には若すぎると考えています。もうひとりの患者さんのジョンは、とても感じのよい三十三歳の会計士で、彼が惹かれるのは二十五歳までの女性です。もし、二十四歳の女性がダンとデートした場合には、おそらく彼女は振られてしまうでしょう。しかし、ジョンとデートしたとすれば、彼はおそらく彼女を熱心に追いかけるでしょう。同じ女性であるにもかかわらず、結果はほぼ完全に相手の主観的な好みに左右されるのです。

拒絶の苦痛をもたらすふたつ目の歪みは、「自己関連づけ」または「自己非難」です。あなたは、「すべて自分が悪いんだ。もう少し愛情が深ければよかったのに（あるいは、『もう少し性的に敏感だったら』など）」と自分に言い聞かせています。自分自身を非難することは、たいてい現実的ではありません。なぜなら、あらゆる恋愛関係の成功や失敗には、あなたも相手も共に関与しているからです。「すべて自分が悪い」と自分に言い聞かせることは、実際にはかなり自己中心的で傲慢な態度です。それはあたかも、二人の関係のすべてがあなただけに依存し、すべてをあなたが統制しているかのようです。他の人たちは、あなたの「自我」の延長にすぎない、などということはありません。彼らは独立した固有の存在であり、それぞれが独自の心をもっています。あなたが正しく振る舞っていれば、誰もがあなたを愛するようになり、手に入れたいと思うようになる、と思い込むことは楽しい空想かもしれません。しかし、世界はそんなふうには動いていないのです。

自分を責めるのではなく、二人の関係のどこに問題があるのかをピンポイントでとらえるようにしましょう。あなたたち二人はよく言い争いをしましたか？ それはなぜですか？ セックスに関する問題がありましたか？ 二人のあいだで感情を共有できないことがありましたか？ それはなぜでしょうか？ 別離の原因となった可能性のある二人の言動を理解するよう努力してください。あなたに、太りすぎ、自己中心的、自己防衛的などの対処可能な問題があれば、いじけたり、落ち込んだりすることにエネルギーを浪費しないようにしましょう。その代わりに、カウンセリングを受けたり、問題を修正するための計画を立てたりして、将来の成長を可能にし、親密な関係を築く方法を学びましょう。

たとえあなたに、他人を近寄りがたくさせる純粋にネガティブな面があったとしても、自分を責める必要はありません。二十八歳のサリーは、何年間も孤独感を抱きながら、落ち込んだ状態で暮らしたあと、私のところへやってきました。彼女は職を失い、友人のほとんどが離れていくように感じていました。というのも、その数カ月前、親友の一人が電話での会話中、突然に、もう友だちづきあいはやめたほうがいいと思うと言い出したのです。その親友は、そのことについて話すことも、原因についての説明もしたくない、とサリーに言いました。サリーはいらだち、自分は他人から愛されない存在なのだと確信しました。こうした拒絶のすべては自分の欠点が原因、と彼女は考えました。それまで彼女を担当していたカウンセラーにすら、怒りっぽく見えるし、相手に恐怖心を与える傾向があると言われたのです。カウンセラーでさえも自分を嫌っている、とサリーは言い、いかに希望がもてず、自分を不完全な人間と感じているかを、私に泣きながら話しました。

私は、なぜサリーが親友から拒絶されたと考えるのか、その理由を彼女に尋ねました。自分がいつもひどく落ち込んでいるため、一緒にいると気が滅入るからではないかと思う、と彼女はひどく泣きながら答えました。その答えはおそらく正しいでしょう。パロアルト精神医学研究所のジェームズ・コイン博士の研究は、気分の落ち込んだ人とのつきあいは相手をいらだたせるとの結果を示しています。落ち込んでいる人の自尊心のなさ、脆さ、守りの姿勢などは、容易に相手をいらだたせます。そうであれば、拒絶されたことに対して、サリーは「責任がある」あるいは「とがめられる」べきなのでしょうか。

いいえ、問題は、サリーに責任があるということではありません。問題の本質は、彼女が自分を責めていることにあります。自己非難は、表11‐1にあるように個人的責任感と同じではありません。個人的責任感には、自分を変えて成長するために、自尊心を失うことなく自らの短所を受け入れることが含まれます。しかし、サリーは彼女自身に対して非常に厳しく、あまりに多くの時間をかけて自分を非難し侮辱しているため、友人からのとても穏やかな批判ですら、耐えがたいものになってしまうのです。彼女は自己防衛的に非難しますが、その理由は、他の人からの意見を聞くことがあまりに危険だからです。彼女は聞き取り技術がうまくないため、自己中心的でつきあいにくい印象を与えます。その自己非難傾向が人を遠ざけ、彼女が最も恐れている拒絶を生み出してしまうのです。サリーは、セラピーの過程でこの傾向を修正する努力を払わねばならないでしょう。自尊心が改善するにつれて、彼女は自己非難をせず、防衛的になることもなく、親密な人間関係の浮き沈みに耐える方法を習得することでしょう。より率直に、そして自信がつくにつれて、周囲の人たちも彼女によりポジティブに接し始めるでしょう。

拒絶に共通した三つ目の歪みのタイプは、「全か無か思考」です。つきあっていた人との別れに際して、あなたはその関係に「失敗した」、またはその関係が「失敗に終わった」と自分に言い聞かせている可能性があります。こうした思考は、現実に合ったものではありません。なぜなら、不成功に終わる人間関係など実際には存在しないからです。最低でも、あなたは二人の相性が良くなかったことを発見することに成功したのです。二人の関係の妥当性を測定できる、さまざまな項目について考えてみてください。性的満足、率直さ、共通する興味の対象、誠実さ、信頼、相互尊重、正直さ、忠誠、笑い楽しむ能力、コミュニケーション力、問題解決に対する自発性、などです。その次に、こうした

表11-1　自己非難と個人的責任感の主な相違点

自己非難	個人的責任感
1. **拒絶の原因は常に自らの内面にあるように思われる：**あなたは、人間関係に起こるあらゆる問題の責任は、すべて自分にあると自動的に仮定する。	1. **拒絶の原因は通常、相互にあるように思われる：**あなたは、自分と相手の双方が、どのように対立の原因に寄与したかについて理解しようと努力する。
2. **拒絶は広範囲かつ圧倒的に思われる：**あなたの欠点そして拒絶された経験のすべては、基本的に自分がいかに不適格で、人から求められない人間であるかを証明していると感じる。そして、打ちのめされ、落ち込んで、自分は欠陥人間と感じる。	2. **問題は具体的に思われる：**あなたは個人的欠点を、どのように自分が感じ行動したかの問題ととらえ、自尊心の反映とはとらえない。このことが建設的変化を生じさせるための動機づけとなる。
3. **拒絶は恒久的で不可逆的に思われる：**あなたは、物事がより良い状態になる可能性や自分の抱える問題が解決される可能性はないと感じる。	3. **問題は一過性で可逆的に思われる：**あなたは問題を成長するためのひとつの機会としてとらえ、次の対人関係をより良いものにできる。

項目ごとに0から10までの点数で評価してください。結果として、項目ごとに評価の高低があること、そして、ほとんどの項目で二人がわずかながらでもうまくいっていたことに気づくと思います。このことから、「完全な失敗」あるいは「完全な成功」と評価できる人間関係はないことが明らかになるはずです。

拒絶の苦痛をもたらす四つ目の歪みは、「先読みの誤り」です。あなたは、誰とも永続的で安定した愛情ある関係を築くことができない、と自分に言い聞かせているかもしれません。拒絶された経験のある人は、よく私にこう言います。「私の人生を振り返ってみると、思い出すのは拒絶された経験ばかりです。結婚生活は破綻するし、結婚する前の恋愛関係も、最後はすべて別れに終わりました。本当に、永く続く恋愛関係をもったことは一度もないのです。このことは、私には希望がないことを意味していませんか？　もう事実を認めましょうよ、バーンズ先生。私には、持続的で望ましい関係を築くことはこれから先、決してないのです」

この主張は、説得力があるように聞こえるかもしれません。しかし、非常に人を惑わせるものです。現在アメリカで、順調な結婚や恋愛に関与している人について考えてみましょう。仮にそうした人々が一億人いたとします。現在の関係以前にその人たちが経験した関係は、どのくらいの率で拒絶に終わったと思いますか？

考えてみれば明らかなように、答えは100％です。あなたが最後に一緒になる相手に会うまで、すべての恋愛関係は別れに終わるでしょう。あなたが相手を自分にふさわしくないと判断するか、あるいは逆に相手がそう判断するかのいずれかなのです。ときには二人そろって同じ判断をするかもしれません。しかしこれは、あなたには「希望がもてない」ことを意味するものではありません。それは、あなたがデートを重ね、積極的にひとりのパートナーを探し求めていることを意味しているにすぎません。しばしば起こる拒絶は、誰かと親しくなるために絶対に必要な過程です。拒絶や別れに終わった恋愛関係のひとつひとつは、はしごを一段ずつ登るのと同じようなものです。こうした経験のそれぞれから、あなたは学び、成長すればよいのです。そうして得られた知識が、その次の関係をより親密で満足のいくものにしてくれます。

拒絶されたからといって、あなたが他人の興味をひかず、誰からも望まれていない人間だということでは決してないと覚えておいてください。これはとても重要なことです。何らかの具体的な問題が原因で、誰かがあなたを拒絶することはあっても、「敗者だから」などの、あいまいで広範な概念がその理由となることはありません。もしそれが、あなたの着こなしがだらしない、または、鈍感で、身勝手で、自己防衛的な傾向があるなどの妥当な批判であれば、そうした批判を受け入れ、問題を正す努力をすればよいのです。これは、どれだけの価値や魅力があなたにあるかという議論とは無関係です。不完全な部分があるとしても、それはあなたをより人間的にするものであって、あなたの価値を落とすものではありません。そうした部分を恥ずかしさ抜きで受け入れることが、自尊心を強くする基礎となります。あなたが変わりたいという意志を示しているにもかかわらず、問題を解決しようとせず、関係継続を拒絶するような人は、問題解決よりも復讐や仕返しに興味があるのかもしれません。このような人は、怒りやいらだちといった感情に圧倒され、恋愛関係の問題を解決することはあまり得意ではないでしょう。しかし、それはその人たちの不名誉であり、あなたの不名誉ではありません。それは、彼または彼女が限界をもつ人間であることを示していますが、あなたがどれだけ愛すべき、価値ある人間かということとは関係ないのです。たとえ不完全であったとしても、あなた自身を愛し、受け入れる決心をしましょう！　これは、あなたの欠点を無視することではありません。欠点は、ひとつひとつ認め、正すことができるものは正す努力を行います。しかし、正す過程で忘れてはいけないのが、自己愛の精神です。

仮に、社交技術が不得意としましょう。あなたは、身だしなみが良くないために人々を遠ざけているかもしれません。あるいは、脅威を与える態度やけんか腰で相手に接しているかもしれません。もしそうであれば、こうした問題を正していきます。しかし、「自分は二流」とあなた自身にレッテルを貼ることは、決して自分のためにはならないことを理解しましょう。自分が劣っていると考えることは、問題をさらに悪化させるだけです。無条件にあなた自身を愛することが、成長のため、そして他の誰かと人生を共有するための動機づけと勇気を与えてくれます。

拒絶の練習

どのようにすれば、こうした理にかなった洞察を感情的な現実へと変化させることができるのでしょうか。すべての人間は愛すべき存在と理屈ではわかっていても、誰かから拒絶されれば、やはりあなたの気分は良くないでしょう。さらに、他の人たちはこうした見識ある態度で行動してはいないし、あなたに対してもしばしば事実に基づかない価値判断を行うことをあなたは知っています。そして、ときどきあなたを拒絶するのです。

恐れているものへの曝露を繰り返すことは、本能のレベルで恐れを克服する最も効果的な方法のひとつです。あなたが拒絶を恐れているのであれば、できるだけ多くの拒絶経験を積む必要があります。私がお勧めするのは、少なくとも二カ月間、毎週五回の拒絶を経験することです。これを可能にするひとつの方法は、第5章および第6章に述べた技法を用いて、見ず知らずの魅力的な人を相手にフラーティングを行い、できるだけ多くの人と知り合いになることです。通りや店で会う人、その他にもレストラン、クラブなど、あらゆる場所で会う人ごとに、微笑みかけ、話しかけます。親しげに返事をしてくれた人とは、お茶を飲みながらのデートを申し込みます。あなたが拒絶され、振られるたびに得点が一点追加されます。累積20点になったら、前から欲しいと思っていた輸入ものの服を買ったり、週末に海へ出かけたりするなど、自分に特別なご褒美をあげましょう。

この「拒絶の練習」には、多くの利点があります。一定の回数拒絶されると、拒絶への恐れは薄れていくものです。なぜなら、あなたは拒絶後も生き残り、世界が実際に終わることもなかったからです。拒絶への恐れが薄れるにつれ、あなたはより積極的に自分の意見を言うようになり、フラーティングやデートでも大胆になるでしょう。ふさわしい相手を見つけるまで、あなたは数多くの人とデートする必要があるかもしれません。拒絶には耐えられないからといってためらっていたら、あなたが探している特別な人を見つけ出す前に九十歳になってしまうかもしれません。

「拒絶の練習」のもうひとつの利点は、あなたの「打率」をある程度知ることができる点にあります。成功率100％の人などいませんし、0％の人もいません。あなたに興味を示す人の率がわずか10％

か20％だとしても、拒絶二十回につき、二人から四人があなたに興味をもつことになります。それだけ多くの人とデートすることは、スタートとして悪くありません。こうした成功を基礎にして、あなたは自らの社交生活を改善していくことができます。

「拒絶の練習」を行っていて魅力的な人に出会ったとき、あなたは、「たぶん彼女（または彼）が自分のような人間に興味をもつはずはない。私には人を惹きつけるところがないし、知性も十分な魅力もない」と自分に言い聞かせて、緊張してしまうかもしれません。また拒絶されたり、デートを断られたりすると、「私にはまったく良いところがない。みじめな敗者の証拠だ」と自分に言い聞かせることもあるでしょう。こうしたネガティブ思考は、他人とつながろうとする努力を台無しにしかねません。こうした思考を克服する方法のひとつが、日常気分記録表の活用です。これらのネガティブ思考を書き、それに反論します。そうすることで、より現実に合った視点に立つことができ、温かみと自信のある態度を育てることができます。結果として人々は、よりあなたを魅力的と感じるようになるでしょう。

孤独感に悩む若い女性サンディは、ハンサムな同級生とキャンパスですれ違ったとき、立ち止まって「やあ」と微笑む彼に、とても意地の悪い態度をとったと私に話しました。立ち話しの途中から、彼女は孤独感と劣等感をもち始め、怒りだし、いらいらし、不安定になりました。サンディが自分に言い聞かせていた考えは、表11-2に記されています。そこには、自尊心の欠如がいかに彼女を蝕んでいるかが示されています。彼女は、「彼が私になんか興味をもつはずがない。親切心から話しかけているだけ。でなきゃ、何か別の動機を隠しているのかもしれない」と自分に言い聞かせています。そして拒絶されたと感じ、その傷ついた感情を埋め合わせるために、「間違ってもあんな負け犬に興味はもたないわ！」と自分を納得させようとしているのです。彼女が孤独感をもつこと、そして男性と親しくなるのが難しいことは、ほとんど当たり前と言えるでしょう。

ひとたびこうしたネガティブで自虐的な思考を書き出してしまうと、サンディはそれがなんと根拠のない非論理的な思考であるかを容易に理解できるようになりました（表11‐2参照）。日常気分記録表を使った練習をしばらく繰り返したことで、彼女は男性とよりリラックスして接することができるようになりました。自信がつくにつれ、彼女の拒絶への恐れは減少し、男性がよりポジティブに、そして優しく反応することにも気づくようになりました。

男性も、しばしば同じように内気で自信のなさを感じるものです。三十四歳で孤独なニックは、建設資材販売会社を経営しています。仕事面では大変成功していますが、その成功は社交生活を犠牲に得たものでした。というのも、彼はとても多くの時間を仕事に費やし、成功を手にしたからです。最近ニックは、さびしく満たされない気持ちを感じ始めていました。そこで、デートできるだけの自信をつけ、パートナーを見つけ、家族をもつため、セラピーに助けを求めました。

ニックには、気に入った女性に近づこうとすると必ず緊張と不安をもたらす、拒絶につきもののネ

表11-2 日常気分記録表*

動揺した出来事：私がキャンパスを横切っていたときに、フランクが呼び止めて話しかけてきた。ずっと彼のことをすてきだと思っていたけど、話しているうちにイライラしてきて、不親切な態度をとってしまった。		
ネガティブな感情：あなたの感情を、0（ほとんどない）から100（大いにある）までの評価点とともに記録します。「感情」には、悲しい、不安、怒り、罪悪感、孤独感、絶望感、いらだち、などがあります。		
感情の評価 (0～100)		
1. 自己防衛過剰　90%	3. いらだち　90%	5. 劣等感　90%
2. 怒り　90%	4. 孤独感　90%	6.

自動思考 ネガティブな思考を書き、順に番号をふります。	**歪み** 自動思考のそれぞれにある歪みを特定します。	**合理的反応** より現実に合ったポジティブな思考に置き換えます。
1. たぶん彼は私から歩き去りたいだけ。	1. 心の読みすぎ	1. 彼が私から歩き去りたいだけかどうかはまったくわからない。おそらく私と話したいから話しかけたのだろう。
2. 彼は私のことを前もって勝手に判断している。	2. 心の読みすぎ	2. 彼が前もって勝手に判断しているという証拠はない。事実は、彼が私に話しかけていることだけだ。これは私にとって彼を知る良い機会かもしれない。
3. 彼の前では、いつも不安になる。彼を友だち候補として考えるなんてあり得ない。	3. 感情的決めつけ	3. 私が不安になる原因は、男友だちとつきあった経験が足りないことにある。そして拒絶が恐ろしいからだ。友だち候補として彼にポジティブな対応をしたら、たぶんもっとリラックスできるだろう。

自動思考	歪　み	合理的反応
4. 彼はおそらく私と話したくないのだろう。親切心から挨拶しただけ。	4. マイナス化思考	4. 彼が挨拶をしたのは、そうしたかったからかもしれない。いずれにしても、立ち止まって私に話しかける義務は彼にはなかった。
5. 彼は生徒会の会員だから、多分優越感をもっている。	5. 心の読みすぎ、全か無か思考	5. 私のほうが劣等感をもっているのかもしれない。だから彼が優越感をもつと仮定するのだろう。
6. 彼が私に話しかけている唯一の理由は、私がヘレンの友だちだからだ。そして彼はおそらくヘレンとデートしたいのだろう。	6. マイナス化思考	6. もし彼がヘレンとデートしたいなら、直接彼女に申し込めばいい。私を通す必要はない。
7. 私は彼に興味がない。	7. マイナス化思考	7. 彼と知り合ってもいないのに、興味がないなんてことは言えない。彼は魅力的で知的だし、とても楽しいデート相手かもしれない。

再検討の結果：「合理的反応」を再び読んだ後の今の気持ちを選んでチェックしてください。
□ まったく良くならない。□ 少し良くなった。☑ かなり良くなった。
□ とても良くなった。

ガティブな思考が、サンディ同様いくつかありました。表11-3には、ディスコで彼のことをチラチラ見ていた魅力的な女性に気づいた彼が、自分に言い聞かせていた考えが示されています。そこに述べられているように、彼は彼女が自分には過ぎた女性であり、自分に興味をもつことなどあり得ない、と言い聞かせていました。そして防衛機制によって、自分も彼女なんかに興味をもつはずがないと決めつけました。彼女と彼の視線が合ってから、数秒で彼は自分自身をワンツーパンチで打ち負かしました。彼がなぜデートに不安やこだわりをもつのか、その理由をあなたは簡単に理解できるでしょう！

紙ナプキンにネガティブな思考を書き、それに反論したことで、彼には彼女にアプローチする勇気がわきました。簡単な会話を交わしたあと、彼は彼女を近くにある静かなレストランへ飲みに誘いました。彼女は同意しましたが、相性が良くなかったのか、結局二、三杯飲んだだけで、電話番号を告げずに彼女は帰って行きました。ニックは怒りと失望を感じましたが、表11-4にあるように、再び彼のネガティブな思考を書き出し、それに反論しました。その結果、士気が少し上がり、世界の終わりだと嘆いたり、永遠に悪運につきまとわれる敗者と自分に言い聞かせることもありませんでした。

「誰もが大いに愛すべき興味深い人間」との考えは、当然のことのようでもあり、同時にとても革命的と私には映ります。他人と親しくなる能力は、人としての「価値」や「愛される力」などの神秘的な資質よりも、率直であろうとする気持ち、そして恋愛関係に生じる問題を解決しようとする意思により強く関連しています。もしあなたが誰かの好みに合わないとしても、それは運が悪かっただけ

表 11 - 3　日常気分記録表*

動揺した出来事：あるクラブで、魅力的なブロンドの女性を見かけるが、怖くて近づくことも話しかけることもできない。		
ネガティブな感情：あなたの感情を、0（ほとんどない）から 100（大いにある）までの評価点とともに記録します。「感情」には、悲しい、不安、怒り、罪悪感、孤独感、絶望感、いらだち、などがあります。		
感情の評価 (0 ～ 100)		
1. 不安　80%	3.	5.
2.	4.	6.
自動思考 ネガティブな思考を書き、順に番号をふります。	**歪　み** 自動思考のそれぞれにある歪みを特定します。	**合理的反応** より現実に合ったポジティブな思考に置き換えます。
1. 私には十分な魅力がない。	1. 先読みの誤り、心の読みすぎ、全か無か思考	1. 私が並外れて魅力的ということはないだろう。でも、外見はまあまあだし、彼女とは相性がいいかもしれない。
2. 私は彼女が探しているような男らしい男じゃない。	2. レッテル貼り、心の読みすぎ	2. 私は彼女のことを知らない。だから、彼女がどんな男に魅力を感じるのかわからない。私に興味をもつかもしれないし、魅力的と思うかもしれない。さびしいと思っていて、私とのデートの機会を喜ぶかもしれない。
3. 彼女はおそらく私が探し求めているような女性ではないだろう。	3. 全か無か思考、感情的決めつけ、先読みの誤り	3. 私は彼女に近づくのが怖いので、言い訳しているだけだ。彼女と知り合ってもいないのだから、彼女がどんな女性か知りようがない。

自動思考	歪　み	合理的反応
4. 彼女はとてもセクシーで好ましく見える。私よりもっといい男がふさわしいだろう。	4. 結論への飛躍、マイナス化思考	4. 彼女は確かにセクシーで好ましく見える。でも、私が自分のマイナス面ばかり見る必要はない。「もっといい男」という言葉は何を意味するのだろう。ある面では私のほうが他の人よりもいいし、また別の面では他の人のほうが私よりもいいところをもっている。ある男より私のほうが外見がいいし、また別の男は私よりも外見がいいだろう。直接話すまでは、彼女が私に興味をもつかどうかはわからない。
5. 彼女に話しかけようとする私を見て、周囲は間抜けと思うだろう。	5. 先読みの誤り、レッテル貼り	5. 彼女に話しかけている自分を他人がどう見るか、私にはわからない。いずれにせよ、誰も気にかけないかもしれないし、努力している姿を見て私を尊敬するかもしれない。私は自分のやりたいことをしているのだから、もし周囲がそんな私を見て「間抜け」と思うのなら、それは彼らの問題だ。

再検討の結果：「合理的反応」を再び読んだ後の今の気持ちを選んでチェックしてください。
□ まったく良くならない。☑ 少し良くなった。□ かなり良くなった。
□ とても良くなった。

表 11 - 4　日常気分記録表*

動揺した出来事：出会った女性と一緒に、軽くお酒を飲みにレストランへ行った。彼女に、「あとで電話してもいい？」と聞くと、彼女は「お断り」と答えた。

ネガティブな感情：あなたの感情を、0（ほとんどない）から 100（大いにある）までの評価点とともに記録します。「感情」には、悲しい、不安、怒り、罪悪感、孤独感、絶望感、いらだち、などがあります。

感情の評価
(0 ～ 100)

1. 悲しい	90%	3. 気分の落ち込み	90%	5.	
2. 怒り	90%	4.		6.	

自動思考 ネガティブな思考を書き、順に番号をふります。	**歪　み** 自動思考のそれぞれにある歪みを特定します。	**合理的反応** より現実に合ったポジティブな思考に置き換えます。
1. 私は敗者だ。	1. 全か無か思考、レッテル貼り	1. 彼女は私とはつきあいたくなかった。だからといって、私は「敗者」になったわけではない。誰もが私に興味をもつはずはないし、どんな女性にも私が興味をもつということもない。
2. この先もう二度とデート相手や恋人を見つけることはないだろう。	2. 一般化のしすぎ、先読みの誤り	2. 彼女とデートすることはできなかった。でも女性との出会い方がうまくなってきたから、もう少し頑張れば、最後には私に興味をもつ女性と出会うことができるだろう。

再検討の結果：「合理的反応」を再び読んだ後の今の気持ちを選んでチェックしてください。
☐ まったく良くならない。☐ 少し良くなった。☑ かなり良くなった。
☐ とても良くなった。

です。他の多くの人と比べて、実際にあなたは知的ではなく、魅力的でもないかもしれません。しかし、そうでない人などいるでしょうか。私やあなたよりも賢く、セクシーな人間は世界に何百万といます。だからどうしたというのでしょう。価値ある人間であるためには、愛情を与え受け取るためには、そして喜びを感じ、人生に、出会った人々に興奮するためには、どのくらい知的で魅力があればよいというのでしょうか？

◆成功への恐れ

これまでの数章で概略を述べた法則をあなたが実際に適用するとき、今度は正反対の問題に遭遇するかもしれません。つまり、デートに成功しすぎて恐れをなしたり、成功に圧倒されたりする可能性です。自分には多くの人を惹きつける魅力があるという事実を突然に知ることは、将来ずっと拒絶され孤独感に悩むかもしれないという見通しと同じくらい、あなたをいらだたせる可能性があります。おそらく、私たちの内にあるカルヴァン主義的労働倫理が、「大喜び」には懐疑的にさせるのでしょう。物事がうまく進みすぎると、「自分は悪魔との約束を交わした」と感じたり、「何かとてつもなく大きな過ちがあるに違いなく、人生は崩壊寸前だ」と感じたりするのです。

レックスという名の大学生は、重いうつ病に何年間も悩まされてきました。融通がきかず、真面目すぎる彼は、ある若い女性と定期的にデートを重ねていました。しかし、彼はやきもち焼きの傾向が強く、彼女から拒絶されるのではないかとの恐れにいつもとりつかれていました。不安のあまり彼女の職場へ行き、顧客と親しげにしていないか、ひそかに探りを入れたこともありました。

レックスはすばらしい患者さんでした。なぜなら、一生懸命自分のうつを克服しようと、信じられないほどの努力を続けていたからです。最初の顔合わせの前に、彼は六百ページを超える私の著書『いやな気分よ、さようなら—自分で学ぶ抑うつ克服法』を隅から隅まで読み、セルフ・ヘルプのための課題を完全にすませていたのです！

彼のうつは重く、難治性でした。私たちは、ともに悪戦苦闘しながら九カ月を過ごしました。一歩一歩うつを克服した彼は、より大きな幸福感と自信をもち始めました。ひとたびうつが消失すると、彼は人間関係の改善に取り組み始めました。より気楽で快活になった彼は、もっと頻繁にデートする方法も学びたがっていました。彼は私の提案をすべて文字通りに実行しました。体格を良くするためにウェイトリフティングを始め、じきにスーパーマンのような身体になりました。気のきいた洋服を買い、フラーティングと微笑みの練習を重ね、より官能的でリラックスした出会いの演出を練習しました。そして非常にすてきな男性になった彼に、女性たちはたまらない魅力を感じているようでした。彼はまるで新しいおもちゃを手に入れた少年のようでした。行く先々で周囲の人々に声をかけ、会う人ごとに意気投合し、たちまち友だちになるのでした。女性たちは次から次へと自分の電話番号を彼に告げ、彼はますます頻繁に外出するようになりました。たいてい、こうした女性たちは彼に一目惚れし、また反対に彼も頻繁に一目惚れしていました。唯一の問題点といえば、周囲に温かさと自信を大いに発散させていたために、前述したような出来事が彼にほとんど毎日起こり始めたことぐらいでした。何年にもわたって自信のなさと心配にとりつかれていた彼にとって、その突然の変化は驚くべきものでした。

自分がどれほどの人気者になりつつあるかを理解しだしたレックスを、次第に恐怖が襲い始めました。あまりにも物事が順調すぎる、どこかに落とし穴があるに違いない、と思い始めたのです。自分はロミオなみの評判を得つつあるのか？　両親が今の信じられないような社交生活を見たら何と思うだろう？　成功をやっかんだ友人が自分から離れていってしまったらどうする？

レックスがネガティブな思考を書き出し、それに反論を加えたことは（表11‐5参照）、こうした恐れを理解し克服するうえで役に立ちました。結果として彼は、このようなすばらしい経験をすべて存分に楽しむことができたのです。成功に伴う恐れの裏には、拒絶への恐れがあることを彼は発見しました。このことをより現実的に考えてみると、友人の何人かは成功をねたんで離れていくかもしれないけれど、温かさと他人への純粋な好意をもち続けているかぎり、友人のほとんどを失うことはないだろう、と彼は理解したのです。彼は、週に一度のペースで恋に落ちるようになりました。人生は

表 11 - 5　日常気分記録表*

動揺した出来事：たくさんの女性と出会い、デートするようになった。でもときどき恐ろしくなって、昔の自分の殻に戻りたくなる。

ネガティブな感情：あなたの感情を、0（ほとんどない）から 100（大いにある）までの評価点とともに記録します。「感情」には、悲しい、不安、怒り、罪悪感、孤独感、絶望感、いらだち、などがあります。

感情の評価 (0 ～ 100)			
1. 不安	90%	3.	5.
2. 罪責感	90%	4.	6.

自動思考 ネガティブな思考を書き、順に番号をふります。	**歪　み** 自動思考のそれぞれにある歪みを特定します。	**合理的反応** より現実に合ったポジティブな思考に置き換えます。
1. こんな状態を続けていけば、イメージを維持するための絶え間ないプレッシャーにさらされる。そうなると、そのイメージについていけなくなったとき、私は拒絶され、ひとりぼっちになり、つまらない人間になってしまうだろう。	1. 先読みの誤り、心の読みすぎ	1. どんな「イメージ」も私が維持する必要などない。私は、好きなだけの数の女性とデートすることができる。誰も彼もが私を拒絶することなどありそうにない。事実私には今、これまでよりもずっと多くの友人がいる。
2. なかには私をねたみ嫌う人もいるだろう。私と対立しようとしたり、バカにしたりさえするかもしれない。	2. 先読みの誤り、心の読みすぎ、レッテル貼り	2. やきもちを焼く人もいるかもしれない。また、もっと仲良くなる人もいるかもしれない。私はときどきバカげた行動をとるかもしれないが、だからといって世界が終わるわけじゃない。

自動思考	歪　み	合理的反応
3. 女性たちは私にできるだけ近づこうとするだろう。そこでもし私がまだ特定の相手とはつきあいたくないと言ったら、彼女たちは落ち込んで、私を恥知らずの女たらしと思うかもしれない。	3. 自己関連づけ	3. 自分のことをまだ好きな人と別れたら、その人を傷つけるかもしれないのは確かだ。それもこれもデートの一部で、反対に自分がまだ好きなのに拒絶される場合もある。
4. 私がいつもとても良い気分でいるので、たぶん周囲の人はねたむだろう。	4. 心の読みすぎ、マイナス化思考	4. ほとんどの人にとって、気分の良い相手とつきあうのは楽しいことだ。ただし、傲慢になったり無神経であったりすれば、話は別だ。
5. ボーイフレンドのいる女性でさえ私に流し目を使い、フラーティングする。これではまるで、私が他人の家庭を破壊しているみたいだ。	5. レッテル貼り、マイナス化思考、自己関連づけ	5. フラーティングする女性にまで私の責任は及ばない。それは私が魅力的ということだし、私はそれを楽しめばよい。その女性が既婚者でなければ、私には彼女とデートする当然の権利がある。
6. もし両親が私の評判を聞きつけたら、おそらく動揺するだろう。楽しいことをして、遊びまわってばかりいてはいけない、勉強に集中しなさい、と言うだろう。	6. 自己関連づけ、心の読みすぎ	6. おそらく両親は、うつから抜け出して人生を楽しんでいる私を見て喜ぶだろう。勉強に遅れが出ないかぎり、両親が私の社交上の成功を心配する理由はない。

自動思考	歪　み	合理的反応
7. ディスコへ行くと不思議な気がする。踊っている私を皆が見るからだ。多分私のことを変な奴と思っているのか、あるいは見せびらかしてると思っているのだろう。陰で私を笑い者にしているかもしれない。	7. マイナス化思考、心の読みすぎ	7. 私は体格がいいし、ダンスもうまい。おそらく周りの人たちは私のダンスを楽しんでいるのだろう。私を笑い者にしたければすればいい。
8. 私はそこらじゅうの女性と仲がいいから、他の男たちは私のことを嫌って、あいつはただ見せびらかしているだけと思うだろう。	8. 心の読みすぎ、マイナス化思考	8. 知ったかぶりさえしなければ、他の男たちもおそらく私の成功に敬意を表してくれるだろう。成功の秘訣を教えてほしいとせがまれるかもしれない!

再検討の結果:「合理的反応」を再び読んだ後の今の気持ちを選んでチェックしてください。
□ まったく良くならない。□ 少し良くなった。□ かなり良くなった。
☑ とても良くなった。

とても楽しい冒険に変わりました。

私たちのほとんどが、これと同じ親密さとわくわくするような気持ちを解き放つ潜在的な力をもっている、と私は考えています。これは魔術でも幻想でもありません。単純に、愛情と自尊心のもつ力なのです。自信喪失と恐怖に負けてしまうことで、私たちはどれだけ喜びの機会を失っていることでしょう。

最近、私はレックスから手紙を受け取りました。どんなことが書かれているか、読者の皆さんも興味があると思い、彼の許可を得てここに転載します。

親愛なるデビッド先生

長いあいだのご無沙汰をお詫びします。「ご無沙汰」自体、良いことではありませんが、そこには実にポジティブな面もあることを私は知っています。最後に先生と面接してから現在まで、私のBDI*はゼロを維持しています。事実、「ゼロ」よりも良いと言いたい気持ちです。気分はずっと最高なのですから! 過去数カ月から数日を選び、ビデオに撮って先生のところへ送れたらなあ、とときどき思います。そうすれば、いかにして私が「不安の殻」から抜け出し、上機嫌で、笑いを絶やさない、自尊心を周囲に投射する、高い人気と才能に恵まれた個人として実社会で活躍しているか、その様子を先生にお見せすることができるからです。私の魅力は、あふれ出そうなほどです。先生は、あれだけ私自身の潜在能力の大きさをわからせようと努力してくれたのですから（そして見事それに成功した、とつけ加えるべきでしょう）、今の私の気分がどんなものか理解してくださるでしょう。

短い文章でうまく伝えるのは難しいとは思いますが、成功談のいくつかを先生に紹介します。五月二十四日、私の二十二回目の誕生日を祝うため、友人たちがサプライズ・パーティを開いてくれました。上等なシャツ、コロン、高級レストランでの夕食、ケーキなどの数々の贈り物に私は驚かされました。誕生日は先週だったのに、いまだに贈り物が届きます。

もうひとつの例です。出会ってデートする女性ごとに恋に落ち、真剣なつきあいを求めようとする「抑えがたい欲望」から決別できたのは、私の人生で最もわくわくする出来事でした。今までに、いろいろな女性とデートしたり、デートを申し込まれたりしてきました。

七月には、以前の婚約者がドイツから戻ってきましたが、私は彼女と完全に別れることにしました。これは、今までに私が下した最良の決断のひとつでした！　とはいえ、今後もときどき会っ

＊ＢＤＩ（Beck Depression Inventory：ベックのうつ病調査票）は、抑うつ症状を測る検査法のひとつです。ゼロは極端に低い評価点で、抑うつ症状が実質的にまったくないことを意味します。詳しくは、デビッド・Ｄ・バーンズ著『いやな気分よ、さようなら―自分で学ぶ「抑うつ」克服法』第２章「どうやって気分を診断するか」を参照してください。

て挨拶を交わす程度のことはするつもりです。

どうしてもお伝えしたかったのは、成功への恐れについてです。この恐れが私の潜在能力を完全に活かしきれない一因となる可能性について、先生と議論したことを覚えています。私は自分の成功とともに、この恐れと立ち向かっています。私が恐れを感じているのは、この成功が原因で人々が私をねたみ、あるいは嫌うかもしれないということだと思います。人々は、私がただの自信のない見せびらかし屋にすぎないと考えているかもしれません（そう彼らが考えたとして、なぜ私はそれを気にするのでしょうか？）。いずれにせよ、この恐れの克服という挑戦を私は喜んで受け入れます。

先生も、ご無事で日々を過ごされていることを祈っています。以前、二人で話し合ったように、お望みならば先生が出版準備中の新しい著書の原稿に目を通したく思います。そのときはご連絡ください。喜んでお手伝いさせていただきます。今後は、もう少しまめに現状を報告するよう心がけます。先生のお仕事の成功を祈りつつ筆を置きます。

一九八四年六月十日

レックス

第V部

メイキング・ラブ：
個人的な性的成長プログラム

第12章

男性専科：インポテンスと性的不安の新たな克服法

デート相手との親密な関係が発展するにつれ、あなたはセクシュアリティ（性に関する認識、行動、指向など）をめぐる課題に直面するかもしれません。このことは、あなたと相手との関係を強化し、より大きな信頼と喜びをもたらす可能性を意味しますが、同時に、自信を失う新たな原因となる可能性も意味します。女性とセックスを始めたのにペニスが反応せず勃起しなかったら、どうすればよいのでしょう。すぐに射精してしまったら、あるいはまったく射精できなかったらどうしますか？

こうした問題の原因は、一般に不安や自信のなさといった感情にあります。文筆家やセックス・カウンセラーは、性的満足を得る能力に感情がいかに大きな影響を及ぼすかを指摘していますが、性に関する不安やこだわりの原因となる思考パターンは特定されず、その修正に役立つ体系的手法はほとんど開発されてこなかったか、あってもわずかでした。「遂行不安」から勃起不全を起こした男性は、リラックスし、セックスがうまくいくか、いかないかにはあまりとらわれないように、とアドバイスされます。彼らは、「第三者的な態度」、つまり非常に大事な舞台でスポットライトを浴びながら、常に自分のペニスが勃起するかどうかに注目するような態度をとらないよう忠告されるのです。そうではなく、「今、この場と一体化し、自分自身を楽しむ努力をするように」とアドバイスは続きます。しかし、いったい正確にはどうしろというのでしょうか。あなたの妻、あるいはガールフレンドが、萎えて反応しないペニスを手や口を使って懸命に刺激し、「救出」すべく努力しているときに、どのようにすればリラックスできるのでしょうか。全身の筋肉がこわばり、「またダメだ。ひどいもんだ。何がいけないいんだろう。彼女は僕をどう思うだろう」と自問しているときに、どうやって「今、この場所とともに流れていく」ことができるのでしょう。

私は、男性における性的問題の原因となるネガティブな思考パターンを修正する具体的な技法を開発しました。セックスに対する態度を変化させる方法を学ぶにつれ、あなたはより大きな自信をつけ、性に関する不安やこだわりを克服できるようになるでしょう。その結果、セックスを楽しむ能力が増し、より創造的で、よりエロティックな感情をもつことが可能となります。そしてまた、より率直で隠しだてのないパートナーとのコミュニケーション方法の学習が容易になります。

ここで、スタイルの良いブロンド美人がカクテル・パーティ会場に現れたと想像してみてください。会場の男性たちはどんな感情をもつでしょうか。ある男性は、「すごい美人だ。彼女、ひとりだろうか？」とひとりごとを言いつつ、性的興奮を覚えるでしょう。二人目の男性は、「彼女は確かにすごい美人だけど、俺みたいな男には興味ないだろうな」と考え、不安とともに尻込みするかもしれません。三人目の男性は、「妻以外の女性に淫らな想像をすべきではない」と自分に言い聞かせ、罪責感をもつかもしれません。四人目の男性は、「たぶんお高くとまったタイプだろう」と考え、怒りの感情をもつかもしれません。もし会場に十人の男性がいれば、十人が彼女に対してそれぞれ異なる反応を示すかもしれないのです。

さて、これらの感情を男性たちに引き起こした張本人は誰でしょう。彼女でしょうか。彼女が、自分に惹きつけられた男性を性的に「興奮させる」と同時に、惹きつけられなかった男性を性的に「興ざめ」させたのでしょうか。それは明らかに不合理です。実際には、それぞれの男性が異なる考えを彼女に対してもち、結果としてそれぞれの反応を生み出したのです。この洞察は、セクシュアリティへの認知的アプローチの基礎となるもので、いくつかのシンプルな概念を前提としています。最初の概念は、あなたの思考そして「認知」――あなたが自分に言い聞かせていることと考えていること――が、あなたを性的に興奮させたり興ざめさせたりする、というものです。これは、あなたの性的興奮の起源が首から上にあることを意味します。ふたつ目の前提となる概念は、インポテンス、罪責感、セックスへの興味喪失などの性的問題があるときは、一般に性に対するネガティブな思考や不合理な態度がその一因というものです。そして最後の概念は、こうした自虐的な信念を取り除き、自分と自分のパートナーについて、より現実に合わせてポジティブに考える方法を学ぶ意思があれば、二人はより良い恋人同士となり、性生活の改善が可能になる、というものです。

ここで、免責条項が必要になります。それは、思考や態度が性的機能において重要な役割を担う可能性がある一方、性的問題は数多くの要因から引き起こされる可能性もある、ということです。性的問題に慢性的に悩まされている人は、適切な診断と治療のために、性障害を専門とする定評あるクリニックまたは医師の診察を受けなければなりません。介入には、教育、内科および外科的治療、個人的精神療法、カップル療法、そしてウィリアム・H・マスターズ博士とヴァージニア・E・ジョンソンが開発した「感覚集中法」のような行動療法など、数多くの効果的な方法があります。

インポテンスと勃起不安の克服

黒髪と黒い瞳をもつ情熱的でハンサムなジャックは三十四歳で、ニューヨークの有名大学で経済学の教授をしています。数年前に前妻と別れて以来、孤独を感じ、自分を責め、女性と親しくなることに難しさを感じていました。問題の一因は、彼が熱心すぎることにありました。過剰な熱心さが態度に表れ、興ざめした女性たちは彼から離れていってしまうのです。ジャックは、こうして繰り返される拒絶の原因は、基本的に他の男性よりも自分が劣っているから、あるいはどこかに欠点があるからに違いないと思い込んでいました。彼はますます自信をなくし、そのためさらに努力することが、拒絶の悪循環をつくりだしていました。

　セラピーの開始当初から、ここまでの数章に述べたものと似た技法を用いて、ジャックは低い自尊心を再構築し、内気さとさびしさの克服にとりかかりました。解決策は、拒絶への恐れを乗り越え、ひとりでいるときも幸せと満足を感じるための方法を学ぶことにありました。そして、第3章に述べた満足度予想表を用いたことで、満足感を得るためには女性が必要という彼の信念の誤りが証明されました。なぜなら、彼はひとりで仕事に熱中しているときに、しばしばとても幸せな気分になることを発見したからです。そんなことは取るに足らない当たり前のこと、と思う人がいるかもしれません。しかし、彼にとってそれは思いがけない新発見でした。そしてそれは、女性たちを遠ざけてしまう必死な愛情への渇望から彼を解放したのです。ジャックがリラックスし、安心感を得る方法を理解するにつれて、デートの重要性は低くなりました。するとすぐに女性たちは、より強く彼に興味を示し始めました。これは、ほとんど常に当てはまる法則です。つまり、あなたが女性を過剰に必要としなくなったときから、女性たちはより強い興味をあなたに示すようになるのです。

　じきに彼は、ジーンという若い女性とつきあい始めました。彼はわくわくするような興奮を感じていましたが、心配でもありました。というのは、新たな問題が表面化してきたからです。それは、いざとなったらベッドで勃起しないかもしれない、という恐れでした。前妻とのあいだでは十分に機能していましたが、セラピーで解決した性的問題もいくつかありました。しかしジャックは、ジーンと最初に寝るときのプレッシャーは、とても大きなものになるだろうと感じていました。もしセックスでしくじったら拒絶されてしまうだろうし、そうなれば勃起を可能にするような、親しくリラックスした関係を育むチャンスは二度と来ないだろうと心配したのです。

私は、ジャックの恐れをさらによく知るため、ジーンと最初に寝ることになった場面を想像して、それについての彼の思考や感情を話してほしいと言いました。

ジャック：今、彼女とベッドの中で愛撫し合っているところを想像しています。彼女は私のペニスを勃起させようとしていますが、別れた妻とのときよりも勃起するまでに長い時間がかかります。なぜなら、別れた妻とのほうがずっとリラックスできていたからです。

バーンズ博士：では、もしペニスが勃起しなかったら、あなたはどんな感情をもつと思いますか？

ジャック：不安になるでしょうね！　勃起しなかったらどうしよう。彼女は私のことをどう思うだろう。いらだち、怒り、そして屈辱を感じるでしょう。

バーンズ博士：なぜそうした感情をもつと思いますか？　あなたは今どんなことを考えています

か？

ジャック：もしセックスがうまくできなければ、彼女は私のことを好きにはならないだろうと考えています。彼女から軽蔑されるかもしれない。それは、生涯治らない欠陥が私にあることを意味するかもしれません。そして、紹介してくれた友人に彼女がそのことをしゃべったらどうなります？　友人は、男らしくないといって私を軽蔑するでしょう。彼女は私を捨て、友人たちに、「あの男には問題があるのよ」と言うでしょう。そうなると、噂が広がって、皆から私は変人と思われてしまうのです。

この短い対話は、ジャックを不安にさせる不合理な信念のいくつかを明らかにしました。

信念その1：インポテンスは異常で、恥ずべきことだ。勃起させられないということは、自分には男らしさがないことを意味する。

信念その2：勃起が得られないことは、自分のどこかに重い欠陥があることを意味する。おそらく問題はさらに悪化して、いつも失敗が繰り返されるパターンとなるだろう。

信念その3：女性は、ペニスと性的体験で感服させなければならない。そうすれば、彼女は私を尊敬し、私がどれほど特別で価値ある人間かを知るだろう。勃起できなければ、必ず彼

信念その4：ある女性からの拒絶は、将来的にはすべての女性からの拒絶につながるだろう。なぜなら、すべての女性はクローンのように、まったく同じように考えるからだ。私が敗者だというニュースは山火事のように広がり、じきに私はひとりぼっちのみじめな人間になるだろう。

女は軽蔑する。セックスにおけるいかなる失敗も、魅力や好ましさを損ねてしまう。

私が治療してきた勃起不安をもつ独身男性たちは、ほとんど全員このような信念をもっています。ジャックの最初の信念は、勃起不全はひどく異常なことで、まったく男らしくないというものです。これは、インポテンスに悩む多くの男性に広くみられる態度ですが、現実にはほとんどそぐわない態度でもあります。勃起不全は男性に限ったことですから、当然それは優れて「男らしい」経験なのです。そのため、それがあなたの男らしさを損ねることはほとんどありません！　生涯を通じていつ何時でも勃起させられる男性は、たとえいたとしてもわずかです。実際には、大部分の男性が生涯に少なくとも一度はインポテンスを経験します。ジャックの本当の問題は勃起不全にあるのではなく、自分の抱いた期待に到達できなかったとき、自ら下す手厳しい判決によって生まれる恐れと恥辱にありました。愛情と親密さにとって、この思いやりのなさ、自己受容のなさは、セックスの技術的な問題よりもはるかに大きな障害となります。ジャックが自分を愛せなかったこと、そして受け入れられなかったことが、当初彼に孤独感、内気さ、性的な自信のなさなどをもたらしたのです。

男性のもつ愛情を受け取る力や与える力、完全なセックス・パートナーとしての能力などは、勃起不全によって損なわれるものではありません。勃起不全を強いられている脊髄損傷男性の多くが、オーラル・セックスあるいはマニュアル・セックスで伴侶を満足させています。また、多くのカップルは、バイブレーターなどの器具を用いて性的快感を高めています。あなたが自尊心をもちつづけているかぎり、そして自分を責めることなくパートナーを愛する意志があるかぎり、勃起不全は超えられない障害ではありません。

ジャックのふたつ目の信念は、勃起不全は重大な欠陥の存在を意味するというものです。確かに、インポテンスの原因となる身体疾患や対人関係上の問題は数多くあります（表12‐1参照）。しかし、圧倒的に多い原因は、遂行不安、つまり絶えず自己を監視して、勃起不全は絶望的状況というネガティブなメッセージを自分に発し続けることなのです。多くの場合、問題は、実際に欠陥があることではなく、自分には欠陥があると自らに言い聞かせている点にあります。

ジャックの三番目の信念には、セックスで失敗すればジーンの愛情が薄れてしまうとの考えが含まれています。そこまで要求の厳しい女性も確かにいるかもしれませんが、ほとんどの女性はそうした態度をとりません。そして、もし最初のセックスで勃起しなかったことを理由にジーンが本当に彼を拒絶したとして、それでこの世が終わるとでもいうのでしょうか？　ジャックは、ここまで薄情で不

表 12-1　インポテンスの原因*

1. **アルコール**：アルコールは、抑制を低減する可能性があることから催淫薬と信じている人がいますが、重篤なアルコール中毒は、慢性的なアルコール乱用と同様、しばしばインポテンス、そして性欲の喪失につながります。

2. **ストリート・ドラッグ**（路上で入手する違法薬物など）：数多くのドラッグは、インポテンス、遅漏、性衝動の減退などの性的問題を引き起こす可能性があります。一般的な原因薬物は、

   - クアールード、バルビツールなどの鎮静剤
   - ヘロインなどの麻酔薬
   - コカイン・アンフェタミン
   - 亜硝酸アミル
   - LSD などの幻覚発現物質
   - マリワナの連用

3. **処方薬**：医師から処方される薬の多くが、インポテンス、性衝動減退、遅漏などにつながる可能性があります。あなたが現在処方薬を服用していて、性的問題に懸念がある場合、薬剤師または医師と相談してください。

4. **内科的疾患**：以下のリストは、包括的なものではありません。男女ともに、重大で慢性的な性的問題に悩む場合は、障害の原因となる可能性のある病気や異常の適切な診療のため、泌尿器科医または他科の医師に相談する必要があります。

   - 糖尿病、甲状腺異常、下垂体部腫瘍、副腎腫瘍などを含むホルモン病
   - 尿路感染症、恥骨上前立腺切除、およびペイロニー病などの泌尿器系障害
   - 気腫あるいはコントロール不良うっ血性心不全などの心臓、肺および血管系疾患
   - 多発性硬化症、脊髄腫瘍、パーキンソン病、脳性麻痺などを含む神経障害
   - 肝不全または腎不全
   - 肥満
   - 鉛中毒または除草剤中毒
   - 膣けいれん（陰茎挿入を困難にする女性生殖器の不随意けいれん）

5. **感情面の問題**：以下のような場合、心理的、感情的原因が疑われます。

- 問題が生じるのは特定の性的パートナーに限られ、他の相手とでは問題がない。
- マスタベーションでは十分な勃起が得られても、実際のセックスでは勃起が得られない男性
- 夜中あるいは朝の覚醒時、十分な勃起がときどきある男性
- 問題が生じるのは散発的で、生じるときもあれば生じないときもある。

性的問題の心理的な原因には以下のものが含まれる可能性があります。

- うつ病：性衝動の喪失は、うつ病の最も一般的な症状のひとつです。他のうつ病症状には、悲しみ、罪責感、人生における興味の喪失、易刺激性、優柔不断、低い自尊心、不眠症、やる気の喪失、疲労、落胆などが含まれます。
- 恐れと病的恐怖：妊娠またはヘルペスなどの性病への心配は、インポテンスをもたらす可能性があります。
- 遂行不安：セックスへの自信のなさと失敗への恐れは、インポテンスの原因として最もよくみられます。
- 人間関係の対立：性的問題は、予期せぬ怒り、解決されていない権力闘争、または嫉妬によって引き起こされることがよくあります。
- セックスに関する強い宗教的および道徳的禁止に由来する罪責感と恥辱は、インポテンスを引き起こす可能性があります。

*この表は、マスターズ＆ジョンソン研究所副所長ロバート・コロニー医学博士の講演資料から引用改変したものです。

安定な女性と、人生をともに過ごしたいと思うでしょうか？　実際のところジーンは、おそらくジャックのペニスの硬さやサイズよりも、自分が愛され大切にされているかどうかという点をはるかに強く気にすることでしょう。私は、セックスの技法は無関係と言っているのではありません。しかし、自分の生体構造への執着が続くかぎり、ジャックにはジーンがどのように感じているかもわからず、彼女との接触や親密な感情を共有することの重要性を忘れているかもしれないのです。

勃起へのとらわれは、ときとして性をめぐる完璧主義によって生じることがあります。私たちの社会があまりにも強く成功にとらわれているため、私たちは目標の達成に失敗したときに大きな不安を感じるのかもしれません。「ナンバーワン」になることには特別な意味がある、という考えのもとに、少年たちは常に競争に勝つよう努力を強いられます。「あらゆる状況下において完璧なセックスを成し遂げなければならない。さもなければ敗者だ」と自分に言い聞かせているときのあなたは、この破壊的な価値観に賛同しているのです。どれだけ自分は頭が良く、男らしいかを印象づけることによって、女性の愛情を勝ち取らなければならないと考えるのは、なんと悲しいことでしょうか。誤りを犯すこともある傷つきやすい人間としては、愛されることも受け入れられることもない、と信じることは、なんとさびしいことでしょう。性的な「成功」や「失敗」の判断にとらわれすぎて、あなたはパートナーの必要とするものや感情が見えなくなってしまうのです。これらの考えは、私たちがつくりあげた想像上の概念にすぎません。しかしこうした概念を、セクシュアリティや親密さにかかわる問題に当てはめると、それらは非常に破壊的なものになりかねないのです。本来の親密さは、ポジティブな経験やネガティブな経験を含め、自分自身を隠し立てせず、恥じらうこともなく分かち合うことにあります。

男性の中には、「しかし、成功することは大切です。なぜなら、勃起しないと本当に拒絶されるかもしれないじゃないですか」と言う人もいるでしょう。ではここで、あなたが勃起しなかったために、パートナーが張り詰めた状態になったり、いらだったりしたと仮定しましょう。なぜ彼女がそんな反応を示すのか、その疑問を自分に投げかけてください。なぜ彼女はそれほどまでに神経質になるのでしょうか？　もしかしたら、それは自分の責任と彼女は考えているかもしれません。自分が十分にセクシーではないから、あるいは魅力的ではないから、と感じているかもしれないのです。傷ついた彼女は、自分に十分な力がないという感情をもちたくないがために、あなたにプレッシャーをかけているのかもしれません。いずれにしても、彼女の張り詰めた状態はあなたの至らなさが原因であると仮定するのは誤りです。実際に起こっていることは、「二人精神病」です。あなたの自信のなさと自尊心の欠如が、彼女に影響を与えたか、あるいはその逆で、二人はともに気まずくみじめな感情を抱いてしまったのです。

ジャックの四番目の信念は、もしジーンから拒絶されたら、すべての女性が彼を拒絶するだろう、というものです。私は、これを「山火事の誤り」と呼びます。ひとつの拒絶が山火事のように広がり、じきにあなたは人間界から隔絶され追放されてしまう、という考えです。これは、まったく現実に沿ったものではありません。なぜなら、人の反応はそれぞれに異なるからです。すべての人間があなたに対して同じ反応を示すという考えは、まったくのナンセンスです。

日常気分記録表

こうした自虐的態度は、表12-2に示すように、日常気分記録表を使って修正することができます。勃起が困難なときに自分にどのようなことを言い聞かせると思うか、できるだけ具体的に「自動思考」の欄に書き出すようにしてください。「どうしたんだろう。どうしてまだ硬くならないんだ? 彼女、俺のことをなんて思うだろうか。『この人、ゲイかも』って考えるだろうか。『この人、セックスはハズレね』って考えているのだろうか。それとも『この人、ペニスが小さい』だろうか。彼女が最後に寝た男は二十三センチの持ち主だったかもしれない!」。次に、これらの自動思考の中にひそむ歪みを特定してください。一般的な歪みには、以下のようなものがあります。

- **心の読みすぎ**:あなたは無意識のうちに、勃起しないと女性にバカにされると仮定しています。
- **先読みの誤り**:あなたは勃起が得られないと予言することによって、セックスの前とその最中にパニック状態に陥ってしまいます。

- **「すべき」思考**：「～すべきだ」あるいは「～でなくてはならない」と自分に言い聞かせることで、ペニスを無理に硬くさせようとします。
- **一般化のしすぎ**：あなたは、たった一度の気まずいセックスが、屈辱と性的失敗の終わりなきパターンをつくりだすと仮定しています。
- **自己関連づけ**：パートナーに幸せを感じさせ、性的に興奮させるのはあなたひとりの責任と仮定しています。もし彼女が興奮せず、あるいは怒りだしたら、すべての責任は自分にあると自らに言い聞かせてしまいます。
- **拡大視**：もし勃起が得られなければ、絶望的な状況になる、とあなたは感じています。

あなたのネガティブな思考の中にこれらの歪みを特定したら、次にそれをより客観的で共感的な言葉に置き換え、右側の欄に書き入れます。もし、合理的反応を考え出すことが難しいのであれば、勃起しない友人にどんな言葉をかけるか、考えてみてください。彼をけなして、おまえは男らしくない弱虫だ、と言いますか？　あるいは支持的な態度で勇気づけますか？　では、なぜ友人に語りかけるのと同じように、元気づけるように自分に語りかけないのでしょうか。自尊心の意味するところは、そこにあります。そして、自尊心は良好な性的関係の基礎となるものです。

表 12-2　日常気分記録表*

動揺した出来事：セックスしようとしているのに、勃起が得られないところを想像する。		
ネガティブな感情：あなたの感情を、0（ほとんどない）から 100（大いにある）までの評価点とともに記録します。「感情」には、悲しい、不安、怒り、罪悪感、孤独感、絶望感、いらだち、などがあります。		
感情の評価 (0 〜 100)		
1. 不安　99%	3. 力不足でダメな感じ　99%	5.
2. いらだち　99%	4.	6.
自動思考 ネガティブな思考を書き、順に番号をふります。	**歪　み** 自動思考のそれぞれにある歪みを特定します。	**合理的反応** より現実に合ったポジティブな思考に置き換えます。
1. 彼女は私のペニスがとても小さいと考えるだろう。	1. 心の読みすぎ	1. ペニスを長くしろと裁判所に訴えることはできない！　今の私のペニスで彼女は満足するしかない。
2. 彼女は私をゲイと考えるだろう。	2. 心の読みすぎ	2. 彼女が私をゲイと考える理由はどこにもない。多くの男性が一生のうち何度かは勃起不全を経験する。
3. 私はセックスが下手と彼女は考えるだろう。	3. 心の読みすぎ	3. 彼女がどう思うか聞いてみればいい。彼女は自分が十分にセクシーではない、と考えているかもしれない。話し合えば、二人とも気分が良くなるかもしれない。とにかく、セックスの経験が少ないことは何ら恥ずべきことではない。

自動思考	歪　み	合理的反応
4. 私の何がいけないのだろう。立たせることはできるはずだ。	4.「すべき」思考	4. 私に「いけない」ことなど何もない。ナーバスになっているだけだ。それはまったく自然なことだ。
5. でも、もし二度と勃起しなくなったらどうしよう？	5. 一般化のしすぎ、先読みの誤り	5. 過去には勃起したのだから、将来も勃起することは間違いない。
6. 勃起しなかったらひどいことになる。彼女は私を拒絶するかもしれない。	6. 拡大視	6. 勃起しないことは何ら「ひどいこと」ではない。勃起するしないにかかわらず、マッサージや愛撫で互いに快楽を与え合うことはできる。もし彼女に拒絶されたら不愉快だろう。しかし、それが世界の終わりではない。それは彼女の心がいかに狭いかを示しているからだ。過去、私は彼女なしでも幸せだった。これからも必要なら、彼女なしで幸せになることができる。

再検討の結果：「合理的反応」を再び読んだ後の今の気持ちを選んでチェックしてください。

□ まったく良くならない。□ 少し良くなった。☑ かなり良くなった。
□ とても良くなった。

恐れている幻想の技法

勃起不全に悩む男性は、必ずと言っていいほどその悩みを他人に知られたら軽蔑されると思い込んでいます。ジャックが恐れていることのひとつは、もし勃起させることができなければ、二人をとりもった友人たちに彼女がそのことをしゃべり、彼は「変人」という噂が広がってしまう、というものです。私は、第4章で紹介した「恐れている幻想の技法」をセラピーで用いて、ジャックがこうした恐れと直面できるよう支援しました。私はジャックに、ジーンとのセックスで勃起させられなかったことをけなす、敵対的な批評家の役を演じてもらいました。私は、その批評にどのように応じるかを示すため、ジャックの役を演じました。恐れている幻想の技法は、とても有効な場合があります。なぜなら、セックスでの失敗について悪態の限りを尽くす相手に、あなたは動揺することなく対処できることを理解するからです。以下のようなサディスティックな会話は、あったとしてもまれですが、中傷や侮辱を恐れる必要などないことをジャックが理解するうえで役に立ちました。

(ジャック演ずる) 敵対的批評家：このあいだの晩、ジーンとのセックスで立たなかったんだってな。本当かい？

(バーンズ博士演ずる) ジャック：本当だよ。緊張して勃起させることができなかったんだ。

(ジャック演ずる) 敵対的批評家：これはこれは……どこが悪いんだろう。もしかして君は変態なのか？

（バーンズ博士演ずる）ジャック：そんなことはない。でも、少し経験が足りないし、初めての相手とセックスするときには気後れしてしまうんだ。それが君の言う「変態」の意味かな？

（ジャック演ずる）敵対的批評家：いいか、ジーンは友だちみんなにあんたの性器が小さいってふれまわってるんだ。みんな、あんたのことを笑ってるよ。

（バーンズ博士演ずる）ジャック：そうかい。教えてくれてありがとう。ジーンや彼女の友だちは、僕のペニスのサイズにとても興味があるようだ。そして、君も僕のペニスをとても心配してくれているようだね。そんなに心配なのかい？

（ジャック演ずる）敵対的批評家：やれやれ、君はいったいどこが悪いんだ？ 本物の男なら立たせなきゃ！ ジーンにはもううんざりなのか？

（バーンズ博士演ずる）ジャック：君が、「本物の男」ならいつも勃起させなきゃならないと考えているのは興味深いことだ。僕はときどき、特につきあい始めの頃は、少し緊張するんだ。それが僕の男らしさと何か関係があるんだろうか。君はまったく緊張することはないのかな。「本物の男」は、いつでも自信満々でなければならないと考えているのかい？

（ジャック演ずる）敵対的批評家：そうさ！ 俺は緊張したことなんかないし、いつだって女を興奮させるすばらしい勃起が可能なんだ。

（バーンズ博士演ずる）ジャック：君は僕よりもずっとセックスの経験が豊富なようだ。だからって、君は僕のことをバカにするのかい？

（ジャック演ずる）敵対的批評家：もちろんバカにするさ！

（バーンズ博士演ずる）ジャック：それはなぜだろう？　君は、いつも自信満々で、硬い勃起が得られる男たちとだけつきあっているのか？　君はどうしてそこまで勃起にとりつかれているんだい？

（ジャック演ずる）敵対的批評家：おみごと！


この対話は、ジャックの勃起不全が人々に知られ、彼らネガティブな態度をとったとしても、それはジャックの男らしさが不足しているからというよりも、むしろ彼ら自身の未熟さの結果であるということを彼が理解するうえで役に立ちました。また、役を交代して、彼が想像上の批評家に反論する方法を学べるようにもしました。ジャックと私はさらに、恐れている幻想の技法を用いて、セックスのときに勃起しないことを理由に彼をけなす敵対的な女性への反論方法も練習しました。

あなたもこの種の恐れを抱いているなら、前述のような対話を想像して書き出してみてください。創造的でこだわりのない友人がいたら、ジャックと私が行ったようなロールプレイを試してみてください。恐れを行動化（アクティング・アウト）したり、批評家の発する最悪の侮辱を紙に書いてみて、それがいかにバカらしいものかを確認したりすることは、驚くほどの解放感をもたらす可能性があります。

幻想による強化

セックスについて自虐的な考えをもち、失敗と屈辱を予言してパニック状態を誘発することに加えて、あなたの心の中は、性的興奮を誘うような幻想ではなく、恐ろしい幻想によって満たされている可能性があります。あなたはセックスの前に、ベッドの上に緊張した状態でみじめに横たわり、ぐったりとしたペニスを懸命に勃起させようとしている自分の姿を想像しているかもしれません。セックスの最中には、あらゆる種類の不愉快な幻想──芝刈りをしているところ、あるいは上司に給料を上げてほしいと申し入れたら解雇されたところなど──があなたの心の中にあるかもしれません。こうした情景によるネガティブな作用は、脳内の快楽中枢を遮断し、恐れや罪責感などのネガティブな感情を活性化するため、自己批判的な思考と同じくらいに破壊的です。

このことへの対策のひとつが、長期にわたる少年への同性愛的固着を治療しにやってきたマークという患者さんから提案されました。マークは結婚していましたが、女性に性的関心をもったことは一度もなく、彼の幻想には常に少年がかかわっていました。彼は二度ほどこの同性愛的衝動を行動であらわしたため、少年たちの両親との間で警察沙汰になりました。この出来事は、彼の感情に破壊的な影響を及ぼしてもいました。彼は、恥ずかしさと性的欲求不満に圧倒されていたにもかかわらず、こうした幻想を捨て去ることには消極的でした。なぜなら、それが彼の人生で唯一快楽を与えてくれるものだったからです。治療の見通しはあまり明るいものではありませんでした。有能なセラピスト数名による、さまざまな手法を用いた十年以上にわたる精神療法にも、彼は改善を示さなかったからです。

マークと私は数多くの技法を試しましたが、特に改善はみられませんでした。その後、彼はある風変わりな提案を行いましたが、当初私はそれに懐疑的でした。その提案とは、もし彼が頭の中で女性に対する性的幻想をつくりだす練習を何度も繰り返せば、最終的に脳内の性中枢が活性化され、女性に強く惹きつけられるようになるのではないか、というものでした。その考えが私には無害なものに思われたので、彼に腕時計型カウンター*を装着させ、女性を見たら年齢や外見にかかわらず、その女性に関する性的幻想を考えること、そしてその幻想が、刺激的であろうとなかろうと、カウンターのボタンを押して加算することなどを指示しました。例えばマークは、ある年老いたカップルが公園のベンチに座っているところを見て、その女性が男性のためにストリップショーを行い、それからセックスを始めるところを想像しました。その幻想は彼にとって特に性欲をかきたてるものではありませんでしたが、幻想を考えたので、腕時計型カウンターのボタンを押してカウントしました。

当初彼はこの練習にまったく興味を示さず、セッションの前、週一回のペースでこれを行う程度でした。彼は大学のキャンパスを一時間ばかり歩き回り、何人かの女子大生に性的幻想を抱いては、そのつどカウンターのボタンを押していました。そうした幻想は、いずれも彼にとって刺激的ではありませんでしたが、彼は忠実に練習を続けました。徐々にカウンターの数は増えていき、六週間から八週間たった頃、幻想の合計が千を超えました。すると、奇妙なことが起こりました。幻想のいくつかに、彼は軽い興味を覚えるようになったのです。これが動機づけとなって、彼はより頻繁に幻想を考え始めました。彼の性的幻想の合計が二千に近づいたとき、そうした幻想のいくつかに彼はかなり強い性的反応を示しました。合計が三千に近くなると、幻想の効果はどんどん強くなり、三千を超える頃にはその効果は非常に大きなものになりました。彼によると、おおむね数日間、勃起が持続したままの性的興奮状態がしばしば訪れるようになったというのです。彼は常に女性のことを考えるようになりました。そして彼の脳はすっかりこの練習にしつけられたため、腕のカウンターに触れただけで無意識のうちに勃起するほどになったのです！

次に彼は、自分の妻についての幻想を考え始めました。一定の期間が過ぎると、これもまた性的興奮をもたらすようになりました。この方法の効果を証明したのは、彼の四十五歳の誕生日に妻から送られたバースデーカードでした。そこには、「お誕生日おめでとう！　精力絶倫さん！」と書かれてあっ

＊このカウンターは、腕時計に形が似ていて、回数を計算するために使います。例えば、ゴルファーはこれでスコアを記録します。スポーツ用品店で十ドル以下で買えます。

たのです。これは、かなり不毛なセックス・ライフを送っていた彼にとって、劇的な変化でした。

私はこの結果にとても感銘を受け、より軽度の性的こだわりや性的問題に悩む他の男性たちにこの方法を試してみることにしました。私は彼らに、女性を見るたびに性的幻想を心に描き、その回数を腕時計型カウンターあるいは名刺大のカードに記録しておくように指示しました。その結果、数日から数週間の後、彼らの多くが強力な性欲増加を報告したのです。

あなたもこの方法を試し、どの程度効果があるものか、確認してみてはどうでしょう。明日からの数日間、異性を見かけるたびに、その女性との性的幻想を心の中に描いてみるのです。それが性的興奮をそそるものであろうとなかろうと、その数を記録しておきます。通常はこうした幻想を十分な回数繰り返したあとに、性的興奮が生じてくるでしょう。

また、無意識に生じる性的幻想についても修正を試みます。セックスの最中に、うっかり不幸な記憶がよみがえったり、納税申告書に記入することを考えたりして興ざめすることがあるかもしれません。しかし、そんなことを強いられる必要はないのです！　その代わりに、創意あふれるポジティブな幻想を、問題の原因となるネガティブな幻想と置き換えましょう。これを禁止する法律はありません！

あなたは自分の幻想を恐れているかもしれません。それが危険なほどに「倒錯」しているとか、奇異であるとか、あるいはパートナー以外の人に対して性的思考をもつことは「上品」ではない、または道徳的に受け入れがたい、などと考えているかもしれません。セックスの最中に、まだなじみのない幻想を打ち消そうと努力することは、不安を生み出し、自発性と快楽を抑制するだけです。幻想そのものは一般に無害であり、性行為を豊かにし、強化する可能性さえあります。それらの幻想は、セクシュアリティの健常な一部分として抵抗なく受け入れるほうが、通常はずっと効果的なのです。

高校教師のハロルドは、セックスのとき、独裁者タイプの見知らぬ女性に縛り上げられ、なぶられるという幻想によって自分が興奮することに動揺を感じていました。こうした興奮をひどく異常なことと確信していた彼は、原因を十分に解明し治療するためには、深く長期にわたる精神療法が必要と感じていました。私はハロルドに、私たちの多くがこうした奇妙な幻想のいくつかに「つきまとわれて」いるのではないかと思う、と言いました。それらの幻想に従って行動することは不適切だと思うが、そのことで自分を責めるのでなく、ただ単にそれを受け入れ楽しむという選択肢も考慮してよいのではないかと提案したのです。そうすることによって、自分を最も興奮させるイメージを打ち消そうと何年もかけて戦わずにすむからです。そうした幻想を楽しむことが許されること、そして長期間高い金額を払って、生産的ではないかもしれない治療をせずにすむことを知って、彼は救われた気分になりました。

逆説的技法

セックスを楽しむ秘訣のひとつが、うまくやり遂げることへのプレッシャーを取り除いてしまうことです。結果として、性交は義務ではなく、ひとつの選択肢になります。セックス・カウンセラーの多くは、セラピーを受けるカップルに、治療の初期には性交しないよう指示することで、この問題に対処しています。彼らは、ウィリアム・H・マスターズ博士とヴァージニア・E・ジョンソンによって開発された、互いに快楽を与える技法である「感覚集中」と呼ばれる練習法を学びます。この練習には、性交することのないタッチングやマッサージなどが含まれます。性交が許されない状況でのこうした練習は、高いリラックス効果と興奮が得られるため、男性の多くは無意識のうちに勃起を経験します。数多くのカップルがインポテンスや早漏などの克服に役立てた感覚集中法は、特に性的問題のないカップルにも、性的技巧や性的満足度を増強するのに役立つ可能性があります。*

デート相手のいる独身男性も、「性交禁止」で性的興奮を高めるという逆説的技法の考え方からメリットが得られるかもしれません。しかし、これを行うには創意に富んだ工夫が必要でしょう。なぜなら、インポテンスを克服するためのセックス・セラピーを試したいというあなたの気持ちを、多くの言葉を使って相手に説明することはおそらく不可能とあなたは感じるでしょうから！　しかし、独り身であっても、あなたはわずかな想像力とともに逆説的技法を活用できます。

三十六歳の臨床検査技師であるレナードは、かなりの人気者でデートの相手には困りませんでしたが、必ずと言っていいほど、デート相手との初めてのセックスでは、勃起が得られませんでした。うまくセックスできるかどうかを心配するあまり、立たなくなってしまうのです。問題をさらに悪化させたのは、女性がときどき腹を立て、「ベッドに誘っておいて、いざとなったら『俺は誰とでも寝る男じゃない』だなんて」と彼を非難することでした。

女性との最初のセックスでどうすればリラックスできるか、レナードと話し合ったところ、魔法のように効果的な戦略を考えつきました。これは少し策略的な印象を与えるかもしれないので、読者の皆さんと共有するにはためらいを感じるのですが、同じ不安を抱く男性でこの戦略のメリットを享受する人は、数百万にものぼると思います。その戦略とは以下のようなものです。レナードが新しいガールフレンドと初めて彼女のアパートで過ごす晩、彼は彼女に、一晩かぎりのつきあいは好まないこと、知り合った女性とは誰とでもすぐ寝るような男ではないこと、そしてセックスするよりも前にもっと彼女をよく知りたいこと、などを告げます。そして、性交にはまだつきあいが浅すぎるという考えに彼女が同意してくれたら、「一緒に一晩添い寝して、リラックスできたら楽しいと思う」と提案するのです。

＊感覚集中法による練習に興味のある読者は、P. E. Raley, *Making Love: How to be Your Own Sex Therapist* (New York: Dial Press, 1976); B. W. McCarthy, M. Ryan, and F. A. Johnson, *Sexual Awareness* (San Francisco: Scrimshaw Press, 1975) などを参照してください。

その次のセッションでレナードは、とても生き生きしていました。この戦略を、彼はそのときデートしていた相手に試したのです。彼女は彼の繊細さに感心し、何かというとセックスしたがる男性ばかりでもう飽き飽きしていたところ、と言いました。こうした会話を交わしたあと、彼らは服を脱いでベッドに入り、キスをしながら互いに愛撫を始めました。性交は厳格に「禁止」されていたため、レナードは完全にリラックスし、興奮し始めました。じきに信じがたいほどの勃起を得た彼は、すばらしいセックスを経験したのです！

女性があなたの勃起不安の克服を支援する方法

あなたのセックスへの不安は、デート相手によるペニスを勃起させるためのオーラル・セックスや激しいマッサージなどで、知らず知らずのうちに悪化しているかもしれません。こうした方法によって、あなたは勃起への過剰なプレッシャーを受け、ペニスへのとらわれが強化されます。結果的に、この方法はしばしば裏目に出ることがあるのです。もし勃起が困難であれば、あなたのパートナーを興奮させることに集中したほうが、よほど効果的かもしれません。彼女に、身体のどこに触れられ、キスされ、愛撫されたいかを手をとって示してもらいましょう。あなた自身が興奮するかどうかという、かなり身勝手で気まずい心配をしばらく忘れ、ペニスも無視し、彼女をどれだけ興奮させられるかを確かめるのです。あなたの意識の中心に彼女を据えます。「気持ち良くさせる側に立ちたいから、君には気持ち良くなる側にまわってほしい。横になっているだけでいいから、自由に幻想をめぐらせ、勝手気ままに振る舞ってほしい」と伝えましょう。これは、彼女だけに与えられた特別な機会なのです。

こうした提案を試してみれば、彼女をオーガズムに導くために勃起は必ずしも必要ではないことが理解できるでしょう。同時に、彼女が好む触れ方、そして彼女を興奮させる方法のすべてを学ぶことができ、あなたは彼女にとって以前よりずっと望ましい恋人になります。多くの男性が、勃起すること、性交すること、そして男らしさを証明することに強くとらわれすぎて、このことを決して学ばないまま生涯を終えます。

彼女があなたの手をとって身体の上を導いているあいだ、あなたは自分の反応を忘れ、彼女の性的な反応に注意を集中します。彼女の自然な反応に注目してください。彼女への注視は、インポテンスの原因となる自分へのとらわれや自信のなさに対する強力な対抗策となり得ます。「第三者的態度」に何も悪いことはありません。それは、あなたが誰を注視しているかによるのです！　そして、彼女に性的快楽を与えることで、あなたは自分自身に力強さとセクシーさを感じることでしょう。

◆要約

1. 不安は、インポテンスや早漏などの性的問題における最も一般的な原因のひとつです。性的問題をもたらす感情的・医学的問題は多様なため、慢性的な問題に悩んでいる人は、優れた専門医の診察を受けなければなりません。あなた、あるいはあなたのパートナーが、性的問題の克服に難しさを感じているとしても、それはあなた方が異常であることを意味するものではなく、とても人間的であることを意味しているだけです。このことを認め、支援を求めることは、弱さの証ではなく、強さの証です。

2. 性的不安は、しばしば以下のような歪んだネガティブな思考によってもたらされます。心の読みすぎ（不安になったり、経験が浅かったり、勃起が困難であったりしたら、パートナーから軽視されるに違いないと仮定します）、先読みの誤り（事前に失敗を予言します）、一般化のしすぎ（一度の拒絶あるいは性的失敗で、それが永遠に繰り返すパターンになると仮定します）、全か無か思考（一度の性的失敗が、あなたを完全なダメ人間にすると仮定します）、「すべき」思考（勃起はあって当たりまえで、そうでなければどこか悪いところがあると自分に言い聞かせます）、自己関連づけ（パートナーが性的に満足できるかどうかは自分の責任であると感じ、彼女に不満があると、自動的に自分を責めます）。

3．性的問題はとても異常なこと、性に関する自信のなさは人間の価値や魅力をおとしめる、そして、完璧でなければ十分ではない、といった不合理な信念や自虐的態度もまた、性的不安の原因となります。

4．以下の技法を用いてこうした問題を克服し、セックスを楽しむ能力を増加させることができます。

- **日常気分記録表**：ネガティブな思考を書き出し、それに反論します。
- **恐れている幻想の技法**：勃起が得られないことであなたをこきおろそうとする想像上の見知らぬ他人との対話を書き出します。
- **幻想による強化**：性的幻想や白日夢を楽しむことを自分に許可します。
- **共感**：パートナーが必要とするもの、自信のなさ、感情などを、あなたは自分を責めることなく理解しようと努めます。
- **自己主張**：あなたが必要とするものや感情を隠さずに、性的問題についてパートナーと率直に話し合い、愛情と思いやりの精神をもって共に解決に向けての計画を立てます。これはときにかなりの勇気と決意を必要とします。なぜなら、セックスについて語ったり、無力感を暴露したりすることに、多くの人は恥ずかしさや当惑を感じるからです。

- **逆説的技法**：性交を求めることなしに、性的快楽を与え、そして受け取る方法を学びます。
- **自己受容**：自分は価値ある愛すべき存在だと感じるためには成功が必要との個人的価値観ではなく、無条件の自尊心に基づく個人的価値観を育てます。

5. 性は、適切な視点からとらえることが重要です。性交は、あらゆる愛情関係の重要な一部分である一方で、セクシュアリティの全体像における一局面にすぎません。何気ないタッチ、優しい抱擁、マッサージ、誘うような目くばせなどの多様な身体的交歓によって、パートナーへの愛情と大切にする気持ちを表現してください。どこにどのように触れられることを望んでいて、どのような興奮のさせ方が好ましいかをパートナーに質問し、快楽を与えることに集中すれば、勃起がなくとも彼女をオーガズムに導くことは可能です。彼女が興奮の途上にあることに注目し、彼女だけにあなたの注意を向けます。こうすることによって、あなたの性的な感受性は高まり、それによってあなたはより望ましい恋人になるでしょう。

同様に、性的問題は、あなたの生活面での他の問題や、二人の関係におけるより深い、表出させることが必要な感情などに起因する症状として現れることがよくあります。その感情には、罪責感、抑うつ、恐れ、嫉妬、仕事上のストレス、恨み、そして表出されていない怒りなどが含まれます。こうした問題は多くの場合、修正可能であり、改善されれば、あなたもパートナーも自信を深めることができ、セックスをより楽しむことができるでしょう。

第13章

女性専科：オーガズムを得て性的快楽を強化する方法

性的な遂行不安に悩まされるのは男性、と私たちはよく考えますが、多くの女性もまた、自分の身体やセクシュアリティに自信のなさを感じています。例えば、あなたのほうは性的経験が少なく、つきあっている相手はずっと経験のある男性だったら、二人の関係はどうなるでしょう。彼はあなたを軽視するでしょうか？ もし彼が、あなたの望む愛撫のされ方や興奮のさせ方に鈍感な男性だったらどうしますか？ セックスを共有する時機が来たと、どうすればわかるのでしょう？ そして、彼があなたと寝ることだけを目的につきあっているのかどうか、どうすればわかるのでしょうか？ これらは、独身女性が直面している性的ジレンマのほんの一部です。

こうした性的問題のほとんどは、恐れと不安に原因があります。性的な自信のなさは、以下のような結果をもたらす可能性があります。

- セックスへの興味の喪失：緊張し、心配しすぎるために性欲を失ってしまいます。
- 性的興奮とオーガズムの障害：セックスしているときにリラックスできず、興奮せず、膣の潤滑が十分でないなどの問題が生じるかもしれません。神経が張り詰めるのを感じ、オーガズムへの到達が困難になるかもしれません。
- セックスに関するコミュニケーションの障害：あなたはセックスについて話したり、パートナーに好き嫌いを伝えたりすることに恐れや不安を抱くかもしれません
- 自己主張の欠如：セックスを自分から始めること、あるいはパートナーからのセックスの誘いを断ることなどに恐れや不安を抱くかもしれません。
- あなたのセクシュアリティを受け入れることの障害：道徳的に間違っている、異常、不快、などと見なされる、普通ではない性的幻想や衝動に動揺を感じるかもしれません。

激しさの予感

第6章で紹介したリサは、不安と孤独感に悩まされ治療を求めてきた魅力的な女子大生です。当初、

彼女のような魅力的な若い女性がなぜ孤独を感じるのか、その理由を私は理解できずにいましたが、彼女は自分があまりにも急に白鳥に変身したので、「私はいまだに醜いあひるの子」と考えているこ とがわかりました。男性が自分に興味をもつはずなどないと確信していた彼女でしたが、ここまで本書で紹介してきた技法を使い、フラーティングを試すことにしぶしぶ同意しました。言うまでもなく、彼女がフラーティングを試みた男性たちは、かなりの熱意をもってそれに応えました。彼女にとってそれは信じがたいことでした。最初に近づいた男性のひとりは熱心に彼女を追いかけ始め、じきに彼らは頻繁にデートするようになりました。

これがリサにとっては新たなプレッシャーとなりました。つきあい始めた男性は、彼女よりもほんの少し年上で、性的な経験が豊富なように見えました。リサは当時まだバージンで、絶対にそうと決めてはいないものの、結婚まではバージンのままでいたほうがいいだろうと思っていました。しかし、奇妙なことにリサの母親は、リサの価値観が古臭いと言い、彼女に性交を勧めたのです！

リサの主な心配は、自分の未経験をボーイフレンドに知られると、拒絶されるのではないかというものでした。彼女の自動思考が表13 - 1に記されています。リサと、前章で紹介したジャックは、年齢、性別、宗教的背景が違うにもかかわらず、リサの心配はジャックのそれ（表12 - 2参照）と驚くほどよく似ています。自動思考の最初のふたつは、性的に未経験であることが彼女の魅力や好ましさを損ねているという信念を示しています。これは奇妙に思われますが、これまでに、内気で経験の浅

表13-1　日常気分記録表*

動揺した出来事:今晩フレッドとデートした。彼はとても魅力的でつきあっていて楽しい。でも、いずれセックスしようとプレッシャーをかけてくるのではないか、そして私がバージンであることを知ったら拒絶するのではないかと不安に思う。
ネガティブな感情:あなたの感情を、0(ほとんどない)から100(大いにある)までの評価点とともに記録します。「感情」には、悲しい、不安、怒り、罪悪感、孤独感、絶望感、いらだち、などがあります。
感情の評価 (0～100)

1. 不安　70%	3.	5.
2.	4.	6.

自動思考 ネガティブな思考を書き、順に番号をふります。	**歪　み** 自動思考のそれぞれにある歪みを特定します。	**合理的反応** より現実に合ったポジティブな思考に置き換えます。
1. 未経験な自分を彼にさらすことには耐えられない。	1. 先読みの誤り	1. 彼が私に興味をもっているのは明らかだから、多分うまくいくだろう。もしうまくいかなければ、そのときあらためて対処すればいい。
2. 彼は私を拒絶するかもしれない。	2. 先読みの誤り	2. セックス経験がないために拒絶されたら、不愉快なことかもしれないが、なんとかやっていけるだろう。誰もが私に好意をもつという保証はない。
3. 彼から拒絶されないまでも、私は自分が主導権を握れない状況に陥ってしまう。	3. 全か無か思考	3. 誰かを愛するとき、主導権はある程度犠牲になる。そこに信頼が生まれる余地があるし、それだからこそ恋愛はわくわくするような冒険なのだ。すべての状況を支配する必要性を手放すことで、私の人生はより親密で魅惑的なものとなるだろう。

自動思考	歪　み	合理的反応
4. 私がどれほど未経験であるかを彼が知ったら、私は彼の言いなりになってしまう。物知りで経験豊富な女性と思われていることで今私がもっている主導権は失われてしまう。	4. 全か無か思考	4. 恋愛は双方向の関係。いつでも私たちは、相手を受け入れたり拒絶したりすることができる。彼がどんな人間かを知ることができるのだから、隠し立てせず、自分に正直であれば、私には失うものなんて何もない。
5. でも、もし彼から拒絶されたら、私は自信をなくしてしまうだろう。なぜって、それは私の価値観が否定されたのと同じことだから。	5. 自己関連づけ	5. 自分の価値観とは合わないと考えるなら、彼は私の価値観を否定できるし、私も彼の価値観を否定できる。でも、自分の価値観や信念の判断を彼任せにすることは、私にはできない。
6. でも、拒絶されるということは、私のとるべき方法が間違っていたからにちがいない。	6.「すべき」思考	6. 私の「とるべき方法」が間違っていたとして、それがなぜ悲惨なことなのだろう。別の新しいやり方を学ぶ良い機会かもしれない！
7. 彼から拒絶されたら、私が経験のなさを克服することは決してできないだろう。なぜって、私の未経験を知った人はみな私を拒絶するだろうから。	7. 一般化のしすぎ	7. それは完全にナンセンス。人それぞれだ。彼の好みが全男性を代表しているわけじゃない！

再検討の結果：「合理的反応」を再び読んだ後の今の気持ちを選んでチェックしてください。
□ まったく良くならない。□ 少し良くなった。☑ かなり良くなった。
□ とても良くなった。

い若い女性たちのあいだで何度となく私が観察した態度です。それはまったく現実を反映してはいません。男性は、美しく未経験な女性をより魅力的で好ましく思います。なぜなら、彼らはそうした女性に教師のような立場で接することが楽しいからです。

彼女のネガティブな思考の中に見られるふたつ目のテーマは、内なる感情をさらけ出すことで自分が傷つくことへの恐れです。常に自分が主導権を握っていないと、何か不愉快なことが起きると彼女は信じています。この態度は頑固さや、率直さ、親密さの欠如をもたらしかねません。恋愛関係における主導権は、ある程度犠牲にしなければ、パートナーを思い切って信頼しようという気にはなりません。そうしてはじめて、恋愛は刺激的な冒険になります。一般に男性は、自分の感情や弱さを分かち合うことに不安を感じると考えられていますが、あらゆる年齢層のカップルを対象に私が行った最近の研究では、感情を表に出すことへの恐れは、実際には男女共通であることが示されています。

リサの思考にはっきりと含まれる三番目のテーマは、拒絶への恐れです。彼女は、もし彼から拒絶されたら自分の価値が下がり、誰も彼もが彼女を拒絶するようになると自分に言い聞かせています。これでは、彼女の自尊心は彼によって左右されてしまいます。ほとんど未知のこの男性に、なぜそれほどの権限を与えなければならないのでしょう。

彼女がネガティブな思考に反論したことは、より大きな自己愛と自己受容を育てるうえで役立ちました。自分の欠点と直接対峙するときには、自分自身に背を向け、自らが理想とする姿ではないことを責めるか、あるいは勇気をもって一歩踏み出し、自分にさらに信頼を置くか、いずれかを選ぶことができます。目標に達していないことがわかっていて、しかも自信がなく自分に批判的になっているときには、この一歩を踏み出すことがとても困難かもしれません。しかしそれは、自分自身をどのように愛するか、その方法を見出すとても良い機会でもあるのです。

オーガズム困難

今や多くのカップルが結婚前にセックスするため、セラピストたちは、性交中の性的興奮やオーガズムが困難なために治療を求める独身女性や既婚女性を数多く診察するようになりました。二十年前には女性のセクシュアリティは今ほど重視されておらず、女性たちも親たちも女性がセックスを楽しめないことをことさら異常とは考えませんでした。最近はこの傾向も変化し、女性のセクシュアリティの重要性に対する認識が広がりつつあります。しかしながら、女性のセクシュアリティや、オーガズムを楽しむ能力が受け入れられるにつれて、何が正常かについての新たな期待や定義が生じました。マスターズとジョンソンの研究やその他の研究から、女性のオーガズムは一度ではなく複数回得られることが明らかになり、こうした反応ができるかどうかが女性らしさのしると考えられ、セクシュアリティをそこまで楽しむことができない女性の多くに劣等感が生じたのです。事実、この修正された基準に合致しなければというプレッシャーを多くの女性が感じ始めました。もともと性の喜びを高める新たな機会であったものが、不安と自信のなさを生む新たな要因へと変化したのです。

性の問題は、より複雑になりました。性的満足を得なければという女性たちのプレッシャーは夫たちにも感じられ、それが今度は「自分はセックス上手」と夫に感じさせるためのプレッシャーとなり、妻たちに影響し始めました。私たちの診療所で最近セラピー・セッションを受けていたある女性は、セラピストのひとりに次のように告白しました。「その昔、男性は私たち女性がオーガズムに達したかどうかをあまり気にしていなかった。その頃のほうがずっと楽でした」。時間を戻すことはできませんし、望ましくもありません。その一方で、こうした新たな問題は解決されなければならないのです。より強く自己主張することと自己受容との組み合わせは、こうした性的な遂行能力に対するプレッシャーへの有効な対抗手段となる可能性があります。

私は第2章で、ボーイフレンドのキスの仕方が気に入らないけれども、それを彼に告白することにためらいを感じ、ほとんど別れる寸前だったシャイな大学生アリスンについて語りました。私たちの行ったセッションのあと、彼女はより強く自己主張するようになり、彼との関係が楽しくなり始め、二人の恋愛関係は着実に深まりました。五カ月ぶりに、アリスンは「調整」のため昨日クリニックを訪れました。二人の関係は順調で、前回私が彼女を診たとき以降、彼女はバージンを捨てる決心をしたそうです。しかし、彼女をかなり動揺させた問題がひとつありました。それは、オーラル・セックスではオーガズムに達するものの、実際の性交では、性的興奮はあってもオーガズムには達しないことでした。彼女によれば、性交のあいだ横になりながら、「何か感じられるといいんだけど。私にはどこかおかしいところがあるに違いない。たぶん、生涯バージンでいるべきだったかもしれない。早くすませたい」と考えるのだそうです。言うまでもなく、こうしたネガティブ思考は彼女の気をそらし、動揺させ、リラクセーションを妨害し、性的反応を難しくしました。彼女はこの問題をボーイフレンドに相談することには消極的でした。性交のあいだ興奮していないことを知られることで、彼の感情を傷つけたり、「えらそうにしている」と思われたりしたくない、と考えたからです。

多くの女性がこの恐れを長いあいだもちながら、正直にそして直接的に問題と向き合わず、ときには偽のオーガズムに達したように見せかけています。これは残念なことです。なぜなら、こうした問題の多くは性教育あるいはカップル療法が有効な場合があるからです。

私はアリスンに、彼女のネガティブな思考を書き出すよう提案しました。その結果が表13‐2に示されています。それらの思考を合理的反応に置き換えることで、不安と気後れは多少軽減されました。そして、セックスに対する別のアプローチを探るため、ボーイフレンドと話し合う意欲もわいてきました。

性交しているあいだに興奮が感じられない最も一般的な原因のひとつとして、クリトリスへの刺激が十分ではないことが挙げられます。多くのカップルが、性交中にクリトリスを直接的に指で刺激し、この問題を解決しています。この方法で興奮が増し、オーガズムがもたらされることがあります。さ

表 13 - 2　日常気分記録表*

動揺した出来事：セックスのあいだ何も感じない。

ネガティブな感情：あなたの感情を、0（ほとんどない）から 100（大いにある）までの評価点とともに記録します。「感情」には、悲しい、不安、怒り、罪悪感、孤独感、絶望感、いらだち、などがあります。

感情の評価
（0 ～ 100）

1. 不安　75%	3. 悲しい　75%	5.
2. いらだち　99%	4.	6.

自動思考 ネガティブな思考を書き、順に番号をふります。	**歪　み** 自動思考のそれぞれにある歪みを特定します。	**合理的反応** より現実に合ったポジティブな思考に置き換えます。
1. もっとよく反応しなければならないはず。私、どこか悪いんだろうか。	1. 「すべき」思考、マイナス化思考	1. オーラル・セックスではオーガズムまでいくのだから、私にどこか悪いところがあるということはないだろう。性的反応を高めるには時間が必要。まだ私はほんのかけだしだし、たっぷり時間がある。
2. もうやめてもらいたい！　はやく終わってほしい！	2. 感情的決めつけ	2. もし「もうやめて」しまったら、私の心は遮断されて、何も感じなくなるだろう。たぶん、何が問題なのか彼と話し合い、一緒に解決したほうがいい。

自動思考	歪　み	合理的反応
3. ほとんど感じていないことを彼には知られたくない。彼の感情を傷つけるから。	3. 心の読みすぎ、先読みの誤り、自己関連づけ	3. 彼にそのことを告げなければ、私たちの性生活を改善する機会はめぐってきそうにはない。このことについて話し合うことが、彼の感情を傷つけるかどうかはわからない。愛情をもって彼に接することができれば、たぶん互いをより深く満足させる方法が見つかるだろう。そのためには、多少不愉快なことが今あったとしても、やってみる価値はある。

再検討の結果：「合理的反応」を再び読んだ後の今の気持ちを選んでチェックしてください。
□ まったく良くならない。□ 少し良くなった。☑ かなり良くなった。
□ とても良くなった。

らに、この方法をしばらく繰り返すうちに、クリトリスへの指の刺激なしにオーガズムに達することが可能となったカップルもあります。一方で、性交中のクリトリスへの指による刺激を、自分たちのセックス・スタイルの一部として常用するカップルもあります。彼らは、性的快楽を最大限にする方法として、それが最適と感じているのです。

　アリスンと私が話し合って決めたふたつ目の提案は、ボーイフレンドにクリトリスを口唇愛撫してもらい、絶頂前にそれをやめて性交を始めるというものでした。高められた興奮状態に、性交中の指による刺激をさらに加えれば、性的興奮とオーガズムを経験する確率は高まることが考えられました。

アリスンを悩ませ続けてきた問題について話し合えたことで、彼女は解放された気分を味わいました。しかし依然として、こうした技法をボーイフレンドに提案することにはためらいがありました。表13‐3に示されているように、性交の最中に自分で刺激を与えることは、マスタベーションと同じと彼女は考えたのです。また、このことがボーイフレンドに動揺を与えるのではないかと心配しました。彼にクリトリスへの刺激を要求することが、彼女への集中を妨げるのではないかと考えたのです。こうした思考に反論する方法を私たちが議論している過程で、彼女は性交のあいだ、すでに十分「ひとりぼっち」であることに気づきました。彼女は彼の行為に反応せず、ただ単に自分のネガティブな思考にとらわれていたからです。実際のところ、より楽しい性生活を共有するためのパートナーとしてお互いが努力するのですから、こうした技法を通じて二人の親密さはさらに深まることでしょう。

マスタベーションへのためらいを克服する方法

マスタベーションに対するアリスンのネガティブな態度は、孤独感をもつ人の多くに同様にみられます。良い性的経験には相手が必要という考えは、すべての幸せは他の人からもたらされるという信念の延長にすぎません。身体的満足そしてエロティックな満足は、自己愛の別の次元でもあり得ます。マスタベーションは異常であるとか恥ずべきことであるといった一般的な迷信があるとはいえ、調査によると、大半の人々は結婚後も含め生涯にわたりマスタベーションをすることが示されています。マスタベーションを他よりも劣る性的経験とみなす必要はありません。可能な選択肢のひとつと考えればよいのです。

多くの研究から、マスタベーション中の性的興奮の度合いは、性交中の興奮と同等、あるいはそれ以上との結果が示されています。マスタベーションは、それをどの観点からとらえるかによってあなたの感じ方が決まるという点で、他の経験と違いはありません。マスタベーションをしていることで自分を卑下したり、パートナーがいればもっとすばらしいセックスができるだろうと自分に言い聞かせたりしていれば、罪責感を覚え、おそらくそれを空疎な経験ととらえてしまうでしょう。しかし、自己愛の最も親密な側面とも言えるこの行為は、あなたがポジティブで創造性に富んだ態度でそれに臨めば、セックス・パートナーがいないときでも満足感をもたらす、性的な吐け口となり得ることを発見するでしょう。ローラ・プリマコフ博士は、マスタベーションにはセックス・パートナーよりも優れている点がいくつかあると指摘しています。マスタベーションがいつでも利用可能なこと、遂行能力へのプレッシャーがないこと、評価されているという感情をもたなくてもいいこと、性病の危険がないこと、オーガズムが通常は保証されていること、ためらいから完全に解放され、ときには実際のセックスと同程度の興奮が得られること、制限のないエロティックな幻想にひたれることなどが、優れた点に挙げられています。

表 13 - 3　日常気分記録表*

動揺した出来事：性交しているあいだ、ジョンにクリトリスを指で刺激してもらうこと、または自分で自分のクリトリスを刺激することについて考えたこと。

ネガティブな感情：あなたの感情を、0（ほとんどない）から 100（大いにある）までの評価点とともに記録します。「感情」には、悲しい、不安、怒り、罪悪感、孤独感、絶望感、いらだち、などがあります。

感情の評価
（0 ～ 100）

1. とまどい　99%	3.	5.
2.	4.	6.

自動思考 ネガティブな思考を書き、順に番号をふります。	**歪　み** 自動思考のそれぞれにある歪みを特定します。	**合理的反応** より現実に合ったポジティブな思考に置き換えます。
1. そんなことをするのはおかしい。	1. 先読みの誤り	1. 最初はおかしいと感じるかもしれないけれど、私たちの性生活は改善されるかもしれない。
2. 自分で自分を刺激するなんて、彼の前でマスタベーションをするようなものだ。	2.「すべき」思考	2. 愛している人と二人きりなら、その人の前でマスタベーションをしてもかまわないだろう。
3. もしかすると彼が気を悪くするかもしれない。私が自分でしたら、邪魔者扱いされたと彼は感じるかもしれない。だったら、ひとりでいたほうがましよ！	3. 先読みの誤り、心の読みすぎ	3. 私たちは、より満足のいく刺激的な性的経験を共有するのだから、実際にはさびしさを感じることは少ないだろう。今、私は性交のあいだとてもさびしく感じている。
4. 私への刺激を頼んだりしたら、彼は私に集中できなくなるかもしれない。	4. 先読みの誤り、心の読みすぎ	4. 試してみればわかるだろう。性交のあいだ私の興奮も増すことを知れば、彼は今よりも楽しむかもしれない。

再検討の結果：「合理的反応」を再び読んだ後の今の気持ちを選んでチェックしてください。
□ まったく良くならない。□ 少し良くなった。☑ かなり良くなった。
□ とても良くなった。

まだあなたがマスタベーションは他よりも劣る行為と思っているのであれば、満足度予想表を使ってこの信念を試す実験を行うことができます。マスタベーションがどれだけ満足のいくものかを0（最も満足度が低い）から99（最も満足度が高い）までの尺度で予想します。（あなたにセックス・パートナーがいれば、二番目の予想として、彼または彼女とのセックスがどれだけ満足できるものかを、同じ0から99までの尺度で予想することもできます）。その後、自分にとって楽しいことを行います。その際、特別な誰かとデートをしているときと同じように、心遣いと創造性をその経験に込めます。キャンドルに火をつけ、好きな音楽をかけてもよいでしょうし、グラスワインを飲むのもよいでしょう。気ままに、自分の好きなようにして、心を自由に任せます。ひとりで行う他の経験と同様、ポジティブな態度で臨めば、その経験がとても楽しいことにあなたは驚くかもしれません。もしそれがあなたを動揺させるようであったり、後になって恥ずかしさを感じさせたりするようであれば、動揺させるネガティブな思考に集中してください。そして表13-4にあるように、日常気分記録表にそれを書き出します。表13-4に自動思考と合理的反応を書いた若い女性は、夜間に工場の組み立てラインで働き、昼間は定時制の大学で学んでいました。ある日の午後、彼女はアパートでシャワー

表 13 - 4　日常気分記録表*

動揺した出来事：マスターベーションについていろいろ考えたこと。

ネガティブな感情：あなたの感情を、0（ほとんどない）から 100（大いにある）までの評価点とともに記録します。「感情」には、悲しい、不安、怒り、罪悪感、孤独感、絶望感、いらだち、などがあります。

感情の評価
(0 ～ 100)

1. 罪責感	75%	3. 力不足でダメな感じ	99%	5.	
2. 決まりの悪さ	75%	4.		6.	

自動思考 ネガティブな思考を書き、順に番号をふります。	**歪　み** 自動思考のそれぞれにある歪みを特定します。	**合理的反応** より現実に合ったポジティブな思考に置き換えます。
1. バーンズ先生は、私のことを悪い人間と考えるだろう。なぜなら、私がマスターベーションをしたと告白したから。	1. 心の読みすぎ	1. 私には彼の考えはわからない。でも、彼がどう考えていようと、私は「悪い人間」ではない。
2. 午後にマスターベーションをするなんて、私は変人じゃないかと思う。	2. レッテル貼り	2. 私は夜働いている。そして、その日は午後以外にチャンスがなかったので、したくなったのだ。
3. きっと他の夜間労働者はそんなことはしないと思う。	3. 心の読みすぎ	3. 他の人たちが何をしているか、私にはわからない。それに、あの人たちの多くは、一緒に楽しいことをする夫や妻がいる。
4. それでも、私がマスターベーションをしていいことにはならない。	4.「すべき」思考	4. 誰がそんなことを決めたの？

自動思考	歪　み	合理的反応
5. なんとなく自分のためにはならないはず。	5. 結論への飛躍	5. マスターベーションは、張り詰めた状態から解放される正常で健康的な方法。それに、楽しい。
6. でも、マスタベーションは自分勝手にひとりですることだから正しいことではない。	6. レッテル貼り、「すべき」思考	6. マスタベーションを正しく行うには、他の人が必要？　相手のあるセックスだって、自分勝手な場合がある。

再検討の結果：「合理的反応」を再び読んだ後の今の気持ちを選んでチェックしてください。

□ まったく良くならない。□ 少し良くなった。□ かなり良くなった。

☑ とても良くなった。

を浴びているときにマスタベーションを行い、あとになってそのことで罪責感と戸惑いを覚えました。表に示されているように、私（バーンズ）が軽蔑する、自分が変人ではないかと考える、マスタベーションは悪いことで自分勝手な人間であることを意味する、などと彼女は自分に言い聞かせていました。こうした思考に反論することで、彼女の気分は改善し、マスタベーションを、張り詰めた状態からの健全な解放手段として受け入れるようになりました。

私たちの社会においては、ひとりでいること、そしてマスタベーションをすることは、なぜか恥ずかしい行為であり、正しいことではないと直感的にとらえられています。そんななかで、専門家がマスタベーションを擁護することに衝撃を覚える人がいるかもしれません。しかし、マスタベーションは単に自己愛の身体的表現のひとつであり、自分自身を官能的で性的な生き物として受け入れる最初のステップでもあります。そして、多くの人にとって、それは親密さと愛情へ向けての重要なステップともなり得るでしょう。

セックスと親密さ

独身女性が直面する一般的な問題として、デート相手といつセックスするか、という問題があります。「簡単には落ちない」雰囲気を身にまとい、クールな態度を見せていると拒絶されかねないとの考えから、あなたも男性からのセックスの要求に屈したほうがよいと考えているかもしれません。そうしたこともときには起こるでしょうが、しかし、より一般的にみられるのはその逆のケースです。セックスをすれば男性があなたをさらに好きになり、二人はより親密になるだろうとの考えから、セックスをしなければならないと感じる場合です。そして、ひとたび寝てしまうと、彼からの連絡は途絶えることが多く、あなたは拒絶されたと感じます。

過去二十年間、性に関する基準は自由度を増し、この問題を複雑化してきました。結婚前のセックスがかつては正しくないとされていたのに対し、近年処女ではない花嫁の存在は例外ではなく、標準となりました。こうした規範の変化に伴い、旧式で時代遅れと思われたくないがために、時期尚早な性的関係に走る女性は多いかもしれません。

魅力的な大学生のカーリーンは、昨日私のクリニックで、この風潮を反映した彼女の苦しい立場について語りました。内気なカーリーンは、ほとんどの男性は彼女に興味を示さないだろうと感じていました。私は彼女に、同じクラスの男子学生を選んで、本書ですでに紹介したような技法を使い、フラーティングを試してみるよう提案しました。かなり渋ったあげく、彼女はサムという同級生を選んで、授業の合間に微笑みながら話しかけてみました。彼は強い興味を彼女に示しました。それは彼女にとって驚きでした。なぜなら、サムには前年その大学を卒業した恋人がいることを知っていたからです。それにもかかわらず、フラーティング技法は魔法のごとく効果を発揮し、サムとカーリーンは何時間も一緒に過ごすようになりました。彼らは会話に没頭し、手をつないで互いに熱く見つめ合うようになったのです。カーリーンは彼との性的な相性はかなり良さそうだと感じていて、じきにサムからより深い身体的親密さを求められるだろうと思っていました。

唯一の問題は、彼がいまだにその恋人と週末のデートを続けていることでした。恋人は、サムがカーリーンに興味を示していることには気づいていませんでした。カーリーンがこの問題をルームメートに相談したところ、今の流行から言えば、そのまま行くところまで行き、軽い気持ちでセックスを楽しんだらどうか、とアドバイスされました。そのルームメート自身、そうした軽い気持ちでセックスを楽しんでいると言いましたが、カーリーンは確信がもてず、私の助言を求めたのです。

精神科医としての私の役割は、助言を与えることでも自分の道徳的規範を患者さんに押しつけることでもありません。私が目指しているのは、患者さんが自分自身の視点で考え、最終的な結論を出す前に、さまざまな選択肢のメリットとデメリットをよりよく知ってもらうようにすることです。そして、患者さんの判断から生じた結果が良いものであれ悪いものであれ、その結果から学ぶよう勇気づけ、その状況を個人的成長の機会ととらえるよう促します。このことが、「正しく」あるべきことへのプレッシャーをいくぶん取り除き、「間違い」を犯すことへの恐れを低減させます。なぜなら、良い判断から学ぶのと同じくらい、間違いから学べることは多いからです。いかなる状況においても自分は「正しい」選択肢を知っている、と自らに期待するのは、きわめて非現実的です。

私は、カーリーンが決断を下す際には、彼女自身の態度、感情、個人的価値観などを考慮することが重要と感じました。それまで彼女には、興味をもった相手から拒絶されるたびに、ひどく傷つき、無力さを感じ、非常に自己批判的になる傾向があることを私は知っていました。振られて傷ついた痛みから立ち直るのに、数カ月かかることもしばしばでした。サムと一度かぎりのセックスをしても大丈夫と助言するのは、とうてい現実的ではありませんでした。なぜなら、彼女は彼に対して強い感情をもち始めていたし、彼女が真に求めているものは、彼女を大切に思ってくれる人との意義ある関係だったからです。

カーリーンにとって本質的な疑問は、サムとのセックスが二人の関係を強くするのか、弱くするのか、という点にありました。カーリーンも私も預言者ではありません。私たちは経験と知識から推測しなければなりませんでした。恋人がありながら、サムがカーリーンも同時に追いかけている点に注意することが重要でした。恋人には内緒でのカーリーンとのセックスにサムが興味をもっていると仮定することは可能です。しかし、カーリーンと一度寝たあとは、サムにとっての「征服物語」は終わり、彼女と関係を絶つか、あるいは二人の女性と将来を約束することなく不誠実なつきあいを続けるか、いずれかの結果におそらくなると思われました。

男性心理のこの側面は、多くの女性にとっては理解することも受け入れることも困難です。女性の読者は、自分が愛情をもって、心も身体も魂もすべて捧げているのだから、相手も同様に応えてくれて、自分ひとりにコミットするのは当然と考えるかもしれません。しかし、そうはならないことが多いのです。あまりに早くあまりに多くを与えてしまうと、男性はおじけづき、去っていってしまう確率が高くなります。さらに、不安定な恋愛関係を改善するためにセックスを利用することは、逆の結果をもたらす場合がよくあります。サムとのあいだでより有意義な関係を結ぶには、カーリーンは自制心を保ち、賢く行動する必要があるのかもしれません。

選択肢のひとつは、「サムに対しては真剣な気持ちをもっているけれど、サムの望みは何なのかを考えてほしい」とカーリーンから彼に告げることでしょう。二人の関係はとてもわくわくするものだけれども、カーリーンに気をとられずにサムが恋人との関係を考えるためには、少し離れてみるのが最善ではないか、と言うこともできます。そして、恋人との関係がうまくいかなくなったら、気楽に連絡してくれれば会うことができると言えばいいのです。

もちろんこれは、軽い気持ちでのセックスを否定する「古い考え」を意味し、サムを失う危険性も意味します。また、カーリーンがサムの恋人と対決することになり、その結果がどうなるかの保証はまったくないという事実に直面せざるを得ないことも意味します。さらに、彼からのロマンチックな口説き文句や性的誘惑を断ることも意味します。多くの人にとって、こうした誘惑の拒絶は容易なことではありません。しかし、サムを失う危険性は常にあります。そしてカーリーンは、サムと寝ないことで、実際にその危険性を最小限にとどめることができるのです。人は常に手に入らないものを欲しがり、隣の芝生はいつも青々と繁って見えるものです。ちょうどその芝生のようなカーリーンが、サムにフェンスを越えて入ってきてはダメと言えば、さらに強くフェンスを飛び越えたいと彼は思うでしょう。しかし、カーリーンが何もかも無条件で与えても構わないと思わないかぎり、サムが彼女を手に入れるには、恋人を諦めなければなりません。

あまりにも愚かしく、操作的で、不自然な上に不誠実な話と思われる読者もいるかもしれません。私は、人間性には愚かで操作的な側面があると信じています。そして、この点を現実に合わせて考慮しないと、傷ついたり、敵意を抱いたりして、本物の愛情と思いやりを手にする機会を逃してしまうかもしれないのです。他人が、あなた自身の利益にいつも気を配ってくれて当然と仮定するのはバカげています。しかし、あなたが自分自身を守っていれば、他人から尊敬される確率は高くなります。そして、あなたが抱く自尊心は、与えること、そして愛することを容易にするでしょう。

彼女がこのことでサムと話し合うときには、愛情に飢えているそぶりや敵意を見せたり、過剰な要求を押し通したりしないことが大切です。そうではなく、親しげで、自尊心を保った態度が必要でしょう。もし、サムが二人の関係について二、三週間考えたいと言うのなら、そのあいだ、もし彼女が彼と会うときには、快活な態度で、彼の気分を良くするよう配慮しつつも、会う時間を短くしなければなりません。恋人との関係をどうするか決心がつく前に、カーリーンとセックスできるような期待をもたせないためです。

カーリーンの全体計画の一部には、重要な戦術がもうひとつあります。サムが主導権を握っている場合、サムだけに執着していたのではカーリーンは不利な状況に立ちます。サムと二人だけの恋愛関係をもつという幻想に抵抗するためには、無理にでも他の男性にフラーティングすることが望ましいでしょう。そうすれば、二人は対等の状況にいられるからです。カーリーンは、そうすることを望まないかもしれません。内気なうえに、フラーティングしたり、男性に自分の意見を言ったりするのにかなりの努力が必要だからです。それに、もしかするとサムが彼女だけの恋人になるかもしれないという考えは、彼女にとってはとても魅惑的で官能的な幻想です。しかし、ときには反対側のゴールへ向かっているときに限って、自分の欲しいものが手に入ることがあります。カーリーンが他の男性とデートしていることを知ったら、サムは嫉妬して、自分がどれだけ彼女を欲しているかを理解するかもしれません。

このアプローチのメリットとしては、以下の点が挙げられます。

1. カーリーンがサムに対し、恋人と別れるよう主張したとしても、サムが身動きできないように感じるということがありません。恋人と話し合い、解決策を見出すよう勇気づけることで、彼女は彼に最大限の自由を与えています。

2. おそらくサムは、カーリーンにさらに惹かれるようになるでしょう。なぜなら、彼女がさらに手に入りにくく、神秘的になるからです。彼女は、自分自身を尊敬していること、そして自分を利用させないとのメッセージを彼に発しました。彼女が彼を大切に思いつつも、彼を失うことを恐れてはいない、ということを彼は知るでしょう。

3. カーリーンは、サムの恋人や他のデート相手へのあてつけに利用され、恥をかかされるような目に遭うことがありません。

4. 彼とセックスしたあとで拒絶され、利用されたと感じるリスクを冒すことがありません。

親密さを得るため、そして将来の約束のためにセックスに頼ることは危険です。セックスは、あなたの愛情表現であって、愛情への近道ではありません。健全な関係を築くためには、自制心、自己主張、そしてある程度リスクをとることが必要です。自分が何を望んでいるかを明確にすること、相手が同じ目的をもたない場合は関係を諦める意志をもつことなどが重要です。

他の人たちがあなたと同じように感じ、同じ目的をもって機能するという考えには同調しないことが大切です。多くの人にとって、性交はある程度の傷つきやすさを生じさせ、愛情と信頼というより大きな感情をもたらします。しかし、人によっては、セックスは違う目的に利用されます。例えば、学校や職場におけるストレスへの精神安定剤として、問題のある関係や味気ない関係から逃避するため、あるいは性的な征服を通して自己の力量を証明するために利用されるのです。心の中に親密さを持ち合わせない相手とのセックスは、傷ついた感情や幻滅をもたらす可能性があります。しかし、あなたが自分の立ち位置を最初に確認しておけば（そのためには努力、そして「いいえ」と言うことが必要です）、セックスはあなたの愛情表現となり得るでしょう。

第14章 誘惑：シングルライフの光と影

本書の大部分では、どのようにすれば愛情の面でもセックスの面でも満足のいく関係を築くことができるかに焦点を当ててきました。独身者の中には、これとは異なる問題に直面している人もいます。その一例が、どのようにすれば愛情のない破滅的な関係を避けることができるか、という問題です。

三十六歳のキャンディは、七年前に離婚を経験した、背の高い専門職の女性です。離婚以来、彼女は妻帯者との満たされない不倫関係を次から次へと続けてきました。最近、キャンディは私にこう語りました。

「そうした男性たちとの関係はずっとハズレでした。これまでの九回、すべてハズレです。数年前関係をもった男性のひとりが、最近亡くなりました。でも、私は葬式にさえ出られませんでした。嘆き悲しむ機会すらもてないなんて。……まるで私という人間が、彼の人生には存在していなかったみたいです。全般的に言えば、これまでたどってきた道はかなりさびしいものでした。ずっと真空の中で生きてきたような気がしています」

キャンディを動機づけているのは何でしょう。こうした不倫関係がうまくいかないのに、彼女はなぜまた同じことを繰り返すのでしょうか。彼女は自分の経験を以下のように説明します。

「私は、快適で愉快なパートナーなんでしょうね。でも、私の出番は彼らの人生の裏側なんです。あの人たちは、私の家の戸口に姿を現すだけ。私との時間以外にどんな生活を送っているのか、私にはまったくわかりません。ときどき思うんです。いったいどんな家に住んでいるんだろう、家にはどんな家具を置いているのかしらって」

「私には『付帯条件』がないから、彼らは私のことを忘れないんでしょう。私は彼らの人生に快楽をもたらします。誕生日には電話をくれますけど、彼らが私と一緒に家でその日を過ごすことはありません。うつろな、中身のない愛です。なぜなら、あの人たちはいつまでも私と友人でいるつもりはないからです。でも私はプレッシャーをかけたことはないし、見返りを求めたこともありません」

「私が二、三千ドル必要だったり、仕事でクライアントが欲しかったりするときは、彼らはすぐに助けてくれます。罪責感からそうするんでしょう。でも、私は決して彼らの弱みにつけこむようなことはしません。昔、ペントハウス誌の重役とデートしていたことがありました。彼は、私専用にコンドミニアムの一室を用意してくれましたし、息子が通う私立学校の授業料まで面倒を見てくれました。その心遣いがうれしくて、私は特別な気分になりました」

「でも、良いことばかりじゃありません。もうじき休暇シーズンですよね。クリスマスのたびに、次のクリスマスには大切な人と一緒に過ごせるかしら、人生を共にする人と過ごせるかしらって思うんです。この八年間ずっと、クリスマスはそんな気持ちでした。休日は嫌いです。私と一緒に過ごしたい人なんて、ひとりもいないことを思い出させるからです」

私は、キャンディの声に自己憐憫の苦々しさがないことに心を打たれました。彼女は、自分が創作した結末の見えない脚本を演じていることを理解していました。彼女が知りたがっていたのは、なぜこのパターンが固定化してしまったのか、そしてそこから逃れるために自分には何ができるかということでした。

私は、離婚してからこのかた独身男性とデートしたことはないのですか、と質問しました。彼女はそれにこう答えました。

「独身男性は徹底的に避けてきました。独身男性とのデートはどんなかしらって想像することすら難しいんです。私が彼らを避けるひとつの理由は……数年前、ある医師をひどく好きになってしまいました。でも、しばらくつきあってから、彼は去っていったんです。それはとてもつらい経験でした。

私はなんとかして彼と一緒になりたかった。でも、それがダメになったとき、なぜだろうと一生懸命考えました。彼を忘れることができなかったんです。二年間ずっと彼のことを思い続けました」

拒絶されることへの恐れが、キャンディのライフスタイルを強く動機づけている要因のように私には思われました。妻帯者とのデートにはなぜストレスが少ないのか、私は興味をもちました。結局のところ、妻帯者のほうが最終的に彼女を拒絶する確率が高いのではないかと考えたからです。キャンディの説明は以下のようなものでした。

「家庭がある人となら、結局は人生のしがらみが原因で私から離れていくという事実を受け入れやすかったんです。あの人たちには仕事があるし、奥さんや子どもたちもいる。……それにお金や名声もね。今までつきあった人たちはすべて、アイルランド系、イタリア系、そしてカトリック教徒です。彼らにとって、私は初めて長く続いた浮気相手でした。私はあえてだまされたそぶりをしていますが、いつも急所は押さえているから、ときどき罪責感をかきたててやるんです。あの人たちは本当に家庭的で、子どもたちや家庭のことについて話してくれます。仕事仲間からは『真面目人間』って言われているようですけど、笑っちゃいますよね。この保守的な『真面目人間』と私は夜をともに過ごしていたんですから」

キャンディの率直な打ち明け話から、彼女の二番目の動機が浮かび上がってきました。復讐です。こうした「善良な」男性たちを誘惑する役割を楽しんで、彼らが罪責感に苦しむのを見ていたいのでしょうか。

彼女は三つ目の動機について説明しました。それは、情事の興奮というある種の「ハイ」な気分が、女性専門職そして学習障害児を抱えるシングルマザーという二重の役割から来るストレスとプレッシャーから彼女を解放してくれるということです。

「私は他人から批判されたくないので、信じられないいくらい一生懸命に働いています。女性として出世するためには、魅力的で、幸せで、成功した強い人というイメージを保つことが必要でした。そのために普通の倍は努力してきたんです。そして、息子を支える殉教者のように、彼が正しいカウンセリングと最良の学校教育を受けられるように段取りをして、同時に自分にも十分な時間を確保できるようにしてきました。スーパーウーマンであり、スーパーマザーでなくてはならないこと、それが私の強さの源であり、弱さの源でもあります。ちょうどコカインのように、情事への依存をもたらすんです。情事は私をハイな気分にしてくれるし、必要以上に親しくなる危険もありません」

キャンディが習慣的に妻帯者をパートナーに選ぶ理由には、多くの要因があるように思われました。親密さへの恐れ、拒絶への恐れ、興奮への欲求、注目されることへの欲求、仕事上の利点、専門職上の利点、男たちの偽善をこらしめる妖婦としての役割がもたらす力への陶酔、などです。

キャンディの経験は、私が治療にたずさわった孤独に悩む多くの女性たちのそれとは多少性質を異にしています。一般的なシナリオには、より多くの自己欺瞞が含まれます。あなたが出会う「友だち」

としての妻帯者とあなたは、互いにプラトニックで純粋な関係の維持を条件につきあいが始まります。じきに肉体関係ができますが、あなたは深刻にとらえず、関係に「深入り」しないよう、距離を置きます。ときどき彼からは、夫婦仲がうまくいっていないことをほのめかす発言があります。これが、当初あなたが気づいていないか、あるいは認めたがらない隠された意図に火をつけます。隠された意図とは、不幸な結婚生活から彼を救い、妻が怠って顧みない彼の性的、感情的な欲求を満たす力が自分にはあるということの証明です。

やがて関係は深まり、あなたの彼への気持ちは大きくなります。最終的には、もっと深い約束と関与を望むようになり、あなた自身が彼の妻になることを想像し始めます。当初そんなつもりはなかったのに、彼に恋してしまったことに気づいたあなたを、もっともな疑問が苦しめます。それは、「彼の妻がそんなにひどいのなら、なぜ別れようとしないのか」という疑問です。あなたがそう感じ始める頃、偶然のように彼は距離を置いたり、逃げ口上を使うようになります。それが原因で会いたい気持ちが強くなったあなたは、もっと一緒にいる時間がほしい、と微妙に彼にプレッシャーをかけます。妻に対するのと同じように、あなたに対しても怒りや身動きのとれない感情をもち始めた彼の気持ちは、あなたから離れていきます。こうして恋愛関係が終わりへと向かい始めます。すべてが終わったとき、苦痛そして裏切られたという気持ちがあなたに残ります。

自分のものにはならないパートナーを選ぶ理由のひとつは、自尊心の欠如です。このことを理解することは重要です。妻帯者と関係を結ぶことは、その関係が幻想レベルにとどまることを可能にします。あなたが彼に自分の不完全さをさらけ出す危険性はありません。そしてまた、本当の彼とかかわる必要もないのです。あなたは、自分の弱点すべてがさらけ出される恐れのある、真に親しい関係を育てる苦痛を避け、同時に喜びも避けています。心からの興味はもてない相手を追いかけているほうが安全かもしれません。彼を幻想の人物としておくことで、理想からは少し外れた本当の関係を結ぶことのいらだちや不安に直面することなく、自分は今、理想的なすばらしい関係を築く寸前にあると想像することができるからです。

あらゆる癖を直すうえで最初のステップとなるのは、変化への動機を育てることです。セックスと親密さへの欲求、そしてひとりになることへの恐れは、利用されている可能性のある相手とでも肉体関係をもちたいという衝動に抵抗することを難しくしているかもしれません。その肉体関係は「正しくない」と自分に言い聞かせるだけでは、こうした衝動への十分強力な対抗手段とはならないでしょう。なぜなら、今日多くの人の道徳的信条は、よくてもはっきりしていないのがやっとだからです。そのうえ孤独感に苦しみ、親密さを望んでいるときは、どんな恋愛関係でもかなり「正しく」見えるものでしょう。

ステップ1：理にかなった意思決定

自己破壊を招きかねない性愛の衝動に対処するための第一歩は、あなたにとって本当に有益で理にかなった意思決定を行うことにあります。私はキャンディに、妻帯者との関係を続けるメリットとデメリットを挙げたリストの作成を提案しました。例えばあなたに、非常に魅力的で刺激的でありながらあなたを尊敬せず、接する態度もよくない男性と恋に落ちやすい習癖があり、それを断ち切りたいと思うのであれば、これと似たリストを作ってみることをお勧めします。そうした態度のデメリットを挙げるときには、正直に自分と向き合います。表14-1に挙げたキャンディのメリット・デメリット分析には、魅力的なセックス、友情、不安からの解放、ビジネス上有利な人間関係などがメリットに含まれています。デメリットを挙げるときにも、同様に現実的に考えるようにします。キャンディは、罪責感、自尊心の欠如、休日の孤独感、本当の目標である親密な関係の構築からの逸脱、露見することへの恐れなどを挙げています

あなたが変えたいと思う態度のメリット・デメリットのリストが完成したら、もうひとつリストを作成します。そのリストには、その態度を諦めることのメリットとデメリットを挙げます。その際も、損得は現実的に考えてください。その態度を変えないでいることのメリットは、たくさんあるはずです。心の奥深くにある特定の恐れやわだかまりのせいで、誘惑への拒絶が難しい場合もあります。変えることのデメリットを考えられるだけ書き出せば、納得のいく決定がそれだけ容易になります。表

14‐1にあるように、キャンディは、独身男性とつきあうメリットとして、将来を築く機会を挙げています。そして、独身男性とのつきあいのデメリットには、仕事との兼ね合いに苦労すること、デートするのにふさわしい男性を見つけることが難しいことなどを挙げています。多くの人は変化することのメリットのみに注目し(「私は違う人間になって、気分がすごく良くなる」など)、一時的な興奮の幻想的な輝きに勇気づけられ、変化に深く関与するようになります。しかし、変化は容易でないことをじきに理解していらだちが募り、幻滅し、昔の自分に戻ってしまうのです。変化のメリットとデメリットを詳しく検討することで、この罠にはまるのを防ぐことができます。

現状維持そして変化のメリット・デメリットを挙げたリストが完成したら、それぞれの選択肢を比較し評価します。表14‐1では、キャンディが妻帯者との関係を続けることのデメリットは、70対30でメリットを上回りました。対照的に、独身者とデートすることのメリットは、60対40でデメリットをしのいでいます。これで、現在の態度が彼女にとって最善の利益にはならないことが明らかになりました。

ステップ2:誘惑に抵抗するには

理にかなった意思決定技法は、変化の設計図作成に役立ちます。なぜなら、あなたの本当の目標は何なのかを知ることができるからです。しかし、これを知ったからといって、変化が確実に保証され

表14-1　理にかなった意思決定

オプションA：妻帯者とのデートを続ける。	
妻帯者とのデートのメリット	妻帯者とのデートのデメリット
1. 贈り物、旅行、バカンス、ディナーショー、オペラ：私を「特別な人」として扱ってくれる。	1. 休日や誕生日など、私がいてほしいときにいてくれない。話がしたいときに家に電話をかけることができない。
2. くよくよ悩まされることがない。デートや拒絶について心配する必要がない。	2. あの人たちが抱く罪責感や居心地の悪さ。
3. 私にとって都合がいいし、毎日の仕事にも干渉しない。	3. 短期的にも長期的にも計画が立てられない。
4. 情熱：あの人たちが私に求めるものはセックス。セックスは身体にいいし、独創的になれる。	4. 金銭的な安定や分かち合いがない。
5. 友情：会えないときは、電話で長い時間話せる。	5. ある男性が亡くなったのに、私は葬儀に出ることができなかった。
6. 仕事：彼らの多くが会社の社長。彼らの会社や知人は、私の仕事にとって貴重なコネになる。	6. 奥さんや子どもたちに見つかる可能性。
	7. 息子から尊敬してもらえない。
	8. 自尊心の欠如。
	9. よく本気になってしまうので、いずれにしても傷つく。
㉚	⑩70

オプションB：独身者とのデート

独身者とのデートのメリット	独身者とのデートのデメリット
1. 必要なときにそこにいてくれる。	1. 独身者は、私の独立心や男女同権主義に懐疑的で、批判的なように見える。
2. 将来を築く機会。	2. 結婚で私は昔のパターンに逆戻りするかもしれない。
3. 奥さんへの「忠誠」を見なくてすむ。	3. デートと私の出張が重なるとき、出張をキャンセルするよう期待されるかもしれない。
4. もっと多くの時間を一緒に過ごせる。	4. 息子のエリックが成長する前に再婚したら、彼は反抗し、私の真似をしてドラッグとセックスに手を出すかもしれない。
5. より「完全な」愛情の交わりが得られる。	5. 相手にふさわしい独身者はいったいどこにいるというのだろう？
6. 信頼と友情のためのより良い基礎が得られる。	6. もし拒絶されたら、私以外に責める相手はいない。
7. 温かく、活気に満ちた性生活が期待できる！（注：毎日顔を合わせることは男性にとっては単調？）	
⑥⓪	④⓪

るものではありません。誘惑はときにとても強力だからです。さびしさを感じているときには、魅力的な妻帯者と一緒の時間を過ごす機会を前にして、考え方や感じ方も違ってくるでしょう。誘惑に負けてもいいいじゃない、と自分に言い聞かせ始め、やがて元のパターンに戻ってしまいます。アルコールを断とうと努力する依存症の人にも同じことが起きます。二日酔いで目を覚まし、もう二度とアルコールには手を出さないと決心したときは、それを守ることなど十分可能で簡単に思えます。しかし数日後、仕事上の問題や人間関係のストレスから、「一杯だけなら」という誘惑がとても大きな力をもち始めます。セックスや恋愛への依存症もこれとまったく同じように作用します。

実際、まさにこれと同じことがキャンディに起こりました。彼女がリストを完成させた数日後、長い間の愛人のひとりである妻帯者のハルから、キャンディに電話がありました。彼はこの数年、彼女がときどき会っていた男性です。彼は、「セックスが目的ではなく、旧交を温めるため」彼女に会いたいと言ってきました。さびしかったし退屈もしていたので、キャンディは会うことにしました。親しく夕食をとるという考えは、彼女にとって楽しげに聞こえましたが、そのとき自分が本当に望んでいたのは、将来を約束した関係であるということを彼女は認めませんでした。その晩、彼が妻との問題について長々と語るのを聴き、怒りに燃えた彼女は、またも自己破壊的パターンにはまったことを悟ったのです。

この傾向に対処する方法のひとつは、誘惑に負けてしまいそうにさせる思考を書き出すことです。

次に、自分に何を言い聞かせているかをよく考え、誘惑に抵抗するためにこうした思考にどう反論するかを考えます。私は、その次のセッションで、キャンディにそうした観点から日常気分記録表を使うよう、強く勧めました。表14-2にあるように、「動揺した出来事」の記述欄に彼女は、「ハルから電話があり、『友人』として一緒に食事したいと言ってきた」と書きました。「感情」の項目には、さびしかったこと、心がそそられたことを書き、次に自動思考を書いてそれに反論しました。

奇妙なことに、自己破壊的な行動をとる人の自動思考には、67ページの表4-3に挙げたのと同じ歪みが数多く含まれています。しかし、歪みはネガティブではなく、ポジティブなものとなります。共通する歪みのひとつが、「感情的決めつけ」です。キャンディは、ハルに会いたい気持ちがこれほど強いのであれば、それは多分良いことなのだ、と決めつけています。もうひとつの歪みは、「先読みの誤り」です。彼女は、ハルに会うのはすてきなことと先読みしていて、動揺するかもしれないという、実際にあり得ることを無視しています。三つ目の歪みは、「拡大視」と「過小評価」です。彼女は、ハルに会うことのポジティブな面を拡大視し、起こり得る問題を過小評価しています。これは、とても歪んだ状態像をつくり出します。キャンディは、もはや自己破壊的な行動のネガティブな結末を思い描かないため、自分の行為がきわめて筋の通った論理的なものに見え始めます。

悪魔の代弁者技法は、破壊的な誘惑と戦うために用いることのできる、もうひとつの強力な手段です。今とてもさびしい思いをしているあなたが、気さくで刺激的な妻帯者から、友だちとして話をす

表 14 - 2　日常気分記録表*

動揺した出来事：ハルから電話があり、「友人」として一緒に食事したいと言ってきた。

ネガティブな感情：あなたの感情を、0（ほとんどない）から 100（大いにある）までの評価点とともに記録します。「感情」には、悲しい、不安、怒り、罪悪感、孤独感、絶望感、いらだち、などがあります。

感情の評価
（0 〜 100）

1. さびしい	90%	3.		5.	
2. そそられる	90%	4.		6.	

自動思考 ネガティブな思考を書き、順に番号をふります。	**歪　み** 自動思考のそれぞれにある歪みを特定します。	**合理的反応** より現実に合ったポジティブな思考に置き換えます。
1. ああ、私は本当に彼のことが好き。彼に会いたい。	1. 感情的決めつけ	1. ハルに会っても同じことの繰り返し。実際には何も変わらない。
2. 彼は奥さんと別れる決心をつけるために、私と会う必要がある。もう一度私たちの関係に賭けてみよう。状況が変わるかもしれない。	2. 先読みの誤り	2. 彼とつきあってもう 4 年になるのに、いまだに奥さんと別れる決心がついていない！　このまま会い続けても、彼の思い通りのままなのだから、別れるはずがない。
3. でもすごくさびしい。それに、彼に本当に会いたい。	3. 感情的決めつけ	3. 彼に会ってもまださびしいだろう。長い目で見れば、私の気分は悪くなるだけだ。

再検討の結果：「合理的反応」を再び読んだ後の今の気持ちを選んでチェックしてください。
☐ まったく良くならない。☐ 少し良くなった。☐ かなり良くなった。
☑ とても良くなった。

るだけだから、一緒に一杯飲もうと誘われたとします。心の奥底では、友情以上のものを互いに感じているこことをあなたは知っています。さて、そこで賢く説得力のあるセールスマンが、彼と出かけるよう一生懸命あなたを説得している場面を想像してみてください。あなたはセールスマンの主張を論破できるでしょうか。私は面接室で、キャンディを前に悪魔の代弁者を演じてみました。あなたには、この役を楽しみながら演じてくれる友だちがいるかもしれません。もしいなければ、以下にあるような対話を紙に書いてみてください。悪魔の代弁者役の私は、ハルとのデートを承諾するよう、懸命にキャンディを説得しました。

デビッド（悪魔の代弁者の役）：キャンディ、君は、本当は妻帯者との情事をやめたくないんだよ。誰も傷つけていないじゃないか。今夜ハルに会うことがどんなにすてきなことか、考えてごらんよ。

キャンディ：そうね、ハルに会うのはすてきなことでしょうね。でも代償もあるのよ。私は自分を傷つけるかもしれない。

デビッド（悪魔の代弁者の役）：そう深刻に考えることじゃないさ！　さあ、元気を出して。で、代償って何のこと？

キャンディ：罪責感と不快感よ。

デビッド（悪魔の代弁者の役）：罪責感には、バーンズ先生から教わった認知療法の技法で対処できる。罪責感なんて、ただの不必要な感情にすぎないさ。罪の意識を感じる理由は何もないじゃないか。君は今さびしい。それに、これから何をしようと君の勝手だ。それに……。

キャンディ：誰と寝ようと私の勝手かもしれない。でも、妻帯者とデートすることが私にとって得策かどうか、自分でもわからないのよ。確かにさびしいかもしれない。でも待っていれば、本当に親しくなれる人と出会えるかもしれないでしょう？

デビッド（悪魔の代弁者の役）：さて、どうかな。結婚相手にふさわしい独身男性が見つかるまでには、長い時間がかかるよ。今晩ハルと会うことで君が失うものは何もない。それに楽しいことでもあるじゃないか。たまには息抜きが必要だよ。

キャンディ：それはちょうどアルコール依存症の人に、一杯ぐらい大丈夫と言うのと同じよ。一杯が二杯になり……。私が今取り組んでいるのは、自分のパターンを変えることなの。今はそのパターンを変えるチャンスなのよ。もしハルに「今晩は無理」と言えば、それができるから。

対話が進むにつれ、私はさらに努力してキャンディを誘惑しようと説得を続けました。彼女がどれほど退屈していて満足感が得られていないかを指摘し、また一から新たにデートを始めることがいかに難しいかを強調し、もしかするとハルが奥さんと別れてキャンディと結婚するかもしれないことをほのめかしました。あなたが、悪魔の代弁者技法を紙に書いて行う場合は、自分自身を誘惑に負かすように、極力努力しなければなりません。こうすることで、誘惑を感じたときに自分の心が仕掛けてくる小さな罠のすべてにあなたを慣れさせ、誘惑への抵抗を容易にするのです。

もちろん、男性も誘惑に免疫があるわけではありません。アーニーは、三十五歳の弁護士で離婚歴がある独身男性です。当初彼は、過去におかした無分別な性的行為への羞恥心を治療するために、私のもとを訪れました。若い頃、彼は見境のない性生活に明け暮れ、数人の私生児をもうけました。何年かあとになっても、彼は自分を責め続け、強い罪責感と不安の発作に苦しんでいました。最も恥ずべき思い出のひとつが、ロースクール時代の親友の妻とセックスしたことでした。その後アーニーはこのことを恥じ、親友を裏切った自分を嫌悪しました。その親友が夫婦生活に自信をなくしたこと、抑うつ状態になりがちになったことなどが、アーニーを余計に苦しめました。親友が自殺したり、夫婦生活が破綻したりして、自分がその責めを負うことになるのでは、と心配していたのです。アーニーが私のところへ治療に訪れる少し前、その友人は突然の心臓発作で亡くなりました。アーニーは悲しみに暮れました。そして彼は、再び友人の妻と性的関係をもつのではないかと心配したのです。彼女は薬物依存に悩み、抑うつ状態に陥りがちでした。そして、落ち込むと彼に電話をかけてきて、話がしたいとせがむのです。彼には彼女への本当の愛情はなく、真剣なつきあいを望んでもいませんでした。もし自分の性的衝動に身を任せてしまえば、互いに苦痛を伴う結果が待っていると彼は感じていました。

ある晩彼女から電話があり、アパートに来てほしいとせがまれた彼は、状況が手に負えなくなった場合に備え、九歳になる姪を連れて行きました。アーニーは、彼女と話していて激しい衝動にかられました。彼女は彼を寝室へと誘い、結局二人は姪を居間で遊ばせておいて、ベッドの上でキスや愛撫を交わし始めました。完全に裸になる前になんとか彼女から離れることができた彼は、パニックと自己嫌悪に圧倒されて次のセッションに現れました。こんな状態で誘惑に負け続けていると、最後にはまた彼女とセックスをするのではないかと彼は心配していました。

私は、彼女のアパートを訪ねているところを想像するようアーニーに言いました。そして、胸の開いた挑発的なドレスを着た彼女が、エロティックな誘惑する声で彼に語りかけているところを想像してもらいました。この場面を想像しながら、アーニーは性的に興奮し始めました。次に私は、表14-3にあるように、日常気分記録表に自動思考を書き出すよう指示しました。ご覧のように、アーニーは彼女の乳房を想像し、衣服を脱がせてセックスをしたらどれだけ興奮するだろう、などと状況のポジティブな面ばかりに焦点を当て、そのあと感じるであろう罪の意識や恥辱、彼女の依存症の悪化、彼らの家族への有害な影響などのネガティブな面を無視しています。自動思考を書き出しそれに反論

表14-3 日常気分記録表*

動揺した出来事：亡くなった親友の妻と二人だけになったこと。

ネガティブな感情：あなたの感情を、0（ほとんどない）から100（大いにある）までの評価点とともに記録します。「感情」には、悲しい、不安、怒り、罪悪感、孤独感、絶望感、いらだち、などがあります。

感情の評価 (0～100)					
1. 興奮	99%	3. 力不足でダメな感じ	99%	5.	
2. そそられる	99%	4.		6.	

自動思考 ネガティブな思考を書き、順に番号をふります。	**歪　み** 自動思考のそれぞれにある歪みを特定します。	**合理的反応** より現実に合ったポジティブな思考に置き換えます。
1. 彼女はいい尻をしている。	1. 心のフィルター	1. 他の女性もしかり。
2. 彼女はセックスがうまい！	2. 心のフィルター、拡大視	2. 私がデートするかもしれない他の多くの女性もしかり。
3. 興奮してくると抑えられない。	3. 感情的決めつけ	3. その気になれば抑えられる。
4. 罪の意識はあとで心配すればいい。	4. 先読みの誤り	4. この前彼女と寝たときは、何年も罪の意識を持ち続けた。それだけの価値はない。
5. 性的に満足できるだろう。	5. 感情的決めつけ	5. 満足できる可能性はあるが、ひどい経験になる可能性もある。

再検討の結果：「合理的反応」を再び読んだ後の今の気持ちを選んでチェックしてください。
□ まったく良くならない。☑ 少し良くなった。□ かなり良くなった。
□ とても良くなった。

することは、物事をもう少し現実的にとらえ、彼女と性的関係をもつことへの衝動を抑えるのに役立ちました。

もちろん、キャンディとアーニーは、私たちと同様（ではないでしょうか）、生涯を通していろいろな誘惑への抵抗に取り組まなければならないでしょう。性的誘惑のみならず、喫煙、過剰飲酒、過食、仕事上のごまかし、カンニングなど、誘惑は数多くあります。理にかなった意思決定、悪魔の代弁者技法、日常気分記録表などの技法に、私は興奮を覚えます。それは、それらが道徳的革命をもたらすからではなく、こうした問題を理解しそれに対処するための体系的な方法を提供してくれるからです。私が提起しているのは、不道徳で自己破壊的な行動は、認知の歪みと精神盲（サイキック・ブラインドネス）に部分的な原因があるという可能性です。しかし、自らを過小評価し、欠点や失敗に過剰な注意を向けさせるうつ病とは違って、不道徳な行為の原因の一部は、その反対の傾向にあるかもしれません。つまり、ある状況のポジティブな面にのみ注目し、その行為が自分や他人に及ぼすネガティブな影響には目を向けないということです。「悪いこと」よりもむしろ「見えていないこと（ブラインドネス）」が問題の根源とみなされるという点で、これは人間性における許しのモデルなのでしょう。

これをもって私は、身勝手な動機や不道徳は存在しない、と言っているのではありません。しかしながら、こうした概念に伴う困難さは、それらが感情的に色づけされ、断定的なものとなる点にあります。私たちがこの見地に立ち自分や他人を考えることは、個人の欠点を認識し受け入れることを難しくしかねません。対照的に、私たちを道徳的基準から逸脱させる原因となる屈折し歪んだ思考プロセスを理解することは、私たちが人生のネガティブな面と対峙するときの恐れをいくぶん和らげ、弱点を受け入れ、成長するための勇気をもたらしてくれるのです。

付　録

付録A セルフ・ヘルプ用紙の解説

本書で紹介されたセルフ・ヘルプ用紙のうち、最も有用な五種類を、その使用方法の説明とともに以下に記載しました。各用紙を実際に用いた例は、本書の以下のページを参照してください。

1. 日常気分記録表：62、104、127、210、244、259、268、302、305、307、311、334、356、362、366、368、392、397の各ページ。
2. 満足度予想表：48ページ。
3. メリット・デメリット分析：75、83、85、111、133、157、247、271の各ページ。
4. コミュニケーション方法修正表：175ページ。
5. パートナーに求める資質：249ページ。

1. 日常気分記録表

目的：この表は、孤独感、抑うつ、怒り、内気さ、罪責感、いらだち、不安、恐れなどの苦痛を伴う感情の克服に役立てるためのものです。

方法：基本的に以下の四段階があります。

1. **動揺した出来事を記述します。** 表の上段に、あなたを悩ます状況や問題を簡単に記述してください。例としては、仕事が終わって誰もいない家に帰ること、友人との論争、大切に思う人から拒絶されたこと、などが挙げられます。

2. **ネガティブな感情を特定します。** ネガティブな感情を記入し、それを0（最も動揺させない）から100（最も動揺させる）までの点数で評価します。

3. **思考を変えます。** あなたの感情に関連するネガティブな思考に波長を合わせ、順に番号をふって「自動思考」の欄に記入していきます。こうした自動思考をどのくらい信じているかを、0（ほとんど信じていない）から100（大いに信じている）までの点数で評価し、記入します。中央の欄には、「認知の歪みチェックリスト」を参照して自動思考にひそむ歪みを特定し、書き込みます。「合理的反応」の欄には、自動思考をよりポジティブで現実的な思考に置き換え、記入してください。合理的反応の各項目がどの程度信じられるかを、0から100の点数で評価して記入します。最後に、自動思考の各項目を今どの程度信じられるか、0から100の点数でもう一度評価します。

4. **再検討の結果。** 用紙下段の「再検討の結果」には、今の気持ちに該当する項目にチェックを入れます。

うまくいかない場合：日常気分記録表を使っていても、いやな気分がなかなか晴れないときは、以下を自問してみてください。

1. あなたは今感じている怒り、罪責感、不安などを、本当に消し去りたいと望んでいますか？もしあなたが動揺した気持ちになりたいと望んでいるなら、いやな気分を消し去ることは非常に難しいかもしれません。これは特に、怒りを感じている人に当てはまります。なぜなら、そうした人の中には、敵意と復讐心に過度にとらわれ、ネガティブな感情を手放したくない場合があるからです。この点が不確かで混乱を感じたときには、そうした感情をもつことのメリッ

日常気分記録表*

動揺した出来事：

ネガティブな感情：あなたの感情を、0（ほとんどない）から100（大いにある）までの評価点とともに記録します。「感情」には、悲しい、不安、怒り、罪悪感、孤独感、絶望感、いらだち、などがあります。

感情の評価
（0～100）

1.	3.	5.
2.	4.	6.

自動思考 ネガティブな思考を書き、順に番号をふります。	**歪　み** 自動思考のそれぞれにある歪みを特定します。	**合理的反応** より現実に合ったポジティブな思考に置き換えます。

再検討の結果：「合理的反応」を再び読んだ後の今の気持ちを選んでチェックしてください。
□ まったく良くならない。□ 少し良くなった。□ かなり良くなった。
□とても良くなった。

認知の歪みチェックリスト*

1. **全か無か思考**：物事を黒か白かの絶対的な二分法で見ている。
2. **一般化のしすぎ**：あるひとつのネガティブな出来事を、永遠に終わることのない失敗の繰り返しとみなしている。
3. **心のフィルター**：ネガティブなことばかりくよくよと考えて、ポジティブなことを無視している。
4. **マイナス化思考**：自分の業績やポジティブな資質は「たいしたことではない」と主張する。
5. **結論への飛躍**：（A）心の読みすぎ：証拠もないのに、人々が自分に対してネガティブな反応をすると決めてかかっている。（B）先読みの誤り：物事は悪い方へ向かうと根拠なく予測している。
6. **拡大解釈または過小評価**：度を超えて物事を誇張したり、重要性を不適切なほどに過小評価したりする。
7. **感情的決めつけ**：自分の感じ方から物事を説明する。「自分はバカみたいだなと感じるから、きっとバカに違いない」あるいは「やる気が出ないから、後回しにしよう」など。
8. **「すべき」思考**：「すべき」、「すべきではない」、「しなければならない」などの言葉で、自分や他の人々を批判する。
9. **レッテル貼り**：自分の欠点と自分を同一視する。「私は間違った」と言う代わりに、「私は間抜けだ」あるいは「バカ」、「敗者」などのレッテルを自分に貼ってしまう。
10. **自己関連づけと非難**：自分にすべての責任があるわけではない出来事で自分を責める。あるいは、問題にかかわった可能性のある自分の態度や行動をかえりみずに他の人々を非難する。

ト・デメリット分析を試してください。いやな気分をもつことがどのような得になるのか、またどのような損をもたらすのでしょうか。ときには、ネガティブな感情が健全で適切なこともあります。この場合、それをより効果的に表出する方法を探るほうが、日常気分記録表を使ってそうした感情を消し去ろうと努力するよりも良い場合があるかもしれません。

2.「自動思考」の欄には、動揺した状況あるいはそれに関するネガティブな感情などを書き込まないでください。「ジョンに振られた」あるいは「傷ついた」などは「自動思考」の欄ではなく「動揺した出来事」の欄に記入します。実際に起きた出来事や感情は事実であり、その偽りを証明することはできません。偽りを証明できるのは、あなたを動揺させる不合理な思考だけです。

3.「認知の歪みチェックリスト」を参考にして、「自動思考」にひそむ歪みを特定しましたか？

4.「合理的反応」は、説得力や妥当性があり、本当に信じられるものですか？「合理的反応」は、「正当化」と同じではないことを忘れないでください。「正当化」はごまかしであり、自己防衛的な説明です。あなたの気分改善に役立つものではありません。なぜなら、真実を反映していないからです。「合理的反応」は、現実に合った正直な説明です。それは、より思いやりのある客観的な視点に立ち、あなたを苦しめる状況をとらえることに役立ちます。

5.「合理的反応」は、あなたがもつすべてのネガティブな思考が偽りであることを確実に証明していますか？　すべての「自動思考」について納得できる反論を見つけなければ、あなたの気分は良くならないでしょう。いまだに信じている「自動思考」が、ひとつかふたつでも残っているかぎり、気分はすぐれないままかもしれません。反論が難しい「自動思考」については、セラピストまたは友人の手助けが役立つ場合があります。数日置くことも、ときには有効でしょう。多くの患者さんが、一、二週間たってからもう一度ネガティブな思考を検討したときに、以前まったく妥当と思えた思考の不合理さが理解でき、驚いたと言います。

6. あなたを動揺させる思考で、まだ特定されず、日常気分記録表にも書かれていないものはありませんか？　自覚している意識にまだ表れていない何かが、あなたを悩ませているかもしれません。最近、関与したさまざまな活動、そして出会った人々をもう一度思い返してみると、あなたの動揺の原因が見つかることがあります。この技法の詳細に興味ある読者には、David D. Burns's *Feeling Good: the New Mood Therapy* (Williams Morrow' Company, 1980; New American Library, 1981)（邦題：『いやな気分よさようなら―自分で学ぶ「抑うつ」克服法』）の参照をお勧めします。

2．満足度予想表

目的：満足度予想表は、まずひとつ目として、やりがいのありそうな活動に独創的、生産的に関与できるよう支援することを目的としています。ふたつ目に、「ひとりでいるとみじめになる」あるいは「本当の幸せは誰かと一緒のときにしか味わえない」などの信念を検証することで、独立心と自立心の発達を促すことを目的としています。

方法：「活動の内容」には、満足感、学習、自己改善、自己成長などが見込める活動を計画して記入します。気分が落ち込んでいて、やりがいのありそうな活動などを思いつかないときは、かつて行い楽しかった活動を参考に書き入れてください。今ではもはや満足感は得られないだろうと思われてもかまいません。ひとりでできる活動（ジョギングや読書など）と、友人と行う活動の両方を計画します。「一緒に行う人」の欄には、それぞれの活動を一緒に行う人を書き入れます。ひとりで行う場合、「ひとりで」とは書かず「自分と」と書きます。自分自身を仲間あるいは友人と考えることで、あなたは孤独感をもつ必要がまったくないことを思い出せるでしょう。

三番目の欄には、各項目の活動で予想される満足度を、0（ほとんど満足感が得られない）から100（大

満足度予想表*

活動の内容 喜び、学習、自己成長の可能性がある活動予定を記入してください。	一緒に行う人 ひとりで行うときは「自分と」と記入してください。	満足度 （予想）それぞれの活動の前に0～100％で記入してください。	 （実際）それぞれの活動の後に0～100％で記入してください。

いに満足が得られる）の点数で記入します。各活動の満足度予想は、必ず事前に書き込んでください。そして、四番目の欄には、実際にどれほどの満足度がそれぞれの活動後に得られたかを、同じく0から100の評価点数で記入します。

満足度予想表を数日間使った後、それぞれの活動が実際にどの程度楽しく満足のいくものであったかを、実際の満足度をもとに検証します。これによって、どんな活動が最も満足度が高く、また低いかを知ることができます。日常的に行っている、例えばテレビを見る、食べすぎるなどの多くの活動はあまりやりがいがなく、通常は避けるであろう机の上の整理あるいは運動などが、予想に反してとてもやりがいのある活動であることが示されるかもしれません。同じように、デートや友だちづきあい、家族の集まりなど、楽しいであろうと考える特定の活動が、予想していたほど楽しくなかったこともあるかもしれません。

ひとりでいるときも友人や恋人といるときと同じくらい幸せな気分になれるという発見は、大きな自信をあなたにもたらし、幸せは他人との愛情関係なしには成り立たないという信念の克服を支えてくれます。逆説的に、自信をもつには必ずしも他人を「必要」とはしないことを理解したときに生まれる自尊心は、対人関係の改善をもたらすことがあります。なぜなら、相手に与えることのできるものが自分にはより多くあること、そして、死に物狂いになって相手を求めたり、拒絶を心配したりしなくてもよいからです。

3. メリット・デメリット分析

目的：自虐的な態度や感情あるいは行動などを、その長所と短所を比較することで変化させることに役立てます。

1. 自虐的な態度を変える

用紙の最上段に、あなたが変えたいと望む態度を書き入れます。例えば、以下のような態度が含まれます。

- 愛してくれるパートナーが見つかるまでは、私は幸せになれないし、生きがいを感じられない。
- ひとりでいるなんて異常だ。
- ひとりきりでいるということは、私にはどこか悪いところがあるということだ。
- 完全ではない相手（あるいはあまり刺激的ではない相手）とは、デートする意味がない。
- 自分よりも知的な（人気がある、魅力的な、才能ある、お金がある、など）人と比較して、基本的に私は劣っている。

次に、こうした態度のメリットとデメリットをリストアップします。「この態度を信じることがどのように自分の役に立つのか？　そしてどのように自分を傷つけるのか？」と自問してください。「愛してくれるパートナーが見つかるまでは、私は幸せになれないし、生きがいを感じられない」という態度を信じることのメリットには、一生懸命相手を探すため、相手が見つかったときはとてもやりがいを感じることなどが含まれるでしょう。デメリットには、ひとりぼっちのとき、あるいは拒絶されたときに、みじめな気分になること、そして自尊心が他人に支配されてしまうことなどが挙げられるでしょう。重要な点は、幸福と生きがいを感じるには恋人が必要と信じることのメリットとデメリットを挙げることです。パートナーあるいは恋人をもつことのメリットとデメリットではありません。メリットの欄に、「愛する人を見つける」と書くことも適切ではありません。「パートナーが必要」という思い込みが、魔法のように愛する人をあなたに引き合わせるものではないからです。実際のところ、事実はその反対です。恋人が見つからないと幸せにはなれないとの思い込みは、恋人探しを困難にする可能性があります。

特定の信念や態度のメリットとデメリットのリストを作成したら、それぞれの欄を比較して、100点満点で評価します。点数は、用紙下段の丸印の中に記入してください。その信念のメリットがかなり

メリット・デメリット分析*

私が変えたい態度または信念：

これを信じることのメリット	これを信じることのデメリット
○	○

修正後の態度：

*Copyright © 1984 David D. Burns, M. D., from Intimate Connections (New York: William Morrow & Company).

大きい場合は、70対30と記入してもよいでしょう。メリットがわずかに上回るのであれば、60対40になるかもしれません。もしもデメリットの点数がメリットを上回るのであれば、そうした考えをもつことが、あなたにとって得にはならないことを示しています。それがあなたの得になるよう、現実に合わせてその態度を修正し、修正後の態度を用紙下段に書き入れます。「修正後の態度」の例としては、「愛するパートナーが欲しいと思うのはよいこと。そして、パートナーは人生を豊かにしてくれるかもしれない。でも、幸福感と生きがいをもつために、パートナーが必要なのではない」のようになるでしょう。

2. 自虐的な感情を変える

あなたが修正したい感情の中には、孤独感、怒り、恨み、悲しみ、憂うつ、罪責感、恥辱感、敵意、心配、恐れ、嫉妬、いらだち、などが含まれるでしょう。用紙の最上段にあなたが変えたいと望む感情を書き入れます。次に、この感情をもつことのメリットとデメリットをそれぞれリストアップしてください。予定されているデートや試験が心配ならば、その心配があなたにとってどのようなメリットがあるかを考えます。次に、その心配があなたにどのような悪影響を及ぼすかを考えてください。なかには、心配していたほうがより多く努力するし、良い仕事ができると考える人がいます。その一方で、過度に心配すると、リラックスしているときほど良い仕事はできないと考える人もいます。

メリット・デメリット分析*

私が変えたい感情：

この感情をもつことのメリット	この感情をもつことのデメリット
○	○

*Copyright © 1984 David D. Burns, M. D., from Intimate Connections (New York: William Morrow & Company).

特定の感情をもつことのメリットとデメリットをリストアップし終えたら、前述したように、メリット、デメリットの両方を比較して、100点満点で評価します。もしデメリットが大きければ、日常気分記録表を使い、その感情を変えるよう試みてください。もしメリットのほうが大きければ、そのネガティブな感情は健全で適切な可能性があります。その場合、そうした感情を、生産的、効果的に表出する方法を考えることが望ましいでしょう。

3. 自虐的な行動を変える

用紙の上段にあなたが変えたい行動を記入します。変えたいと望む行動の中には、あなたを利用していることがわかっている相手と寝てしまう、いつもぎりぎりになってから申し込んでくるデートを受け入れてしまう、妻帯者と不倫関係を結んでしまう、内気で自信がもてないためにデートに誘うことを避けてしまう、さびしいときに過食してしまう、自己破壊的な性的衝動に負けてしまう、などが含まれるでしょう。

それぞれの欄にこの行動のメリットとデメリットをリストアップしてください。「この行動をとることはどのように自分の役に立つのか？　そして、どのように自分を傷つけるのか？」と自問してください。他人や自分にどのようなポジティブあるいはネガティブな影響が及ぶのかを考えます。短期的な影響のみならず、長期的な影響も忘れずに考慮します。綿密に考え、自分に正直に向き合ってく

メリット・デメリット分析*

私が変えたい行動：

この行動のメリット	この行動のデメリット
○	○

代替となる行動：

*Copyright © 1984 David D. Burns, M. D., from Intimate Connections (New York: William Morrow & Company).

ださい。主観的な感情と客観的な事実の両方を考慮に入れます。

代替となる活動や行動のメリットとデメリットをリストアップしておくことも有用かもしれません。例えば、妻帯者とのデート 対 独身者とのデートのメリット・デメリット分析を行うこともできます。いくつかの可能な選択肢を分析することが役立つ場合があります。

さまざまな行動のメリットとデメリットをリストに挙げたら、前述した通り、左右の項目を照らし合わせ、100点満点で評価します。

4. コミュニケーション方法修正表

目的：この技法は、他の人とのあいだでの困難な状況あるいは動揺させる状況で、あなたが新たなコミュニケーション方法を開発できるよう支援することを目的としています。問題となる事柄の代表的なものは、フラーティング、批判への対処、自分の感じていることをよりはっきりと率直に表明する、などです。

方法：「彼または彼女の言葉」と題された最初の欄には、相手の発した言葉を書き入れます。フラーティングの際にあなたが言われた言葉、あるいは誰かに言われたとげとげしい言葉でもよいでしょう。

中央の欄には、自分が相手に発した言葉を書き入れます。あなたは、ふくれっ面をして黙ってしまったかもしれません。自己防衛的になったり、言い争いになってしまったかもしれません。なぜあなたの返答が効果的ではなかったのかを検証してみます。反論したり、自己防衛的になったりした結果、喧嘩や腹立たしい議論になったかもしれません。自分の返答がなぜ効果的ではなかったのか、その理由が不確かな場合、友人あるいはカウンセラーに助言を求めます。

最後の「修正後の返答」欄には、より効果的な返答を書き入れます。こうすれば違う方法で状況に対処できたかもしれない、という視点で考えてください。一般に、右の欄に記入された効果的な返答には、次のページに示す「効果的なコミュニケーションの6原則」が含まれます。「修正後の返答」に記入するより良い反応を考えつかないときは、二、三日あけて考え直すか、尊敬できる友人に助言を求めてください。あなたよりも経験豊富な知人の返答例をモデルにすることは、優れた学習方法となります。

コメント：効果的なコミュニケーションがとれない原因は、しばしばあなたが動揺していることにあります。怒り、罪責感、内気さ、緊張感などは、効果的なコミュニケーションをかなり難しくするかもしれません。動揺を感じているときには、日常気分記録表とメリット・デメリット分析、あるいはそのいずれかを使い、ネガティブな感情を低減させてください。よりリラックスできて自信がついてきたら、コミュニケーションはずっと効果的にとれるようになります。

効果的なコミュニケーションの６原則*

聞き取り技法		自己表現技法	
1. **共感**	相手の発言や感情に注意して耳を傾け、自分の発言にそれらを反映させて、思いやりのある、断定的ではない言葉で返します。	1. **相手を尊重し褒める**	熱い論戦の中でも、相手にはポジティブな配慮をもって接し、相手の思考、感情、アイデアなどに敬意を払います。
2. **武装解除技法**	相手の発言が、非論理的で歪んだ不公平なものに思えても、そこに何らかの真実を見出すよう努めます。	2. **適切な自己表現**	自分の思考や感情を、客観的、建設的に表現します。威圧的で、感情を刺激する言葉や暴言は避けます。
3. **質問技法**	相手の思考や感情をよりよく知るため、質問します。あいまいな批判や反論は、具体的な問題に変換して効果的に対処します。	3. **問題解決**	あらゆる「本当の」問題をブレーンストーミングを用いて分析し、いったん落ち着いてから、上述の技法を介して妥協の余地を探ります。

*David D. Burns, M. D., “Persuasion: The all-hits-no-misses way to get what you want,” Self (April 1981), pp.67-71. から引用改変。詳細は『いやな気分よ、さようなら―自分で学ぶ「抑うつ」克服法』第６章「ことばの柔道：批判を言い返すことを学ぶ」を参照してください。

コミュニケーション方法修正表*

彼または彼女の言葉	通常の返答	修正後の返答
この欄にはあなたを動揺させる相手側の発言を書き入れます。	この欄にはあなたの通常の返答を書き入れます。その返答がなぜ自己否定的なのかを指摘します。	この欄にはより効果的な返答の代替案を書き入れます。

5．パートナーに求める資質

目的：この用紙は、興味をひかれる相手をより現実的な視点から評価し、ひいてはふたつの罠にはまらないようにするためのものです。最初の罠は、相手の最も良い資質ばかりに目をとらわれて、彼または彼女の欠点を見逃してしまい、そのためにすべての点で完璧なまでにすばらしい人物と想像してしまうことです。ふたつ目の罠は、ひとつやふたつのネガティブな資質にとらわれ、彼または彼女は完全な負け犬と結論づけてしまうことです。

方法：「資質」と題された欄には、あなたがパートナーに求める二十の資質をリストアップします。例としては、人を惹きつける力、誠実さ、ユーモアの感覚、必要なときにそこにいてくれること、適切な年齢と人種、率直さ、知性、相性の良さ、価値観の共有、趣味の一致、などがあります。リストアップする順序は不同でかまいません。

二十の資質リストを完成させたら、用紙右上の番号を振った箇所に、あなたが知っている人あるいはデート相手の名を記入します。そして、資質の各項目に従ってそれぞれの人物を0（資質あるいは特徴の最低評価）から5（最高評価）までの尺度で評価し点数をつけてください。相手の資質をまだよく知らず、評価できない場合は、推測して記入します。その人物のことをよく知るようになってから、評価点は修正することができます。

二十項目すべての評価点を、用紙下段に人物ごとに合計して記入します。各項目の点数が0から5までの範囲にあるため、各人の合計点は0（彼または彼女が二十項目すべてで0点の評価）から100（二十項目すべてで5点評価）の間におさまるでしょう。

次に、以下を自問自答してください。

1. 0から100点の評価で、何点の相手となら一度デートしてみてもよいだろう？
（あなたの回答）
2. 何点の相手となら、二度以上デートしてもよいだろう？
（あなたの回答）
3. 何点の相手となら、恋人としてひとりに絞った定期的なつきあいをしてもよいだろう？
（あなたの回答）
4. 何点の相手となら、結婚してもよいだろう？
（あなたの回答）
5. 何点の相手となら、幸福と生きがいを感じられ、価値ある関係、満足のいく関係を築くことができるだろう？
（あなたの回答）

最初の四つは、有用な指針となる重要な質問です。あなたがパートナーに何を求めているのかを知ることで、相手をより客観的に評価することが可能になります。相手の評価点がどの程度か定まったら、彼または彼女とデートをまったくしないか、一度だけしてみるか、定期的にするかを決めることができます。五番目は「ひっかけ」の質問です。答えるのが難しかったであろうことを私は期待しています。あなたの自尊心または幸福の可能性をパートナーの評価とリンクさせたとしても、おそらくあなたにとってメリットはないでしょう。「普通」のパートナーと、とても幸福で満足な関係を築いている人はたくさんいます。一方、とてもすてきに見えるパートナーと、みじめで不幸せで不満足な関係を続けている人も数多くいます。結局のところ、自尊心と親密さの可能性は、パートナーとの関係にあなたがどれだけ努力を払う意志があるのか、どれだけの努力をもってパートナーとかかわっていくつもりがあるのかにかかっています。こうした必須の要素があれば、あなたはうまくいく、満足のできる関係に向かって進んでいくことでしょう。

パートナーに求める資質*

資質		私が出会った人あるいはデートした人 1. ______	2. ______	3. ______
1.				
2.				
3.				
4.				
5.				
6.				
7.				
8.				
9.				
10.				
11.				
12.				
13.				
14.				
15.				
16.				
17.				
18.				
19.				
20.				
	合計点			

付録B 劣等感を克服する

ここでは、認知療法の技法を、孤独感、劣等感、低い自尊心などの問題にどのように適用するかについて説明します。専門家そして関心のある専門外の読者を対象として、実地臨床における治療プロセスがどのようなものかを示すために、セラピー・セッションの録音テープから実際の対話をかなりの部分抜粋し記載しました。注意していただきたいのは、セラピストの治療スタイルは各人各様であるということです。たまたま私はユニークなスタイルを心がけています。そのため、私の治療スタイルの模倣は望ましいとは言えないでしょう。それぞれにとって、落ち着いてできる自然なやり方での認知療法技法の適用が望まれます。すぐれたセラピーには、「技法」と「思いやり」という、ふたつの構成要素が必要であることを忘れないでください。具体的な問題解決技法に共感とラポールを結びつけたとき、最良の結果が得られます。問題解決技法を重視しすぎると、セラピーは機械的、表面的な印象を与えてしまいます。共感と、苦痛を伴う感情の共有に重きを置きすぎると、セラピーの進行は過度に遅くなることがあり、患者さんの気分はさらに悪くなることがあります。技法と思いやりの巧みなバランスが、最も迅速な治療効果をもたらすでしょう。

ジャニスは、二十六歳の独身女性です。治療を始めたときの彼女は、ニューヨークの社会福祉事務所に事務職として勤務していました。子どものときから苦痛を伴う孤独感と劣等感に悩まされ続けてきた彼女は、自分は二流の人間と思い込んでいました。最初のセッションで、彼女は自らの感情について以下のように説明しました。「自分が灰色の雲で覆われているような気がします。もう陽の当たる場所に戻れるとは思えません。この十年から十五年のあいだ、毎晩ベッドの中で泣きながら眠りについてきました。人から好かれるような気がしません。私は洗練されていない不器用な人間です。パーティなどでは、なるべく目立たないようにしています。何か気の利いたことを言わなければと思うんですけど、言うことが見つからないんです。なんだかぼんやりしていて、どっちつかずの、優柔不断な、社会的適性を欠いた人間です。要するに、何の特徴もない二流の存在なんです」

ジャニスは、自分には欠けているものを他の人がもっていると思うことがよくありました。職場へ向かう道すがら、身なりの良い専門職や重役を見かけると、「あの人たちはビューティフル・ピープルで、重要な人たちだ。私には特別なものもなければ、個性的なものもない」と自分に言い聞かせていました。

自分と他人を比較し、負ける側に自分を置くというジャニスの残念な習癖は、抑うつ状態で孤独感に悩む人に共通してみられます。そうした人たちは、自分以外の人間のポジティブな資質には敏感ですが、誇りに思える資質を自分自身に見つけることはほとんどありません。自分は特に知的でもなければ、ウィットに富んでもいないし、才能にも成功にも無縁で、性的魅力に恵まれてもいないから、月並みで面白くない、ただの退屈な人間と思い込んでいる場合が多いのです。

ジャニスのことを知るにつれて、彼女の自己批判的な思考の残酷さが私を強く印象づけました。何をしていようとも、「まだ十分じゃない。他の人ならもっとうまくできただろう」といった内なる声が常に彼女を批判するのです。このことが、彼女のいらだちと劣等感の原因となっていました。彼女は、終日自分を動揺させるこうした思考の存在を知ってはいました。しかし、実際に周囲の人々が自分より聡明で才能があり、魅力的で社交的に洗練されているのだから、そうした思考は現実に合ったもの、と彼女は主張しました。自分を「月並み」ととらえていることが、「私は他の人よりも劣っている、気分が本当に変わるのを望むなんてバカげている」と結論づけさせたのです。彼女は、自分が基本的に二流の人間であることは動かしがたい真実、と思い込んでいました。

自分にどれほど不合理に厳しく当たっているのかをジャニスに示すため、私は二人で行うロールプレイを提案しました。私はその中で、卓越した才能をもつ学者であり優れたセラピストでもあるX博士と比べて「月並み」な精神科の個人開業医の役を演じました。ジャニスには、私の内なる批判的な声を演じるよう指示しました。彼女の役割は、ただの「月並み」であることを理由に、私に劣等感をもたせることにありました。私がこの珍しい治療手段を用いたのは、容赦ない自己批判から自尊心をどのようにして守るかを彼女に示すためでした。専門職の読者は、このセッションに歴史的な興味をもつかもしれません。というのも、ここで「声の外在化」と呼ばれる私の開発した新たな技法を、私自身初めて用いているからです。この強力な手法により、セラピストは、演劇的な技法を用いて患者さんの自己批判的な思考をしばしば非常に短時間で修正することができます。この手法は米国内で非常に多くのセラピストに受け入れられ、私の行う講義やワークショップでの実演は、かなり多くの関心を集めてきました。

以下の対話では、ジャニスと私が、彼女の心のふたつの部分を演じていることに注目してください。これは、困った相手に対する自己防衛方法を学ぶ「自己主張訓練」ではありません。「声の外在化」手法は、自分の心の中に潜在する批評家という、さらに過酷な敵への防衛方法を患者さんに示すものです。

ジャニス（内なる批評家の声の役）：X博士とあなたとでは比較になりません。

デビッド（自己防衛の役）：具体的にどの点で私は比べものにならないのですか？

ジャニス（内なる批評家として）：彼は技術的にずっと上だし、有能なセラピストです。文献における学術的貢献では、かなりの敬意を集めています。そのことで気分が悪くならないんですか？

デビッド（自己防衛役として）：いいえ、それは私の気分を良くしてくれます。なぜなら、私にもまだまだ成長する余地があることを示しているからです。私は医大生だった頃、自分が治療にたずさわった患者さんの30～40％しか改善させることができませんでした。自分のやっていることがほとんど理解できなかったんです。それ以降、私はたえず成長し、進歩し続けてきました。今その学習の流れが止まるという理由はどこにもありません。

ジャニス（内なる批評家として）：もしX博士が、あなたよりもかなり年上なら、その論点は私にも理解できます。そうですね、もし彼が三十歳年上というなら、彼とあなたを比べるのは合理的ではありませんよね。でも、あなたたちは同い年じゃないですか。彼のほうが明らかに頭が良く、業績もずっと多い。

デビッド（自己防衛役として）：彼はおそらく私よりもずっと知的でしょう。そして、たぐい稀なほど才能に恵まれたセラピストだと思います。しかし、そのために彼が私よりも優れた人間であるということをあなたは言いたいのですか？　それが理由で、私は彼よりも劣った人間になるのでしょうか?

ジャニス(内なる批評家として):事実を直視したらどうですか! 彼は重要な人なんです! あなたはそうじゃない!

デビッド(自己防衛役として):彼に備わっているものは重要です。あなたは、彼がもつものはすべて重要で、私には何もないと言いたいのですか?

ジャニス:あなたに備わったものなんて、たいして重要じゃありません。あなたはよくて月並みです。

デビッド:あなたは私の患者さんへの治療が不十分だと言いたいのですか?

ジャニス:月並みでまあまあの精神科医に満足していてはいけないことぐらい、ご存じでしょう。なんだかんだ言っても、多くの人があなたを頼りにしているんですよ。ごみ収集トラックの運転手のように、だらだらと過ごすわけにはいかないでしょう。

デビッド:ごみ収集トラック運転手のどこが悪いのかよくわかりませんね。しかし私の仕事は、かなりの教育訓練と努力を必要とします。そして、かなりの人数の患者さんの助けになっていますよ。

ジャニス:何人かの患者さんの手助けはしたでしょう。その人たちには比較する基準がないからです。でも、もしあなたの患者さんがX博士のところへ紹介されたら、「バーンズ先生がやぶ医者だってことが今になってわかった。X博士だと回復の早さが全然ちがう」と言うでしょうね。

デビッド：しかし、患者さんのほとんどは満足しているように見えますよ。治療目標は通常達成できているし、私が世界一偉大なセラピストかどうかは気にかけていないようです。そのことよりも、患者さんたちが気にしているのは、私が思いやりをもって接しているか、そして力になっているか、ということのようです。患者さんが期待しているのは、個人的な結果であって、「セラピストの世界チャンピオン」ではありません。

ジャニス：そうかもしれません。けれども、あなたの患者さんたちは、それ以上のことがわからないんですよ。私はただ、あなたがX博士ほど聡明ではなく、良い結果も出さず、業績もない、価値もないという客観的事実を強調しているんです。

デビッド：私がいつも良い結果を出すわけではないという意見には、確かに賛成です。それは、私の人生にとって最も有望な考えのひとつなんですよ。実際にそのおかげで、わずかな改善の余地が生じるからです。学ぶこと、それは最も大きな満足を与えてくれる源泉のひとつです。この先私が学習できるすべてのことについて考えてみてください！　考えただけでも、とてもわくわくしますよ！

ジャニス：わかりました。しかしあなたは、専門分野の同僚たちから尊敬されていないことが気にならないんですか？　あなたを愛してくれる誰かさんや、あなたに媚びへつらうとんでもない愚か者は、いつだって見つかるかもしれません。でも誰が本当にあなたを尊敬するんですか？

デビッド：あなたを除いて、誰が私のことを尊敬していないというんですか？

対話が進むにつれて、ジャニスが「月並み」であることを恐れていることが明らかになってきました。自分自身を尊敬するためには、ナンバーワンにならなければだめだと彼女は思っているようでした。私の戦略は、人生のひとつやふたつの分野で「月並み」であることはなんら問題ではないことを彼女に示すことでした。本当のところ、月並みなことがなぜそれほどひどいことなのでしょうか？　月並みであること、それは満足のいく仕事や興味深い活動を見つけることができない、あるいは誰からも愛されないし尊敬もされないことを意味するのでしょうか。もしそうであれば、私たちは全員運がないことになります。というのも、すべての人間そして宇宙に存在するすべての物体は、ほとんどの点で「月並み」だからです。太陽を例にとってみましょう。それは、途方もなく大量のエネルギーを何千年にわたり放出する巨大な星でありながら、他方ではただの「月並み」な星にすぎないのです。太陽が、「オリオン星座のベテルギウスは、自分よりも千六百倍も明るいし、体積は二千七百万倍も大きい！　これ以上光り輝くことに何か意味があるのだろうか。私はなんという劣った存在だ！」と愚痴を言うところを想像してみてください。
ジャニスは、自分が際立った存在でなければ、人々を失望させると考えていました。
ジャニス（自分自身）：私の心の中にいつも流れている言葉は、人々の期待とともに生きていかなければならない、というものです。最高得点の成績を取らないかぎり、意味はありません。そうでなければならないと期待されているのです。それ以外のことは重要ではありません。
デビッド：誰があなたにそう教えたのですか？
ジャニス：さあ、……それはわかりません。誰もそんなことは言っていないと思います。私の成長過程では、それが現実だったということです。家族の誰もがとても成功した人ばかりでした。私の祖母は有名な生物学者で、母は病院の管理者です。そして兄も非常に成功した外科医です。
デビッド：あなたを育てたのはそのおばあさんですか？
ジャニス：私を育ててくれた祖母は、とりたてて口うるさい人ではありませんでした。けれども、一番良い学校に入れるように、とか、それはそれは熱心に私たちの成功を望んでいました。

デビッド：なるほど。

ジャニス：そこには、並はずれて優れたことをしないかぎり、人から褒められることはない、という思いが込められていたんです。

私は、彼女がこの頃に自分は「劣っている」との信念を獲得したのではないかと思います。抑うつ、そして低い自尊感情に陥りやすい傾向の人の多くは、人々から受け入れられ価値ある人間になるためには成功が不可欠という考えのもとに育てられています。ありのままの自分では愛されることはない、愛情は努力して獲得しなければならないと感じているのです。要は成功すること、そうすれば多少の褒め言葉がもらえます。そして、もう少し成功すれば、さらに褒め言葉がもらえます。褒め言葉は気分を良くしてくれますが、ヘロイン中毒のように、ハイな気分を得るために最高の成績をとるか、昇格しなければならなくなります。ですから、業績を上げようとしてあなたは「ヘロイン」を打ち続けます。その間あなたは、固有の価値をもつ自分自身を経験する力を育てることがありません。あなたは自分を日用品のように扱い、自尊心を確保することは決してありません。なぜなら、失敗や皆の期待に沿えない危険性はいつもそこにあるからです。

自尊心は努力して獲得するものであり、常に自らの有能さを証明しなければならないという態度は、非常に大きな重圧をもたらします。対照的に、自分がどの程度成功していようが、自分を愛し受け入れることはできると決めたなら、もはや自分を他人と比べたり、自らの力を疑う必要もなくなります。自己批判の絶え間ない負担から、あなたは自由になります。

ジャニスは、こうした考えを簡単には受け入れませんでした。好ましく、愛される存在として十分な資質や価値など何も備えていないと言い張ったのです。自分を愛し受け入れるための基礎などない、と彼女は確信していました。以下の対話にそれが示されています。

ジャニス：私には並外れて良いところなどないと思います。というか、それなりに感じの良い人間だとは思います。身体的な不具合はありませんし、三、四キロ続けて歩くこともできます。とても月並みなことならできるのですが、「彼女とずっと一緒にいたい」と思わせるような人間ではないんです。自分に価値がある証拠なんて、私は見たことがありません。

デビッド：いや、証拠はないでしょう。どんなに成功したとしても、あなたは「まだ十分じゃない」とか「自分は好ましくない」と言うことができるからです。精神科医の例に戻りましょう。90%効果的な治療を行ったとしても、あなたは99%でないかぎり、他よりも劣ると非難することができるのです。自分に満足し、自分を愛し尊敬するためには、どれほど優れた業績を残さなければならないのでしょうか？　それに、自尊心はなぜそうまでして勝ち取らなければならないのでしょう。ただ単に自尊心はあると宣言し、頭の良さや成功しているかどうかに関係なく、あなた自身を受け入れてみることはできないのでしょうか？　最終的にこの決断を下す責任は、あなたにあります。

ジャニス：考えてみれば私……自分の人生を振り返ってみて、人から励まされたことが今までに一度でもあっただろうか、あるいは自分で自分を励ましたことがあっただろうかって思います。どんなにうまく何かをやり遂げたとしても、いつもまだ十分ではないように思えたんです。でも、人の意見に頼らないとしたら、どうやって自分の評価がわかるんですか？

デビッド：人々は、あなたの行動や言葉の妥当性、価値などを決めることはできます。でもそれは、あなたの人間としての価値を判断する権利を他人に与えることと同じではありません。あなたは、自分の自尊心を他人の言うがままにしておきたいのですか？　問題は、あなたが優秀か優秀でないか、ではありません。それは二極的な思考です。問題は、自分を愛し、受け入れる意欲があるかということです。「愛され、価値ある人間であるためには、何事においても非常に優れていなければならない」と信じることのメリットとデメリットをリストアップしてみてください。また、「価値ある人間であるためには、皆の承認がなければならない」と自分に言い聞かせることのメリットとデメリットを挙げてもよいでしょう。そして、「そう信じることが自分にとってどのように役立ち、どのように自分を傷つけるのか」という観点から評価を行ってください。

私は、ジャニスの劣等感が真実に基づくものではなく、「自分は十分に優秀ではない」と常に言い続ける悪い癖に基づくものであることを彼女に理解してもらいたかったのです。この問題を引き起こしていた思考の歪みは「全か無か」思考です。ジャニスは、「私が行うことは並外れていなければならない。そうでなければ、それは良いものではない」と考えていました。彼女の成し遂げたことが、ほぼ到達不可能な彼女の基準に達することはめったになく、彼女は常に自分を非難していました。私は、自宅でできる、この傾向を克服するための技法を彼女に提案しました。

デビッド：次のセッションまでに、ある練習をあなたにやっていただきます。思いつくかぎりのあらゆる資質について考えてください。男性らしさ、女性らしさ、知性、美しさ、空の青さなど、何でも結構です。そして、この宇宙に存在する人や物事が、全か無か思考によってすっきり定義づけられるかどうか、自問してください。例えば、何人かが「完全に賢い」人たちで、他の人たちは「完全に間抜け」かどうか。また、ある日の空は「完全に青く」、他の日は「完全に灰色」かどうか。では、私のこの面接室の壁は、完全に真っ白で清潔でしょうか、それとも完全に汚れていると思いますか？

ジャニス：汚れた白色です。

デビッド：ということは、すべて清潔なわけではないということですね。すべてが清潔なわけではないということが、この壁は完全に汚れているということを意味しますか？

ジャニス：いいえ、でも汚れがすべてを損ねるというか。……先生の言いたいことはわかります。

デビッド：損ねている度合いは相対的なものです。私は汚れが壁を損ねているとはまったく思いません。壁は三週間前に塗り替えたばかりです。では、どれだけ汚れていると言えるのでしょうか。私の言いたいことは理解してもらえたでしょうか。壁の上のごくわずかな汚れに気をとられるかどうかは、まったく恣意的なことです。この宇宙に存在する人や物事は、すべてあらゆる点で不完全ですから、あなたは不完全さとともに生きてゆく方法を学ぶしかありません。この世界に完璧は存在しないんです。いつも完璧でなければならない、優れていなければならない、と強く主張することが、「私は常に敗者」とあなたに考えさせる原因なのです。

ジャニス：はい。

デビッド：こだわりたければ、ブラシで磨いたあとの手術室の壁を調べ、ひび割れや汚れの断片が見つかったからと言って泣いて座り込むこともできるでしょう。しかし、それはきわめて身勝手なことです。わかっていただけましたか？

ジャニス：はい。

デビッド：この練習をやり終えたあと、全か無かのふたつに分類できることなどほとんどないと結論づけられたら、おおかたの物事は相対的であることが理解できるかもしれません。例えば、恣意的に知能指数レベルに境界線を設けでもしないかぎり、「知的な」人間あるいは「間抜けな」人間などは存在しないということがわかるかもしれません。では、「知的な」人間と「間抜けな」人間を分かつ境界線は、どこに引けばよいのでしょう。そんなことはバカげています。同じ理屈は、ルックスや才能などにも当てはまります。意味のある境界線が存在しないのなら、「劣った」人間なども存在しないことになるのです。この練習を次回のセッションまでにすませてください。そのあとで、心の中の批判的な声にどう反論できるのかを一緒に考えましょう。

ジャニス：はい、わかりました。今日のセッションはとても刺激的でした。問題を引き起こす原因は私の考え方にあるのかもしれないという気がしてきています。この劣等感がどこから来るのか、だんだんわかりかけてきました。

デビッド：いいですね。では、これがなぜ刺激的なのか教えてください。

ジャニス：この問題は私の人生に立ちはだかる大きな石のようなもので、今私はその石を動かそうとして、押しているところなんです。以前は、その大きな石を遠くからぼんやり眺め、避けていました。

デビッド：なるほど。今あなたは、人生におけるひとつの問題を定義づけし始めたのですね。この問題は、あなたが押し返している大きな石のように見えるということですね。それがなぜ刺激的なのですか？

ジャニス：刺激的でわくわくするのは、第一に、私たちが実際にその大きな石を発見したからなんです。そして、それに対し何らかの手が打てるという、希望に満ちた感情があるからです。

デビッド：あなたはもうすでに多くのことを成し遂げてきました。今度はその大きな石を打ち砕く方法を学ぶときかもしれません。

ジャニス：そうですね。これまでまったく知らなかったことを経験できるのは、勇気づけられるものです。

デビッド：その通りです。新しいものの見方を学ぶことで、あちこちぶつからなくてもすむんですから、盲点の存在を知ることは刺激的でわくわくするものですよね。

次のセッションで、ジャニスは気分がかなり改善したことを報告しました。実際、彼女の抑うつと劣等感は消失していました。彼女の説明では、全か無か思考ではこの世の中のことを描写できないことがわかったから、とのことでした。

ジャニス：私は、何事にも「緩和特性」があることを発見したんです。
デビッド：例をいくつか挙げて説明してくれますか？
ジャニス：そうですね、私はだらしのない人間だと自分に言い聞かせて、気分が落ち込んだとしましょう。そんなときこう自問するのです。「私はいつもだらしのない、でたらめな人間なのだろうか？　昨日私は、きちんとしたことや、整理したり、体系立ったことをしなかっただろうか？」って。
デビッド：そうです！
ジャニス：私は、いつもきちんとしているでしょうか？　いいえ、そんなことはありません。でも、そうである必要はないんです。
デビッド：いいでしょう。今日のあなたを見てください。どうです、きちんとしていますか、それともだらしないですか？
ジャニス：まあ、きちんとしているでしょうね。
デビッド：その通りです。着ているものはきちんとしているし、姿勢もきちんとしています。話すことも、髪形もきちんとしていますよ。私の髪を見てください。今日の風に吹かれてぼさぼさですよ。

ジャニス：でも、私は完全にきちんとしているわけではありません。なぜって……。
デビッド：そうなりたいわけでもないでしょう。
ジャニス：なぜって、床に書類カバンを広げてきてしまったからです。
デビッド：私だって、完全にきちんとしてはいませんよ。今行っている研究の大事なメモが見つからないんですから。私の秘書がもう何日もそれを探し出せずに苦労しているんです。どうやら、どこかへ置いてきてしまったようなんです。ほらね？
ジャニス：ええ。
デビッド：ということは、あなたは部分的にきちんとしているのであって、完全にきちんとしているわけではない、ということになります。では、結論はどうなりますか？ なぜこれが、あなたの気分改善の助けになるのでしょうか？
ジャニス：とても気分がいいんです。私は部分的にきちんとしている。それで十分です。完全である必要はありません。
デビッド：その通りです。さて、宿題では他にどのような資質を検討しましたか？
ジャニス：自分が好かれていたか、人生を楽しんでいたかなどの、いろいろなことです。
デビッド：それで、結果はどうなりましたか？
ジャニス：実質的には同じです。私は一部の人からは好かれていますが、すべての人から好かれてはいるわけではありません。部分的に人生を楽しんでいますが、それが、いつもずっとである必要はないんです。

デビッド：そのことが、あなたの感情にどんな影響を与えましたか？

ジャニス：二十数年間のうつがとうとう消えたことからもわかるように、感情がとてもポジティブになりました。

デビッド：将来、あなたが再び自分は劣っていると考え、一時的にうつ状態になったと仮定しましょう。そのときあなたは、どんなことを自分に伝えたいでしょうか？　あなたが学んだ、これから先ずっと覚えておきたいことは何ですか？　その新たな発見を、文章や短い言葉に凝縮するとどうなりますか？

ジャニス：過去の一定期間をさかのぼって調べ、物事ははっきりと白黒に分けられないことを自分に納得させます。今までに経験した、ポジティブで効果的なこと、有用で創造的なことを思い起こしてもいいでしょう。

デビッド：今あなたは、物事はすべて二分割できるわけではなく、どこかの中間に位置すると言っています。では、これがなぜ重要な情報なのですか？「だから私は平凡なんだ。いつもどっちつかず」と言うこともできますよ。私の言いたいことがおわかりでしょうか？世の中のことがすべて二分割できるわけではないと学んだことが、どのように役立つのでしょうか？

ジャニス：物事や人間が、完全にネガティブあるいは完全にポジティブと考える必要はありません。そしてそれは現実的でもないんです。いずれの評価も、行動の基準として堅固なものではありません。

ジャニスの外見と気分に生じた変化が急速であったため、私は「声の外在化」技法を用いて、彼女の自信が本物かどうかを確認することにしました。彼女が私を「月並み」な精神科医と攻撃した以前のセッションを、今度は役割を変更して再び行うことを彼女に伝えました。今回は、変化を経験する前の彼女の自己批判的な思考の役を私が担当し、新たな自尊心を彼女が本当に守れるかどうかを検証します。そのため、可能なかぎり苛酷に彼女を攻撃するつもりであることを説明しました。私が知りたかったのは、彼女が批判に耐えられず崩れてしまうかどうかでした。彼女が新たな洞察を効果的で強力な新しい人生観に本能レベルで統合し得たのか、あるいはただ不毛な知的分析に没頭しているだけなのかを、それは示すはずでした。

デビッド（ジャニスの内なる批判的な声の役）：あなたはいつもどっちつかずですね。それは、あなたがそもそも平凡で劣った人間であるということを意味しているのではないですか？

ジャニス（自己防衛役）：いいえ。この世界のあらゆる物事や人間は、寄せ集めなんです。ポジティブなものもあれば、ネガティブなものもあります。

デビッド（批判的な声の役）：それは、あなたをみじめな気持ちにするのに十分じゃありませんか？　宇宙全体が寄せ集めでできていると考えるなんて、天文学的なうつ状態になるような気がしますけどね。

ジャニス（自己防衛役）：宇宙は変化と刺激の源泉だということです。私たち全員が、白か黒かのいずれかのいでたちだとしたら、きっとかなり退屈でしょう。灰色の濃淡がないんですもの。

デビッド（批判的な声の役）：わかりました。でも自分自身の灰色について考えてみてください。あなたは自分がほとんどの点で平均的だと言いました。そして知性だけが平均よりもわずかに上とも言いましたね。ということは、本当に頭の良い知的な人たちと比べれば、あなたは劣っていることになりませんか？

ジャニス（自己防衛役）：ええ……多分。おそらくそれは、ある分野ではそうした人たちほど知的ではないけれど、その他の分野では長所となる資質をもっているという意味でしょう。

デビッド（批判的な声の役）：例えばどのような？　長所となるどんな資質をもっているのですか？

ジャニス（自己防衛役）：はっきりとはわかりません。

デビッド（批判的な声の役）：ほら、ごらんなさい。長所となる資質なんてあなたはもっていないんですよ。あなたは本当に劣っているんです！

ジャニス：それじゃあ……いいでしょう。私には他人に対して敏感で繊細なところがあると思います。これは、多くの人にはない資質です。

デビッド：でも多くの人があなたよりずっと敏感で繊細なんですよ！

ジャニス：ええ、でも知的な人たちの多くは、必ずしも敏感で繊細ではない。その逆もまた同様です。

デビッド：しかし、とても敏感で繊細で、しかも頭の良い人たちはたくさんいます。あなたはそういう人たちに比べれば劣っているんです！

ジャニス：私にはほかにも優れた資質があります。

デビッド：どんな？

ジャニス：美的感覚が鋭いし、料理も上手です。それに問題を分析する力もある。

デビッド：あなたがどんな資質や能力を挙げてみても、その点ではずっと上の人がいます。パリの有名なシェフや、プリンストン大学の優秀な分析家たちのことを考えてみてください。

ジャニス：ええ、そうした分野では、それぞれに私よりも優れた人がたくさんいます。だからどうだって言うんですか？

デビッド：すべての分野であなたよりも優れた人は、間違いなくいるんですよ。

ジャニス：間違いなくいるでしょうね。だからどうしたんです？

デビッド：だから、ちょっとそのことを考えてみてください。おそらくパリには、料理人でありながら、芸術家でもあり、知能指数は一五〇、そして感性豊かな人がいるでしょう。その人はあなたよりずっと先を行っているので、決して追いつくことはできないでしょう。

ジャニス：でも、私はその人になりたくはない。私が幸せになるのに、その人である必要はないんです。

デビッド：さて、それはとても興味深い主張ですね。しかし、私があなたに言いたいのは、あなたがそれほど多くの分野で他の人たちに劣るのであれば、月並みで不幸せな人生が待っているということなんです。しかしあなたは、他にもっと知的な人や腕の良い料理人がいたとしても幸せになれると言いたいんですね？　どうやって？　私にはあなたがどのように幸せになれるのかがわからないし、おまけに……。

ジャニス：私、今朝そのことについて考えました。それは、自分が気に入る基準を自分のためにつくり、それを守るということではないかと思います。幸せになるためには、コルドンブルーのシェフである必要はありません。

デビッド：なぜです？

ジャニス：そんな食事を毎日必要とはしないからです。自分が気に入る料理ができれば十分です。

デビッド：繁華街を歩けば、必ずすてきなスーツやドレスを身にまとった人々を目にします。そうした人たちを、われわれは「ビューティフル・ピープル」と呼びます。彼らを目にしたあなたは、自分がその一員ではないことを知ります。その時、自分がどれだけ劣った、不十分な人間であるかを思い起こすでしょう。それにどうやって耐えることができるのですか？　身分の低い、怠け者に甘んじるつもりですか？

ジャニス：そうですね、おそらく最初にそうした人たちについてたくさんのことを推測するでしょうね。私が十五メートル離れたところから見ている人に関しては、必ずしも……私にはその人の知能指数を正確に知ることはできません。その人の性格や、苦しみも。

デビッド：それを知ることはできないでしょう。しかし、そうした人たちのうち、男性の多くは年収十五万ドルの取締役連中だということを、あなたはよく知っているでしょう？　女性にしても、可愛くて、魅力的で、効率良く仕事をし、高給を取り、非常に責任の重い立場にある人もいます。そうした人々が少なくないことをあなたは知っている。リビエラへ頻繁に行き、世界を股にかけジェット機で会議に出席し……。

ジャニス：その通りです。

デビッド：そのことで自分が取り残されたような感じになることはありませんか？　そうした人々と比べて、自分がいかに敗者であることを意識しながら、どうして幸せになれるんですか？

ジャニス：実は、今まで自分の長所のひとつは順応性や柔軟性にあると思っていました。人類学を学んだので、国連での集中的でハイレベルな計画立案会議から、アリゾナ州の山中に住む小規模なアパッチ族に関する研究まで、幅広い経験を積みました。おそらく、同じことができる人はそう多くないと思います。

デビッド：しかし、人類学者や会議のオーガナイザーで、あなたより優れた人はいるでしょう。

ジャニス：そうですね。

デビッド：人類学の著書を出版する人が他にいるのに、どうして幸せでいられます？ そういえば私の同僚に、すでに何冊も人類学の本を書き、新たな学説を発表した学者がいますよ。彼は、あなたより数段上じゃないですか！

ジャニス：そうです。でもそれは、それぞれの分野での私自身の基準をどこに置くかにかかっているんです。今の私は、それがどのあたりかを見極めることができると思います。そして、基準を超えた対象と自分を比較しないようにしています。

デビッド：それじゃまるでダチョウじゃないですか。砂の中に頭を突っ込んで、重要なものはすべて見ないようにする。現実を無視することによって、幸せを見つけようとしているのですか？

ジャニス：誰の現実を無視するとおっしゃるんですか？

デビッド：宇宙の現実を、ですよ。つまり、あなたよりももっと優れた人類学者がいて、もっとすてきな服を来た人がいる。そしてあなたよりもたくさんお給料を稼ぎ、より多くの場所に旅行している人たちがいるという現実です。

ジャニス：その通りです。確かにそうした人たちは存在します。だからといって、私が不幸せになる必要はありません。

デビッド：なぜですか。そうした有能な人たちがすばらしい仕事をしているのに、どうしてあなたが幸せでいられるんですか？　基本的にあなたは、ただの無力で劣った人間です。自分だけのちっぽけな幸せの水たまりをもつことはできるでしょう。そして、あなただけの退屈な喜びにひたることはできるかもしれません。しかし、「ビューティフル・ピープル」が享受しているような恍惚感を味わうことは決してないでしょう。

ジャニス：それはどうでしょう。彼らにも何らかの欠点はあるんじゃないかしら。

デビッド：あなたは……彼らをけなそうとしているだけでしょう。そんなことをすれば、自分がどれだけ無能で嫉妬深いかがわかってしまいますよ。

ジャニス：ええと、もうあの人たちをけなす必要はないと思うんですよ。自分にとって幸せな人生を送るためのスキルと資質を十分以上にもっていますから。あなたが彗星にまたがって空高く飛んでいようが、何をしていようが、関係ないんです。今、自分のしていることに満足して幸せならばそれでいい。それが重要なことなんです！

デビッド：もう一度言ってください。

ジャニス：今、自分のしていることに満足して幸せならばそれでいい。それが重要なことなんです！

セッションのこの時点で、私はジャニスへの攻撃を諦めました。他人からの過剰な期待にもはや支配されておらず、自分には能力がないといった感情や、不公平に扱われているといった感情を引き起こす辛辣な自己批判にもはや脅かされてはいないことが明らかになったからです。彼女は自分と他人を比較しようとはせず、彼女自身の独自性に波長を合わせていました。自らの行為すべてを不適格と決めつけるのではなく、自分を正しく評価しつつ、人生を楽しむようになったのです。私たちはこの時点でロールプレイを中止し、彼女に芽生えた新たな感情を掘り下げることにしました。

デビッド：どのようにしてあなたは自分の行動に満足し、幸福感を見出せたのでしょう？　どのようにしてそこまで到達できたのですか？

ジャニス：そうですね、私、今の仕事をかなり効率的にこなしてきました。この数週間は、会議をいくつか準備し、複雑な議事日程をやりくりしてきたんですよ。信じられます？　それがとても楽しかったんです。自分の仕事について、「まだ不十分」とはもう思いません。仕事が楽しいんです。いつも自分をけなすことをやめれば、人生はとても面白いものなんですね。

デビッド：あなたは、以前の経験――アジアで行った仕事や、アリゾナでの研究などについてお話していましたね。

ジャニス：そうした経験の多くをかなり効率よく行えたのは、それが紙の上の仕事ではなく、人間を相手にした仕事だったからです。それぞれの仕事で現地の人々と良好な人間関係を築くことができました。そうしたことが、予期しない刺激的な経験になりました。

デビッド：あなたはとても珍しい経歴を積んできたのです。

ジャニス：とても多様性に富んでいるでしょうね。

デビッド：ある意味では、あなた自身が彗星のようなものだったのでしょう。自分が光り輝いていることを無視してきたんですよ。

ジャニス：彗星でも四葉のクローバーでも、どちらでもかまわないんです。それがどんなものか、外からわかる人なんていますか？　それがどんなものかは、私以外にわからないんですから。

デビッド：私は、あなた自身の内なる批判者の役割を懸命に演じてきました。今まであなたが自分に言ってきたようなことを、私の口からうまく言い表せたでしょうか？　ベストをつくしてあなたを傷つけようとしたんですが、まるで夏の暑い日にうるさいハエを追い払うかのように、あなたは中傷を払いのけ、静かに座っていた。そうですよね？

ジャニス：ええ。

デビッド：それができるということは、どんな感じがしますか？

ジャニス：主導権は私にある、という感じです。先生は、基本的にどんなネガティブな思考であれそれと対峙し、それを分析するよう教えてくださいました。私は自分に言っていることの評価方法を学びつつあるんです。今までになかったことで、とてもわくわくしていますよ！

内なる批判的な声に反論する方法を学ぶにつれて、ジャニスは自尊心の高まりを経験しました。彼女の劣等感は真実に根ざしたものではなく、「何をやっても十分じゃない。だから私には魅力がない」と絶え間なく繰り返される思考に基づくものでした。到達不可能な基準によって身動きがとれなくなっていたために、彼女はみじめな気分になっていました。自分の長所と短所をより現実に合った視点からとらえることで、満足感と幸福感を得るには並外れた人間である必要はないことに彼女は気づき、「劣った」人間などは存在しないこと、そして内面の安らぎと自尊心を得るにはありのままの自分で十分であることを発見したのです。

劣等感をもつ人の多くが、本当の幸せと価値ある自分を感じるためには、少なくとも何かひとつ飛び抜けて優れたものがなければならないと信じています。そんなことはありません！　何かで飛び抜けて優れていることが、幸せを保証するものではまったくないのです。世界中の偉大な芸術家、音楽家、科学者の多くが、私生活では抑うつや苦痛に悩まされてきました。対照的に、何百万という「普通」の人々が、すばらしく楽しい、冒険に満ちた人生を送っています。

なぜこのようなことが可能なのでしょうか？　私たちは、ある分野でただの「月並み」であっても、とても大きな満足をそこから引き出すことができます。卓球に興じ良いゲームをしたとき、私はいつもとても楽しくてうきうきします。ゲームを楽しむのに勝ち負けは関係ありません。実のところ、最も楽しいのは、相手にせり負けたときです。なぜなら、私より強い相手への挑戦が私を限界まで引き上げ、上達する機会を与えてくれるからです。ラリーのスリルは、私にとって最終的な勝ち負けよりもはるかに楽しいものです。

もし、あなたがそれを疑うのであれば、簡単な実験で検証できます。明日からの数日間、満足、喜び、人間的成長などの点で見込みのありそうな一連の活動を計画してみてください。例えば、読書、机の上の整理、ジョギング、家周りの補修、セックス、アイスクリームを買いに行く、あるいは友人と森を散策する、などです。それぞれの活動を行っているときに、以下のふたつを自問してください。

(1) 0%(まったく満足しない)から100%(最大限の満足)のスケールで、どのくらいの満足を私は経験しているだろうか? (2)私はこの活動において世界トップクラスのエキスパートか、それともただの平均的な技量しかもたない「月並み」だろうか?

この実験で、人生において活動を徹底的に楽しむためには、とりたてて「並外れた」人間である必要はないことに気づくと思います。そうであれば、なぜ自分がどれだけ優れているか、あるいは劣っているかについて心配しなければならないのでしょう。

あなたは、人々から好かれ愛されるためには、自分の知性、性格、業績などで印象づけなければ、と考えているかもしれません。それはひとつの神話にすぎません。人々と親しくなれるかどうかは、自分自身を愛しかつ人々を愛しているか、自分の感情に偽りなく素直になれるか、相手への興味を誠実に表現できるか、などにかかっています。自分は十分優秀かどうかを気にせず、あなたが相手を大事に思い、「最高の人」と考えていることをその人に知らせることです。それが豊かな人間関係の秘訣です。

要約

この付録Bの要点は、以下の通りです。

1. 劣等感は決して現実に基づくものではありません。それは常に、あなた自身の自己批判的、非論理的な思考によって生じます。こうしたネガティブ思考は、以下のような歪みを含んでいます。

- **全か無か思考：**何をやっても一番にならなければ意味がないと自分に言い聞かせています。
- **拡大視と過小評価：**自分を他の人と常に比較し、彼らの優れた資質の重要性を誇張して、自分のそれは無視しています。
- **心のフィルター：**自分の欠点や不完全さのみに注目しています。
- **マイナス化思考：**自分の業績、才能、長所は価値がないと言い張ります。

2. 幸福感と自尊心は、あなたがどれだけ「並外れて優れている」かに由来するものではありません。それは、人間として自分は「価値がある」あるいは「劣っている」などの全体的判断を行うことなく、長所や弱点を公平に評価し、自らを愛し客観的にとらえようとする意欲から生まれます。あなたの料理の腕前やテニスの技量は他人と比べれば劣るかもしれません。しかし、それがためにあなたは劣った人間ではありません。何百万人という人々ほどあなたは成功していないし、知的ではないかもしれません。しかし、それがあなたの価値を少しも損なうものではないのです。ビバリーヒルズに住む映画スターほどスタイルは良くなく、すてきな家ももっていないかもしれません。しかしそれが、あなたの好ましさや、あなたが特別である事実をみじんも減ずるものではありません。実のところ、「劣った人間」など存在しません。したがって、あなたがそのひとりとなることはあり得ないのです！

3. 魅力や好ましさは、どれだけ魅力的か、どれだけ成功しているかを相手に印象づける能力よりも、あなたの自尊心と愛情を与える力、そして相手の人にその人自身が特別な存在なのだと感じさせる力にかかっています。

4. 喜びと満足は、活動すること、人生に創造的にかかわることなどの過程から生まれるものです。そこには、活動の技術レベルや才能との関連性はありません。あなたは、ジョギング、友人たちとのバレーボール、トランプゲームなどを、こうした分野の世界チャンピオンと同等かそれ以上に楽しむことができます。

5. ほとんどの人はほとんどの分野で「月並み」です。あるひとつの分野においてすら、本当の意味で「完璧」な人は存在しないのですから、当然のこととして私たちは皆、すべての分野で「完璧ではない」存在です。完璧な顔、完璧な姿、完璧な心をもった人はいません。私たちはこうした欠点や不完全さゆえに、他人よりも「劣る」のではなく、「人間的」なのです。劣等感をもつことは、あなたの価値が他の誰かよりも低いことを証明するものではありません。それは単に、自分を愛し、受け入れる方法をまだ学んでいないことの証明にすぎないのです。

フォローアップ

ジャニスの「変身」がきわめて迅速なものだったために（約一カ月で十二回にも満たないセラピーの結果でした）、多くのセラピストはその長期的な効果に疑いをもつことでしょう。ここに経過を抜粋したセッションの直後、ジャニスはカリフォルニアへ移住しました。数年後、私は好奇心から彼女がどういう状態にあるかを調べるために電話をかけました。彼女は、その後も数多くのポジティブそしてネガティブな人生経験を積み重ねていました。そこには、資金的問題から仕事がなくなったこと、失恋したことなどが含まれていましたが、彼女はネガティブな思考に反論する方法を忘れずにいて、結果として劣等感やうつとの闘いに負けることはありませんでした。大きな落胆に直面しつつも自尊心を維持した彼女の能力に、私は強い感銘を受けました。

ジャニスにとってとても有用であった「声の外在化」技法は、劣等感や低い自尊心の治療において大きな潜在能力をもっています。セラピストは、繊細な注意を払いながらこの技法を用いなければなりません。患者さんが動揺したり、ネガティブな思考に反論できない場合は、必ず役割を交替することを忘れないでください。それによって、患者さんへの支援と、モデルとなる効果的反応を示すことができます。患者さんが自己批判的な思考へのセラピストの反論方法を理解したら、再び役割を交替し、患者さんに自己防衛の役に挑戦してもらいます。

ジャニスのように、すべての患者さんが治療しやすく、協力的かつ賢明な患者さんだという印象を私は与えるつもりはありません。迅速な改善がもたらされたとしても、定期的な「調整」が必要な「ぶりかえし」がセラピー終了後も起こり得ます。セラピーの目的は、患者さんに常に幸せであるための方法を示すことではありません。その目的は、苦痛を伴う気分を理解し克服できるようにすることで、患者さん自らにもできることがあると教示することにあり、さらに、生涯を通じて必要なときにはいつでもこれらの技術を自らに用いるよう励ますことにあります。

孤独感と低い自尊心に悩む患者さんへの認知行動療法について、さらなる詳細に関心のある精神科医、臨床心理士、そしてカウンセラーの方々には、下記文献の参照をお勧めします。

1. Primakoff, L. "One's Company; Two's a Crowd. Skills in Living Alone Groups," Chapter 12 in *Cognitive Therapy for Couples and Groups*, (A. Freedman, et.) New York: Plenum Press, 1983, pp.261-301.

2. Rook, K. S., and L. A. Peplau." Perspectives on Helping the Lonely," Chapter 21 in *Loneliness: A Sourcebook of Current Theory, Research and Therapy*, L. A. Peplau and D. Perlman, eds. New York: John Wiley & Sons, 1982, pp.351-378.

3. Young, J. E. "Loneliness, Depression and Cognitive Therapy," Chapter 22 in *Loneliness: A Sourcebook of Current Theory, Research and Therapy*. pp.374-405.

4. Burns, D. D. *Feeling Good; The new Mood Therapy*. New York: William Morrow & Company, 1980; Signet, 1981.

【著者紹介】

デビッド・D・バーンズ（David D. Burns）

スタンフォード大学医学部精神行動医学診療准名誉教授であり、ハーバード医科大学客員研究員を務めた。認知行動療法の開発のパイオニアである。研究、教育、およびマスメディアの賞を数多く受賞しているが、セルフ・ヘルプの本で最もよく知られている。なかでも『いやな気分よ、さようなら』や『フィーリングGoodハンドブック』は、米国で500万部を超えるベストセラーとなった。米国のメンタルヘルスの専門家の全国調査では、『いやな気分よ、さようなら』は、憂うつを抱える人たちのためのセルフ・ヘルプの本1000冊でトップに位置している。米国とカナダの全域で5万人のメンタルヘルスの専門家がバーンズ博士のトレーニングプログラムに参加している。

【訳者紹介】

林　建郎（はやし たけお）

1948年東京に生まれる。1970年上智大学外国語学部英語学科卒業。1970～99年まで一部上場企業の海外駐在員として勤務後、現在、科学技術専門翻訳家（英語、仏語）。訳書:『抗精神病薬の精神薬理』、『抗うつ薬の時代』、『不安からあなたを解放する10の簡単な方法』（以上、星和書店、共訳）ほか。

孤独な人が認知行動療法で素敵なパートナーを見つける方法

バーンズ先生から学ぶ、孤独感・内気さ・性的不安の克服法

2016年10月15日　初版第1刷発行

著　者　デビッド・D・バーンズ

訳　者　林　建　郎

発行者　石　澤　雄　司

発行所　株式会社 星　和　書　店

〒168-0074　東京都杉並区上高井戸1-2-5

電話　03（3329）0031（営業部）／03（3329）0033（編集部）

FAX　03（5374）7186（営業部）／03（5374）7185（編集部）

URL　http://www.seiwa-pb.co.jp

Printed in Japan　ISBN978-4-7911-0941-8

人間関係の悩み さようなら

素晴らしい対人関係を築くために

［著］D・D・バーンズ
［監修］野村総一郎 ［監訳］中島美鈴 ［訳］佐藤美奈子
四六判　496頁　本体価格 2,400円

世界的なベストセラー『いやな気分よ、さようなら』の著者バーンズ博士が、周りの人との人間関係の悩みや問題に対して、認知療法に基づき画期的な解決法を提案する。わかりやすく効果的である。

もういちど自分らしさに出会うための10日間

自尊感情をとりもどすためのプログラム

［著］デビッド・D・バーンズ
［監修・監訳］野村総一郎、中島美鈴 ［訳］林 建郎
A5判　464頁　本体価格 2,500円

いきいきとした自分に出会うための認知行動療法プログラム

「いやな気分よ、さようなら」の著者バーンズ博士によるわかりやすい認知行動療法の練習帳。10日間の日常練習を行うことで、心の様々な問題を解決し、自信も得られるようにデザインされている。

発行：星和書店　http://www.seiwa-pb.co.jp　価格は本体(税別)です